Friedl • Decker • Desbalmes

Kinder brauchen Sicherheit

Alltagstaugliche Ratschläge für Eltern

Herausgegeben von Dr. Wolfgang J. Friedl
unter Mitarbeit von
Petra U. Decker,
Reinald Desbalmes,
Dr. Ludwig-Wolf Friedl,
Hans Gros,
Monika Heilmann-Urban,
Andreas Kronwinkler,
Dr. Beatrix Lenz,
Erich Matouschek,
Paul Mejzlik,
Angela Müller,
Dr. Bruno Netzel,
Prof. Dr. Dietrich Ungerer

D1666845

FRIELING

Bibliografische Information der Deutschen Nationalbibliothek

Die Deutsche Nationalbibliothek verzeichnet diese Publikation in der Deutschen National-
bibliografie; detaillierte bibliografische Daten sind im Internet über http://dnb.d-nb.de
abrufbar.

© Frieling-Verlag Berlin • Eine Marke der Frieling & Huffmann GmbH
Rheinstraße 46, 12161 Berlin
Telefon: 0 30 / 76 69 99-0
www.frieling.de

ISBN 3-8280-2321-5
1. Auflage 2006
2., erweiterte Auflage 2007
Umschlaggestaltung: Alwin Hierl, München
Sämtliche Rechte vorbehalten
Printed in Germany

Titelbildkinder: Christian (13 Jahre), Anja (11 Jahre)

Wolfgang J. Friedl, Petra U. Decker, Reinald Desbalmes
und Autorenkollektiv

•

Kinder brauchen Sicherheit

Inhalt

Kurzporträts der Autoren

Petra U. Decker, Psych. MA

Jahrgang 1963, Psychologin an der Psychiatrischen Klinik der Ludwig-Maximilians-Universität München; beschäftigt sich mit Studien zur Früherkennung bei Hochbegabten, Psychosen und der Stigmatisierung psychisch Erkrankter. Freie Journalistin und niedergelassene Psychologin.

Reinald Desbalmes

Jahrgang 1960, Geschäftsführender Gesellschafter eines mittelständischen Dienstleistungsunternehmens. Er ist Vater einer Tochter und seit Jahren in seiner Freizeit persönlich und finanziell stark im Kinderschutz und in der Jugendarbeit tätig. So leitet, organisiert und sponsert er als Vizepräsident des örtlichen Sportvereins Jugendprogramme, Freizeitveranstaltungen und sicherheitspädagogische Lehrgänge; gleichzeitig finanziert er weltweit Kinderschutzprojekte.

Ludwig-Wolf Friedl, Dr. med. vet.

Jahrgang 1939, verheiratet, Vater von zwei Kindern, zwei Enkelkinder, Autor von zwei Fachbüchern, praktischer Tierarzt, ehemaliger Leiter des Münchner Tierheims und ehemaliger Leitender Tierarzt im Münchner Zoo Hellabrunn; darüber hinaus ehemaliger Cheftierarzt beim Zirkus Krone und international anerkannte Autorität der Veterinärmedizin mit den beiden Fachgebieten Haustiere und Zootiere; Dr. Friedl war auch bei einigen Pharmakonzernen beteiligt an der wissenschaftlichen und praktischen Entwicklung von neuen Medikamenten und Behandlungsmethoden sowie chirurgischen Weiterentwicklungen.

Wolfgang J. Friedl, Dr.-Ing.

Jahrgang 1960, verheiratet, Vater von zwei Kindern, Autor von 17 Büchern, Ingenieur für Sicherheit und Inhaber des Münchner Ingenieurbüros für Sicherheitstechnik. Dr. Friedl erstellt weltweit bauliche Brandschutzkonzepte, berät europaweit Unternehmen zu brandschutztechnischen Verbesserungen, schult deutschlandweit Mitarbeiter sicherheitsgerecht und entwirft neben Brandschutzkonzepten auch Sicherheitskonzepte für Einbruchschutz und EDV-Sicherheit.

Hans Gros, Diplom-Verwaltungswirt, Diplom-Pädagoge

Jahrgang 1952, verheiratet, Vater von drei Kindern. Arbeitet als Fachkraft für Öffentlichkeitsarbeit und Prävention, ist Leiter der Beratungsstelle drop-in und Fachbereichsleiter der Abteilung Drogenhilfe, darüber hinaus Suchthilfekoordinator der Landeshauptstadt Stuttgart.

Monika Heilmann-Urban

Jahrgang 1957, verheiratet, Mutter von drei Kindern, Kriminalhauptkommissarin. Seit 1983 Kripo-Beamtin, war 20 Jahre im Bereich der Bekämpfung von Sexualdelikten an Kindern tätig.

Andreas Kronwinkler

Jahrgang 1964, verheiratet, Vater eines Sohnes. Freier Versicherungsmakler mit Sitz in München; Kronwinkler spezialisiert sich in seiner Kanzlei auf Privatkunden und gewerbliche Kunden mit dem Ziel, optimale, kundenorientierte Konzepte individuell zu erstellen.

Erich Matouschek

Jahrgang 1944, Kriminalhauptkommissar a. D., verheiratet, ein Kind, war 32 Jahre bei der Kripo in Baden-Württemberg, davon acht Jahre Leiter des Dezernats für Sexualdelikte, elf Jahre im Bereich und Leiter des Dezernats Kapitalverbrechen, Leiter vieler Mordkommissionen und sieben Jahre Leiter der Dienststelle für Prävention.

Beatrix Lenz, Dr. med. dent.

Jahrgang 1960, Mutter von zwei Kindern. Zahnärztin, Inhaberin einer großen Zahnarztpraxis mit angeschlossenem Zahnlabor in München. Sie ist in ihrer Freizeit sozial tätig und hier insbesondere in der Kinder- und Jugendarbeit.

Paul Mejzlik

Jahrgang 1962, verheiratet, Vater von zwei Kindern, Kriminaloberkommissar, seit 1980 bei der Landespolizei Baden-Württemberg. Tätig in der Polizeidirektion Esslingen im Sachbereich Kriminalprävention.

Angela Müller

Jahrgang 1955, medizinisch-technische Assistentin (MTA) einer Universitäts-klinik in München; beteiligt an verschiedenen Studien über Kinder, Kinder-krankheiten und Impfstudien.

Bruno Netzel, Dr. med. habil.

Jahrgang 1944, verheiratet, Vater einer Tochter, Kinderarzt mit eigener Praxis in München, Privatdozent an der Universität; bietet auch speziell für Jugendliche Sprechstunden an.

Dietrich Ungerer, Prof. Dr. psych.

Jahrgang 1940, verheiratet, Vater von zwei Kindern, drei Enkelkinder, Lehr-stuhlinhaber an der Universität in Bremen; beschäftigt sich viel mit dem Verhal-ten von Kindern und Eltern unter sicherheitstechnischen Aspekten.

Vorwort

Bücher über Kindererziehung gibt es bald wie Sand am Meer. Ähnlich ist es mit „gut gemeinten" Tipps von Müttern, Schwiegermüttern, Freunden mit bereits älteren Kindern (und, oft noch viel schlimmer, Freunden und Verwandten ohne Kinder!), Zeitungen für Eltern und Frauen usw. Vieles davon ist ideologisch, subjektiv, veraltet, trivial oder schlicht dumm bzw. unpassend. Dieses Buch will sich nicht in diese Reihe eingeordnet sehen; es geht nicht um Tipps und Strategien, um Kinder zu „guten" Kindern (was auch immer das sein soll) hinzubekommen – wobei es oftmals das Ziel vieler Eltern ist, dass die Kinder so werden wie sie oder noch mehr erreichen.

Ziel dieses Buchs ist es vielmehr, Kinder gesund zu erhalten. Denn nichts ist so schlimm für Eltern, als wenn die eigenen Kinder schwer verunglücken, behindert werden oder gar vor ihnen sterben. Von solchen Schicksalsschlägen erholt man sich wahrscheinlich nie ganz. So beunruhigend es klingen mag: 100-prozentigen Schutz gibt es vor solch katastrophalen Schicksalsschlägen auch nicht, aber es gibt viele Wege und Möglichkeiten, Kinder mit hoher Wahrscheinlichkeit gesund zu erhalten. Mit der Umsetzung der Tipps in diesem Buch gehen Sie gewaltige Schritte in diese Richtung. Viele Kinderschutzexperten aus verschiedenen Bundesländern und mit verschiedenen Fachrichtungen haben ihr spezifisches Wissen dazu in das Buch einfließen lassen.

Was kann unseren kleinen Lieblingen alles passieren? Zwei real geschehene Beispiele hierzu. Erstens, eine Gruppe Kinder spielt Seilziehen: Das Seil reißt und die Kinder fallen so unglücklich übereinander, dass ein kleiner Bub auf tragische Art und Weise sterben muss. Zweitens, ein 18-jähriger junger Mann fährt mit dem Wagen seiner Mutter um zwei Uhr nachts von der Disco nach Hause und hat noch zwei Freunde und zwei Freundinnen im Wagen. Aufgrund überhöhter Geschwindigkeit, gepaart mit Selbstüberschätzung, typisch männlichem Verhalten, fehlender Fahrpraxis und regennasser Straße, kommt er von der Fahrbahn ab; zwei junge Menschen müssen sterben, einer wird sein restliches, langes Leben behindert bleiben und die übrigen zwei sind „nur" schwer verletzt.

Wie ist das in diesen beiden Beispielen nun mit der Schuld und den Möglichkeiten, Kinder vor Unfällen und dem Tod zu bewahren? Wir können weder

Spiele (Bsp. 1) noch Radfahren oder das Mitfahren bei Freunden im Wagen (Bsp. 2) verhindern oder gar verbieten. Vor dem Unglück Nr. 1 könnte niemand seine Kinder bewahren; vor dem Unglück Nr. 2 schon, wenn es einem gelingt, vernünftig Gefahren zu vermitteln und Alternativen (Jugendlicher trinkt wenig/keinen Alkohol und fährt verantwortungsbewusst Auto; Vater holt die Jugendlichen ab; Fahrt mit dem Taxi; ...) aufzuzeigen. Vor einigen **Schicksalsschlägen** können wir Kinder nicht bewahren. Eine der Lehren aus dem ersten Beispiel ist, dass man Ereignisse werten muss; es ist absolut unwahrscheinlich, dass so ein unglücklicher Sturz passiert (aber einmal ist es nun doch geschehen, so wie im Sommer 2004 erstmals ein Kind in einem Fahrradanhänger getötet wurde) und wir können präventiv nichts dagegen machen. Ähnlich müssen wir sexuelle Verbrechen an Kindern relativieren: Die Presse schreibt „gern" über den Täter, der spektakulär Kinder in seinen Wagen holt – aber die gleich gelagerten Verbrechen von Angehörigen, Bekannten und Verwandten sind um den Faktor 100 oder mehr höher! Nur: Darüber berichtet die Presse weniger gern. Wir müssen also lernen, Gefahren einzustufen.

Wir können unsere Kinder darauf vorbereiten, sich in jedem Alter entsprechend sicher zu verhalten. „Passt aber auf", wird die Mutter wohl jedes Mal sagen, wenn die Kinder mit dem Rad unterwegs sind. „Ja, ja!" oder „Ja, klar!" sind dann die beim Verlassen der Wohnung schnell hingeworfenen Worte der Kinder, ohne über die Umsetzung des sinnvoll und liebevoll gemeinten Tipps nachzudenken: Zu wichtig ist es dem Achtjährigen, schneller oder cooler zu radeln als seine Freunde. Zu wichtig ist es dem 18-Jährigen aus dem zweiten Beispiel, bei den Mädchen als harter Typ anzukommen. Er bezahlte das mit seinem Leben und tötete gleichzeitig seinen Freund, kurz vor dessen Abiturprüfung; dessen Freundin wird nie wieder gehen können, ein normales Leben mit all seinen vielen schönen Seiten bleibt ihr vielleicht 60 Jahre lang verwehrt.

Die wahren Gefahren im Leben unserer Kinder, also die Gefahren, die viele Kinder verletzen, töten oder zu Behinderten machen, sind meist nicht spektakuläre Dinge wie Drogen, Sexualdelikte durch Fremde oder Suizid (übrigens bei Studenten fünfmal so hoch wie bei der übrigen Bevölkerung!) – das trifft eine verschwindend kleine Minderheit; dennoch ist jeder einzelne Fall ein schrecklicher Schicksalsschlag für alle Beteiligten. Nein, die größte Mehrheit der wahren

Gefahren für die Kinder sind harmlos erscheinende, unspektakuläre Dinge wie Stolpern mit bleibenden Folgen, sexuelle Übergriffe von Vertrauenspersonen, ausgegrenzt werden von der Clique oder Unfälle im Haushalt und in der Freizeit. Hier passieren die mit Abstand meisten Unfälle von Kindern, und hier setzt dieses Werk an.

Doch leider ist zu berücksichtigen, dass neben menschlichen Problemen auch **juristische Probleme** auf einen zukommen können, wenn die eigenen Kinder erheblich verletzt oder gar getötet werden. Man denke nur an die (freundlich ausgedrückt) sorglose Mutter, die ihr Baby angeschnallt in der Trage auf das Ceranfeld des Herds stellte; das unwesentlich ältere Geschwisterkind spielte an den Knöpfen, und als die Mutter die Küche endlich betrat, war das Baby tot. Neben dem Ehemann gab es hier noch einen zweiten Mann, der für Ärger sorgte, nämlich der Staatsanwalt, der die Mutter wegen fahrlässigen Verhaltens mit Todesfolge anzeigen musste.

1 Einleitung

Wir Eltern haben aus persönlichen Gründen Interesse am Schutz unserer Kinder, der Gesetzgeber erlässt aus rein wirtschaftlichen Motiven Vorgaben in Richtung Kinderschutz: Rückhaltesysteme für Fahrzeuge, Helmpflicht für Fahrräder, Sonderbauvorschriften für Kindergärten. Doch das alles allein reicht nicht aus, man muss viel über Gefahren für Kinder und Jugendliche wissen, und mindestens ebenso wichtig ist zu wissen, wie man seine Lieblinge davor bewahren kann.

Je kleiner die Kinder sind, umso mehr muss man aufpassen, oder besser gesagt, die Gefahren verlagern sich. Kinder im Säuglingsalter unterliegen anderen Gefahren als Schulkinder oder solche in der Berufsausbildung. Allgemein gilt, dass Kinder **besonders gefährdet** sind zwischen dem ersten und zweiten Lebensjahr. Grund dafür ist, dass die Kinder dann schon gehen können und natürlich nicht neugierig (dieses Wort ist leider negativ belastet) sind, sondern wissensdurstig. Ihr Kopf ist noch leer, alles ist extrem interessant und man will alles erforschen, begreifen (oft nicht nur mit den Fingern und dem Verstand, sondern auch mit dem Mund). Kleine Rückschläge werden schnell weggesteckt, und das ist für die Entwicklung auch eine sehr wichtige Veranlagung. Können die Kinder dann gehen, ist ihr Aktionsradius größer geworden – so wie später mit dem Fahrrad und wieder später mit dem Auto.

Nun ist der Körper aber schneller gewachsen als der Verstand, und so gibt es die Gefahr, dass man Treppen herunterfällt, Wasserkochtöpfe an den Stromleitungen zu sich herunterzieht (beides kann tödlich sein oder zu Behinderungen bzw. Entstellungen führen!) oder sich auf andere Art und Weise gefährdet. So sterben beispielsweise die meisten Kinder durch selbst gelegte Wohnungsbrände in einem Alter unter drei Jahren!

Nicht nur, aber auch aus Schaden wird man klug; deshalb soll man seine Kinder vor bestimmten Schäden auch nicht bewahren, denn man kann sicherlich später Wissen weitergeben, aber weniger leicht Erfahrungen. Mit Feuer, Messern, Partnern, Fahrzeugen usw. – hier haben wir alle schon negative Erfahrungen gemacht, unsere Kinder und deren Kinder werden dies auch über sich ergehen lassen müssen. Das gehört schlicht und ergreifend nun mal dazu, um erwachsen zu werden. Etwas **begreifen** bedeutet neben dem intellektuellen Verstehen auch, es anzulangen. Jeder Erwachsene weiß, wie sich Dinge anfühlen, aber der Erfahrungsspeicher von Kindern ist leer, und so müssen sie Dinge eben anfassen – begreifen; manchmal auch mit dem Mund. Eine ganz natürliche Reaktion von Kindern, die man weder mit so dämlich-hilflosen Äußerungen wie „Pfui" noch mit „So was macht man nicht" oder gar mit Schlägen auf die Finger (katastrophal!) beantworten darf.

Kinder sind nie neugierig, sondern an der Umwelt interessiert, ja, sie müssen wissensdurstig sein. Diesen Trieb einzuschränken wäre ein fataler Fehler, der sich psychisch, aber auch physisch und intellektuell auswirken kann. Da ist es besser, sie an der langen Leine zu lassen, damit sie kontrolliert Erfahrungen sammeln.

Kinder haben erst mal **absolutes Vertrauen** zu Erwachsenen, vor allem zu den Vertrauenspersonen wie Eltern und Großeltern. Hier eine schlimme Enttäuschung hinnehmen zu müssen ist wohl eine Erfahrung, die kaum ein Mensch auf Dauer verkraften kann – und hier ist auch schon ein erster, fundamentaler Tipp für anständige, verantwortungsvolle erwachsene Personen.

Beispiel: Katrin wurde von ihrem Vater nie wirklich gemocht und viel geschlagen. Später suchte sich Katrin nie Freunde aus der Clique, also ihrem Alter entsprechend, sondern immer wesentlich ältere Partner. Sie wollte eigentlich immer nur gemocht werden. Schließlich heiratete sie einen Mann im Alter ihres Vaters, von dem sie neben Schlägen auch noch zwei Kinder bekam …

Wir Eltern tragen die **Verantwortung**, geben diese stückweise an die Kinder ab. Der Sechsjährige darf an der Tankstelle schon mal sonntags die Brötchen holen. Mit zehn Jahren darf er auf dem Rad allein in die Schule fahren. Mit 15 Jahren fährt er mit dem Mofa und einem Freund für sieben Tage zum Zelten an den Bodensee oder an die Ostsee usw. Mit 18 meinen die Kinder, erwachsen zu sein (!). Waren wir anders damals? Dabei sind all diese positiven und Spaß bringenden Aktivitäten mit Gefahren verbunden. Gefahren, die man eingehen muss, auf die man Kinder vorbereiten kann. Nein, nicht kann, muss! Weder übertrieben noch ängstlich, sondern informativ. Auch nicht permanent, sonst rauschen die Worte bei einem Ohr rein und beim anderen wieder heraus.

Die Verantwortung von uns Eltern geht in viele Richtungen: Die Bildung der

Kinder soll ihren jeweiligen Fähigkeiten entsprechen und nicht unseren Wünschen, unserer Bildung oder der Bildung der Geschwister. Die Persönlichkeit der Kinder kann gefördert und gestärkt werden oder aber man unterdrückt sie derart, dass sie eine eigene Persönlichkeit kaum entwickeln können. Das soziale Verhalten unserer Kinder hängt entscheidend von uns und unserem Verhalten ab, ebenso wie welche Freunde unsere Kinder haben, ob sie im Sport erfolgreich sind und/oder ein Musikinstrument spielen wollen und können, welchen Beruf sie eines Tages ausüben usw.

Da man seine Kinder nie über Jahre 24 Stunden am Tag behüten kann und will, muss man diese Verantwortung auch mal an „würdige" Personen abgeben. Hier ist also Vertrauen nötig, z. B. zum Fußballtrainer, zum Pfarrer, zur Lehrerschaft, zum Nachbarn, zu den Eltern von Freunden usw. – auch wenn ab und zu die Zeitungen über pädophile Personen aus diesen Kreisen berichten.

Und bei all diesen Überlegungen muss man immer von der Tatsache ausgehen, dass Kinder **keine kleinen Erwachsenen** sind. Sie sind Kinder – mit allen Vor- und Nachteilen. Und – etwas, was viele Erwachsene nicht verstehen wollen – Kinder sind vom ersten Tag ihres Lebens an eigene Persönlichkeiten mit ihren Neigungen und Fähigkeiten, irgendwann mal mit ihrem eigenen Freundeskreis, ihren Hobbys und ihrem eigenen Humor. Kinder brauchen Selbstwertgefühl, und das kann man einem Zweijährigen schon vermitteln. Bekommt eine sensible Natur so boshafte Sätze wie „Aus dir wird nichts", „Du bist ein unfähiger Depp" oder „Du hast alle schlechten Eigenschaften von deinem Vater geerbt" regelmäßig von der Mutter zu hören, ist vieles vorprogrammiert: Wenn das Kind dann unbewusst versucht, diesem Image gerecht zu werden, wird aus ihm tatsächlich weniger, als möglich gewesen wäre. Kinder wollen Spaß am Leben haben, und so gut es individuell möglich ist, sollte man ihnen eine sorgenfreie Kindheit schaffen.

Doch bei allem Spaß, die Erziehung und damit ein gewisser Ernst beginnen mit der Geburt, und Kinder wollen und müssen auch ernst genommen werden. Dabei brauchen Kinder Erfolge – richtige Erfolge, keine plumpen Komplimente. Nur so kann man das Selbstwertgefühl fördern. Kinder merken nämlich sehr genau, ob sie etwas wirklich können oder ob andere in dieser Disziplin besser sind.

Beispiel: Oma hat Geburtstag und Enkel Klaus muss ihr ein Bild malen. In zwei Minuten schmiert er lieblos ein Haus, einen Baum und ein Tier mit den beiden Farben Schwarz und Braun hin und schenkt es seiner Oma. Die reagiert mit den Worten: „Mein Gott, so ein schönes Bild hat die Welt überhaupt noch nicht gesehen. Danke, liebes Kläuschen!" Klar, dass dieses Lob verpufft, der Schuss geht nach hinten los und Klaus wird seine Meinung gegenüber Oma „anpassen".

Und bei allem Respekt, den Kinder gegenüber anderen Lebewesen bekommen, muss man ihnen leider schon früh erklären, dass die Welt eben nicht nur gut ist. Doch **Vorsicht und Misstrauen** sind völlig unterschiedliche Begriffe – Kinder sollen vorsichtig, nicht aber pauschal misstrauisch oder gar ängstlich sein. Es schadet nicht, wenn man bei dem eben erwähnten Bild sagt: „Da hast du aber schon viel schönere Bilder gemalt; nein, das gefällt mir nicht so gut." Man kann und muss Kinder anspornen, Leistungen zu bringen und Erfolge zu haben – im Sport, in der Schule, beim Zeichnen und Basteln usw. **Leistung** bringen heißt nicht, dass man Erster oder Bester sein muss und alle anderen Verlierer sind. Und dann muss man den Kindern beibringen, dass sie genauso viel wert sind wie andere, die in Teilbereichen mehr Erfolg haben. Erfolg und Menschenwürde haben nichts miteinander zu tun.

Elementar wichtig ist es, Zeit für Kinder zu haben, ihnen auch wirklich zuzuhören. Sehr schnell merken Kinder nämlich, ob man halbherzig bei ihnen ist oder ob man wirklich auf sie eingeht. Hier und auch sonst im Leben kann man seinen Kindern nämlich auf Dauer nichts vormachen, etwa Wasser predigen und Wein trinken. Je länger man ihnen etwas vormacht, umso unvermeidbarer wird der Moment kommen, wo das Kartenhaus einstürzt. Es gibt den lustig gemeinten Satz: *Erziehung bringt überhaupt nichts, denn die Kinder machen einem ohnehin alles nach.* Richtiges Vorleben bringt demnach mehr, als dauernd belehrend auf Kinder einzureden. Das ist z. B., nicht zu rauchen, normal mit Alkohol umzugehen, den Partner nicht zu betrügen oder gar zu schlagen, zu versuchen, sein Geld selber und ehrlich zu verdienen usw.

Um Kinder vor Gefahren zu schützen, macht es Sinn, von Möglichkeiten zu sprechen, von Gefahren – und nicht absolut zu sprechen, z. B.: „... sonst passiert das und das ..." Kinder haben nämlich schon öfters irgendetwas Verbotenes gemacht und dabei ist nichts passiert. Wird ihnen nun gesagt, dass dann unvermeidlich etwas passiert, verliert man an Glaubwürdigkeit; und die zu behalten ist für viele andere Situationen im Leben wichtig!

Bei all den Tipps und Hinweisen soll und muss man sich dennoch treu bleiben. Es ist Unsinn, „alles richtig machen" zu wollen – wobei die Fragen erlaubt sein müssen, was „alles" und auch, was „richtig" ist. Doch auch wir Erwachsenen müssen lern- und kritikfähig sein.

Eines ist aber sicherlich richtig: genau hinzusehen, was Kinder für ein Wesen haben. Stellen Sie sich vor, Sie sind Gabelstaplerfahrer, öffnen das Bier mit den Zähnen und trinken allabendlich in Ihrer Stammkneipe acht Bier und ebenso viele Klare. Nun kommt Ihr Sohn zur Welt und hat nach einigen Jahren einen zierlichen Körperbau, will Klavier lernen oder – wie schlimm – ins Ballett gehen oder er bringt überdurchschnittliche Leistungen in der Schule. Welcher Weg ist nun der richtige für diesen Sohn? Ihn **„zum richtigen Mann"** zu trimmen – was auch immer man darunter versteht – oder ihn in seiner Befähigung und Veranlagung zu unterstützen, so gut man es eben kann?

Ein anderes Beispiel: Stellen Sie sich vor, Sie sind endlich Chefarzt geworden, eigentlich nie zu Hause, und Ihr 16-jähriger Sohn erklärt Ihnen, dass er nun die Schule verlassen und eine Schreinerlehre beginnen will. Wie werden Sie reagieren? Zugegeben, beide Situationen mögen etwas überzogen sein, aber in beiden Situationen werden die beiden Väter wahrscheinlich „falsch" reagieren: Sie interpretieren „richtig" so, was für sie selber (damals) richtig gewesen wäre.

Anderes Thema: Essen. Erinnern Sie sich noch daran, wie man Sie zum Essen ermutigt hat? Volle Teller musste man leer essen, mit Anreizen wie z. B. in Afrika hungern die armen Kinder, sonst regnet es morgen usw. Und wissen Sie noch, wie Sie darauf reagiert haben? Sie haben aufgegessen und die armen Negerlein sind weiter verhungert. Sie haben nicht aufgegessen und es schien am nächsten Tag die Sonne. Machen wir es heute besser! Essen soll Freude machen, es soll gut schmecken (und nicht gesund sein – natürlich soll es gesund sein, aber einem Kind gefällt es nun mal besser, wenn man ihm sagt, das ist gut, und nicht, das ist gesund). Wenn jemand keinen Hunger hat, ist es unsinnig, ihn zum Weiteressen zu nötigen – zu groß sind im Übrigen auch die Gefahren, dass diese Kinder später nicht Maß halten können, wenn es um Essen, Alkohol, Sex oder um anderes geht.

Sie haben zwei Kinder und die auch noch mit demselben Partner/derselben Partnerin? Dann merken Sie sehr schnell, dass beide – trotz der identischen Eltern – fast immer grundverschieden sind; das gilt sogar sehr häufig auch für Zwillinge. Haben Sie mit einem Partner sieben Kinder, so sind auch diese sieben untereinander verschieden – und das ist auch gut, wünschenswert. Manche Kinder müssen gefördert, herausgefordert werden; andere muss man im Tatendrang bremsen. Manche sind grundsätzlich positiv dem Leben gegenüber eingestellt, manche handwerklich begabt, andere sportlich oder künstlerisch, wieder andere intellektuell überdurchschnittlich – und jeweils entgegengesetzt.

Bei manchen reicht ein zarter Hinweis, andere reagieren erst ab 90 dB(A). Manche lernen gern, viel und selbstständig, andere nicht. Doch eines wollen alle Kinder: Spaß. Und **Risiken einzugehen macht** nun mal häufig **Spaß** – das ist eine Tatsache, die man besser akzeptieren sollte, als sie zu negieren oder gar zu verdrängen. *No risk, no fun* sagt ein Sprichwort aus den USA. Erklären Sie den Kindern, welche Risiken möglicherweise dem kurzfristigen Spaß gegenüberstehen und dass es eben nicht unbedingt immer cool oder lässig ist, diese Risiken einzugehen. Bungee-Jumping oder Achterbahnfahren sind Risiken, die Spaß machen. Diese beiden Unterhaltungsarten sind einerseits mit Mut verbunden, andererseits muss man bei diesen beiden „Abenteuern" keine eigenen Leistungen bringen. Lehre daraus: Man möchte „was erleben" (wie James Bond), aber dann schon bitte auf der sicheren Seite sein – andere sind für die Sicherheit zuständig (der Bahnbetreiber bzw. der TÜV oder der Jump-Anbieter bzw. die Genehmigungsbehörde). Läuft das Leben zu lau ab, ist es langweilig und man sucht sich Abenteuer; manchmal unsinnige oder unkalkulierbar gefährliche.

Spannend ist es auch, anderen bei Risiken zuzusehen: Fußballspieler, die sich gegenseitig die Fußgelenke zertreten. Boxer, die sich blutig schlagen. Rennfahrer, die im Wagen oder auf dem Motorrad spektakuläre Unfälle und Stürze haben. Oder bei Flugzeug-Stuntshows zusehen. Ist das eigene Leben zu eintönig, eingefahren und langweilig – dann müssen bitte schön andere Menschen für uns Risiken eingehen.

Es gibt also Risiken, die Spaß machen und die nicht nur Kinder eingehen.

Andererseits gibt es „harmlose" Risiken, die durchaus akzeptabel sind. Aber es gibt auch pervertierte Risiken, die nicht akzeptabel sind. Hier liegt es an uns Eltern, unseren Kindern zu erklären, dass z. B. Airbagging (d. h. ein Auto stehlen und absichtlich angegurtet gegen ein Hindernis fahren – damit man in den Airbag knallt) zwar mutig ist, aber gleichzeitig auch asozial, kriminell und obendrein auch noch hoch gefährlich. Oder das so genannte S-Bahn-Surfen: Jugendliche, die sich für cool halten (und es sicherlich auch sind), die zu viel Übermut in sich haben oder der Clique was beweisen müssen usw., klammern sich in Großstädten außen an die Türen der S-Bahnen, um so eine Station mitzufahren; dabei freuen sie sich über die „doofen" Gesichter der „Spießer" in der S-Bahn, die sich darüber aufregen oder sich Sorgen machen. Anmerkung: Krieg zu machen ist dann wohl die pervertierteste Form von dem Drang, „action" zu machen.

Erklären Sie Gefahren altersgerecht: Bei einem Zweijährigen wird man mit Vernunft noch wenig erreichen, da helfen entweder eigene Schadenserfahrungen (die Herdplatte ist heiß, tut weh), Verbote (Mama schimpft mit mir, wenn ich auf den Schrank klettere), positive Anreize und Belohnungen (wenn du das so und so machst bzw. nicht machst, bekommst du ein Eis) oder Überzeugung (glaube mir, das könnte sonst passieren). Natürlich muss man Kinder in dem Alter noch besser behüten als ältere; schwieriger wird es schon ein paar Jahre später, wenn man dem nun 16 Jahre älteren Jugendlichen erklären soll, warum er oder sie nicht mit 2 ‰ Alkohol im Blut und 155 km/h auf der regennassen Landstraße von der Disco heimfahren soll.

KINDER MACHEN SPASS. Es liegt viel an Ihnen, ob dieser Satz auch bei Ihnen zutrifft! Wir versuchen, unseren Teil dazu beizutragen, dass das so kommen wird. Freuen Sie sich auf die Zukunft!

2 Gefahren und Gefährdungen in den ersten 18 Jahren

Es gibt ein medizinisches Wörterbuch, Pschyrembel genannt. Dieses zeigt auf vielen hundert Seiten in Wort und Bild, welche zum Teil schrecklichen Krankheiten es für Körper, Geist und Seele geben kann. Blättert man dieses Lehrbuch durch, so könnte man einerseits verzweifeln und sich andererseits darüber wundern, warum man überhaupt noch am Leben ist und nicht permanent von einer Krankheit in die nächste stolpert.

Analog ist es mit anderen Gefahren: Es gibt Eltern (primär Mütter), vor allem aber Großeltern (auch hier primär die Großmütter), die sehen immer nur die Gefahren bei allen Aktivitäten, die Kinder machen. Und sie reden dann auch ständig über diese Gefahren. Betrachtet man dies aus dem Blickwinkel des Kindes – das ja schließlich Spaß haben will –, dann sieht die Sache ganz anders aus. Wie das Meeresrauschen gehen irgendwann mal die sicherlich lieb gemeinten Tipps an einem vorbei, man hört überhaupt nicht mehr zu, sagt „ja, ja" und tut, was man für richtig hält. Passiert dann mal etwas, kommen so kluge Sprüche wie: „Das habe ich gleich kommen sehen", „Einmal musste das ja passieren", „Siehst du, das hast du jetzt davon", oder gar: „Geschieht dir ganz recht!" Wie soll ein Kind denn darauf reagieren? Nicht mehr radeln, spielen, herumlaufen, Gaudi machen?

Relativieren Sie die Gefahren und bleiben Sie objektiv: Manche Mütter haben geradezu panische Angst vor **surrealen Gefahren** wie:

- Infektion des Kindes durch eine infizierte Drogenspritze auf dem Spielplatz
- Nahrung, die aus genveränderten Pflanzen kommt
- Colahaltige Getränke
- Unfälle mit Kernenergie
- Verseuchte oder gar vergiftete Kindernahrung
- Fast Food
- Bestimmte TV-Sendungen

Doch die echten, häufigen und realen Gefahren für Kinder wie Sonnenstrahlen, Nikotin, Alkohol oder Verkehrsunfälle werden dabei nicht so gefürchtet.

Mit „objektiv bleiben" ist gemeint: Natürlich ist es wahr, dass ein Kind (Sommer 2004) in einem **Fahrradanhänger** durch ein motorisiertes Zweirad getötet wurde. Das ist schrecklich und tragisch. Dennoch ist der Fahrradanhänger um mehrere Dimensionen sicherer, als wenn kleine Kinder selber radeln oder auf dem Rad der Eltern mitfahren. Ergo darf dieser eine Todesfall nicht vielen hundert oder tausend Todesfällen übergeordnet gesehen werden, und das gilt auch für andere Verletzungs- und Gefährdungsursachen.

Wir können schreckliche Unfälle nicht sicher vermeiden – aber immerhin, wir können die Wahrscheinlichkeit für deren Eintreten reduzieren. Um die Gefahren zu erkennen, muss man erstens wissen, was für Gefahren anstehen, und zweitens, wie man sich davor schützen kann. Die nachfolgende Auflistung gibt einen kleinen Einblick, welche **Gefahren über die Jahre** anstehen, denn das ändert sich mit den zunehmenden Fähigkeiten und Interessen der Kinder (Anmerkung: Erstens ist das Nachfolgende nur eine kleine Auswahl an Gefährdungen, und zweitens sind die Gefährdungen nicht immer exakt und nur in diesem Jahr anstehend):

- Eigene Kindheit der Eltern (kaum beeinflussbar): Grundstein für praktisch alles, was folgt.
- Eigene Jugend (bedingt beeinflussbar): Gute Bildung, Erziehung und Ausbildung sind die soliden Grundlagen für ein gelungenes, sicheres Leben.
- Eigene Partnerwahl: Entsteht ein Kind durch einen sog. One-Night-Stand, dann hat man die beste Grundlage geschaffen, dass das Kind einerseits viele der hier diskutierten Gefahren abbekommt, und andererseits, dass die (meist allein stehenden) Mütter nicht in der finanziellen, sozialen, persönlichen, emotionalen, gesellschaftlichen und ab und zu auch noch intellektuellen Lage sein werden, diese Probleme effektiv abzuhalten. Wir bezeichnen so ein Verhalten nicht wegen des unkonventionellen Umgangs mit Sex als asozial, sondern wegen des Verhaltens dem Kind gegenüber (das zwei Eltern, Liebe, Zuneigung und Erziehung von beiden braucht) und dem Staat/der Allgemeinheit gegenüber (die oft finanziell dafür geradestehen muss).
- Zeugung: Ein aidskranker Mann schwängert eine Frau und überträgt die Krankheit auf beide Menschen.
- Während der Schwangerschaft: Das Kind wird im Bauch der Mutter durch Medikamente, Drogen, Alkohol und/oder Nikotin geschädigt (übrigens ein

Verbrechen, das nach dem StGB, warum auch immer, noch nicht verfolgt wird!).

- Vor der Geburt: Die Mutter will das Kind abtreiben lassen, das misslingt und das Kind kommt behindert zur Welt.
- Geburt: Das Ärzteteam bekommt die Thematik nicht in den Griff, das Kind bekommt zu wenig Sauerstoff mit der Folge einer bleibenden Behinderung.
- 0 Jahre:
  - **Plötzlicher Kindstod** beim Schlafen
  - Verschlucken von kleinen Gegenständen
  - Tod durch die Hauskatze, die sich auf das Gesicht setzt (Erstickungstod)
  - Tod/Behinderung durch Mangelerscheinungen
  - Hirnblutungen, weil das Kind zu fest geschüttelt wurde
- 1 Jahr:
  - Kind kann jetzt gehen – Sturz an der Treppe
  - Ersticken an einem kleinen Gegenstand, den sich das Kind selber in den Mund gesteckt hat
- 2 Jahre:
  - Feuergefahr
  - Sturz aus dem Fenster
- 3 Jahre:
  - Ertrinken
  - Füße in Fahrradspeichen bekommen beim Mitfahren auf dem Rad eines Erwachsenen
- 4 Jahre:
  - Unfalltod mit dem Stützrad-Fahrrad
  - Tod im PKW, weil die Eltern dem Wunsch des Kindes nachgekommen sind und es sich abgurten durfte
- 5 Jahre: Fallen vom Spielgerät
- 6 Jahre:
  - Fahrradunfall im Straßenverkehr
  - Überfahren werden beim unvorsichtigen Überqueren einer Straße
- 7 Jahre: Verletzung beim Sport (Fußball, Reiten, Judo, …)

- 8 Jahre:
  - Gefährliche Mutproben
  - Opfer eines Sexualverbrechens
- 9 Jahre: Ertrinken im See von einem Kind, das „eigentlich" schwimmen kann (und deshalb nicht mehr so gut beobachtet wird) – aber noch nicht über genügend Kraft und Kondition verfügt
- 10 Jahre: Verletzen beim Radfahren auf dem Weg in die Schule
- 11 Jahre: Gefahren im Feriencamp
- 12 Jahre:
  - Herunterfallen von einem hohen Baum
  - Verletzen mit Silvesterkrachern
- 13 Jahre: Schwangerschaft bzw. Schwängern eines Mädchens
- 14 Jahre: Kriminalität, „falsche Freunde"
- 15 Jahre:
  - Verzweiflung (Selbsttötung)
  - Rassistische Handlungen gegen fremdartige Menschen
- 16 Jahre: Unfall mit dem Kleinkraftrad
- 17 Jahre:
  - Aids
  - Piercing-Infektion
  - Überschuldung durch Handy-Kosten
- 18 Jahre:
  - Eintritt in eine Sekte
  - Unfall mit PKW, Motorrad
- 19 Jahre:
  - Drogen
  - Bleibende Entstellung durch missglückte Tätowierung
- 20 Jahre: Abbruch von Schule/Ausbildung und damit einhergehend das soziale Abgleiten
- 21 Jahre: Probleme, einen Ausbildungsplatz zu bekommen
- 22 Jahre: Arbeitslosigkeit
- 23 Jahre: Partnerprobleme/Scheidung

- 24 Jahre:
  - Probleme im Studium
  - Abgleiten außerhalb des demokratischen Spektrums
  - Undemokratische, asoziale Wesensveränderung
- 25 Jahre: Spielsucht
- 26 Jahre: Schulden
- 27 Jahre: Enkelkinder (vgl. 0 Jahre …)
- 28 Jahre: Scheidung der Kinder mit all den damit verbundenen Problemen und kleinen Katastrophen
- 29 Jahre: Ernsthafte Krankheit (Krebs, Schlaganfall, Herzinfarkt, …)

Diese Liste lässt sich natürlich nahezu beliebig umstellen und ergänzen – aber denken Sie an das medizinische Wörterbuch mit mehreren zehntausend Krankheiten; da versteht man beim Durchblättern überhaupt nicht, dass es noch Momente in unserem Leben gibt, in denen man psychisch und physisch gesund ist. Wir haben jetzt ausschließlich negative Situationen aufgeführt, und sensible Naturen, die noch keine eigenen Kinder haben, sind jetzt sicherlich noch unsicherer, ob sie überhaupt Kinder haben wollen – gerade jetzt, in dieser unsicheren, schlechten Welt (das sagte man übrigens auch in den 70er Jahren, und denken Sie nur an die Eltern, die 1915 Kinder zeugten oder gar 1943).

Stellen wir dem Ganzen doch mal das Positive entgegen und relativieren wir die Gefahren. Viele hunderttausend Kinder bleiben gesund und erleiden keine dieser o. a. Gefahren oder überstehen sie. Wir brauchen einen **realen Optimismus**, sonst würden wir uns überhaupt nicht aus dem Bett oder aus dem Haus trauen. Doch erst mal sind wir Eltern dafür verantwortlich, unsere Kinder vor Gefahren zu schützen; dann sind wir verantwortlich, sie so zu erziehen, dass sie selber Gefahren erkennen und wissen, wie sie sich richtig verhalten. Schließlich sind wir irgendwann mal Großeltern und können auf ein reiches Leben (da wir Kinder hatten, die uns Spaß gemacht haben) zurückblicken und uns über die Kinder unserer Kinder freuen – in einer Zeit, die wieder völlig andere Gefahren und Umgangsarten hat.

Leben bedeutet Risiko.

Risiken bedeuten Chancen.

Chancen bedeuten Leben.

Relativieren Sie Gefahren und lassen Sie sich nicht von polemisch gebrachten oder **reißerisch aufgemachten Gefahren** beeindrucken; so sterben in Deutschland z. B. durch Stürze allein auf Treppen jährlich ca. 20 % mehr Menschen, als durch Feuer, Flammen und Rauch umkommen. Treppen ständig freihalten, Steintreppen belegen, feste Schuhe mit geeigneten Sohlen, den Handlauf benutzen, Kindersicherungen für kleine Kinder und helle Treppenhausbeleuchtung bringen demnach mehr Sicherheit als Maßnahmen gegen Feuer. Fazit: Das eine tun, das andere nicht lassen.

Vergeht eine physische Verletzung wieder, führt sie also nicht zu einer Behinderung, so ist ein Unfall durchaus akzeptabel; dies auch dann, wenn er mit Schmerzen oder gar einem Krankenhausaufenthalt verbunden ist. Das sind keine Katastrophen, sondern wertvolle Erfahrungen. Viel schlimmer wird es, wenn man zarten Kinderseelen psychische Verletzungen zufügt – und wenn davon sonst niemand etwas mitbekommt. Väter, die ihre Töchter sexuell belästigen, oder Eltern, die mit Terror und Gewalt regieren, erzeugen seelische Krüppel, die oft nie mehr in der Lage sind, dem Leben schöne Seiten abzugewinnen. Tragischerweise werden solche Verhaltensmuster, wie übrigens auch asoziales Verhalten, häufig von der nächsten Generation übernommen.

Sie wollen zivilen Widerstand leisten und keinen „spießbürgerlichen Scheißer" erziehen? Schön. Gut, dass es Leute mit Format gibt! Aber überlassen Sie es bitte Ihrem Kind zu entscheiden, ob es der Nachfolger von Che Guevara wird oder ob es verbeamtet werden will. Ihr Kind muss sich nun mal in unserer Welt zurechtfinden. Halten Sie Lehrer pauschal für faule Säcke, dann wird Ihr Kind nicht viel Freude in der Schule haben. Hoffentlich kam die Intention dieser deutlichen Worte herüber: Eine **„unbürgerliche" Entwicklung** ist nicht unbedingt etwas Positives. Kinder, die ständig anecken, die asozial und dann irgendwann vielleicht auch mal kriminell werden, haben es schwerer im Leben. Sie werden sicherlich auch wenig Freude am Leben haben. Kinder ganz ohne Schulabschluss haben in unserer Welt (das mögen Sie für falsch halten, aber es ist eine Tatsache) nun mal definitiv weniger Chancen. Sorgen Sie dafür, dass Ihre Kinder andere Wege gehen. Das mag schrecklich spießig klingen, ist es aber nicht. Wer die (von uns aus spießige) Welt ändern will, schafft das nicht als Prolet oder unwissender Halbdepp, sondern mit Bildung und Niveau – denken Sie nur an die 68er, die praktisch alle (Joschka Fischer mal ausgenommen) Abitur hatten und an einer Hochschule immatrikuliert waren. Sorgen Sie dafür, dass Ihre Kinder aufrechte, ehrliche, faire, kritische und überzeugte Demokraten werden.

Es gibt viele und **unterschiedliche Risiken:** Bei einer Silvesterfeier kann man sich beim Bleigießen, beim Fondueessen, beim Anzünden von Raketen und Böllern usw. verletzen. Mit dem Motorrad – etwas, was extrem viel Spaß macht, aber leider auch ebenso extrem gefährlich ist – kann man übel verunglücken, selbst wenn man vernünftig fährt (was jungen Menschen nicht so leicht fällt), man denke nur an den beinahe tödlich oder behindernd endenden Unfall des bayerischen Schauspielers Wolfgang Fierek, den überhaupt keine Schuld an dem Motorradunfall traf.

In jedem Alter kann man im Wasser aufgrund unterschiedlicher Ursachen ertrinken. Wer Probleme mit Alkohol lösen kann, wird langfristig ein neues, bleibendes Problem haben. Wer gern und viel Sport macht (Gleitschirm, Fußball, Skifahren, Bergwandern, Fahrradfahren, …), wird sicherlich schon einige Unfälle bei sich und anderen erlebt haben. Wer im Garten grillt, kann sich, aber noch viel mehr kleine Kinder mit explosiv brennbaren Flüssigkeiten oder der Grillkohle extrem gefährden. Treppen im Haus stellen eine Bedrohung dar, nicht nur für Kinder. Die Friteuse in der Küche oder die falsche Reaktion bei einem Pfannenbrand kann bleibende Entstellungen bis hin zu tödlichen Verletzungen mit sich bringen. Wenn Papi oder der Sohn die Hauswand streicht oder die Dachrinne des Hauses selber von den Blättern befreien will, besteht die Gefahr eines gefährlichen Absturzes. Wenn die Mutter die Vorhänge aufhängt und dabei auf einen Drehstuhl steigt, mag das jahrelang gut gegangen sein …

2.1 Verantwortung

In Deutschland gilt lt. einem aktuellen Richterspruch vom November 2004: Kinder unter zehn Jahren haften nicht für Unfälle, die sie fahrlässig am bzw. im fahrenden **Straßenverkehr** verursachen. Die aktive Teilnahme am fließenden Verkehr ist so komplex, dass man dies einem Kind noch nicht zutrauen kann bzw. muss. Vorsatz kann man bei Kindern ohnehin nicht unterstellen bzw. nicht nachweisen, weil sich Kinder unter Begriffen wie Verantwortung, Haftung, Tod, Behinderung, Konsequenzen usw. kaum etwas Reales vorstellen können.

Kinder im Grundschulalter sind jedoch grundsätzlich **haftbar**, wenn sie fahrlässig Schäden am ruhenden Verkehr auslösen, noch jüngere Kinder normalerweise überhaupt nicht. Je nach Unfall/Schaden wird noch geprüft, ob die Eltern ihre Kontroll- und Aufsichtspflicht verletzt haben, und wenn, wie sehr; es ist nämlich ein großer juristischer Unterschied zwischen grober und leichter Fahrlässigkeit, auch im Bereich der Versicherungen.

Das **Bürgerliche Gesetzbuch** sagt, dass Kinder bis sieben Jahre „deliktunfähig" sind; das bedeutet, dass die Eltern, respektive deren Haftpflichtversicherung, lediglich bei Verletzung der Aufsichtspflicht für beispielsweise Sachbeschädigungen haftbar gemacht werden können. Sind Kinder bis zehn Jahre alt, so sind sie im Straßenverkehr grundlegend, außer bei Vorsatz, nicht verantwortlich zu machen. Anders bei anderen Delikten, hier sind Kinder ab sieben bedingt deliktfähig und es kommt entscheidend darauf an, ob die Kinder sich über die Folgen ihres Tuns oder Unterlassens bewusst gewesen sind. Ob man seine Aufsichtspflicht verletzt hat oder nicht, mag unter gleichen Voraussetzungen unterschiedlich bewertet werden, auch abhängig vom intellektuellen Zustand des Kindes. Hier werden Eltern schnell für Schäden zivilrechtlich belangt und dies kann eine Haftpflichtversicherung abdecken.

Noch ein paar Zeilen Juristisches: § 825, BGB: (1) Wer das siebte Lebensjahr noch nicht vollendet hat, ist für einen Schaden, den er einem anderen zufügt, nicht verantwortlich. (2) Wer das siebte, aber nicht das zehnte Lebensjahr vollendet hat, ist für den Schaden, den er bei einem Unfall mit einem Kraftfahrzeug, einer Schienenbahn oder einer Schwebebahn einem anderen zufügt, nicht verantwortlich. Dies gilt nicht, wenn er die Verletzung vorsätzlich herbeigeführt hat. (3) Wer das 18. Lebensjahr noch nicht vollendet hat, ist, sofern seine Verantwortlichkeit nicht nach Absatz 1 oder 2 ausgeschlossen ist, für den Schaden, den er einem anderen zufügt, nicht verantwortlich, wenn er bei der Begehung der schädigenden Handlung nicht die zur Erkenntnis der Verantwortlichkeit erforderliche Einsicht hat.

Bei Verletzungen der Kinder zahlt immer deren Krankenversicherung; je nachdem, ob ein Autofahrer an der Verletzung Schuld war oder ob der Unfall bei einer schulischen Veranstaltung passiert ist, nimmt der Krankenversicherer Regress beim Verursacher oder beim GUV (Gemeindeunfallversicherungsverband). Bei einer bleibenden Erwerbsunfähigkeit, bedingt durch eine schulische Aktivität oder auf dem Schulweg, zahlt ebenfalls der GUV einen bestimmten (meist zu geringen) Betrag, und bei Fahrerflucht springt in Deutschland die sog. Verkehrsopferhilfe ein.

Doch davon unabhängig werden auch für Kinder private Unfallversicherungen ebenso dringlich empfohlen wie private Haftpflichtversicherungen; Letztere sollten so genannte Forderungsausfälle beinhalten, denn damit hat man eigene Schäden mitversichert, wenn der Verursacher dafür nicht aufkommen kann.

Bis zum 18. Lebensjahr kommt es entscheidend auf den intellektuellen Stand des Jugendlichen an, ob er bei bestimmten (Straf-)Taten für **deliktfähig** erklärt wird oder nicht. Eine seit Anfang 2004 gültige Gesetzesergänzung sagt aus, dass Kinder im Straßenverkehr grundsätzlich unschuldig und Autofahrer bei Unfällen mit Kindern grundsätzlich schuldig sind.

Auch wenn es uns Eltern primär darum geht, dass unseren Kindern kein ernsthaftes Leid zugefügt wird, so ist die Frage der juristischen Verantwortung manchmal auch relevant. Kleine Kinder unter sechs Jahren sind noch nicht deliktfähig, d. h. sie können praktisch machen, was sie wollen, ohne selber direkt Konsequenzen dafür tragen zu müssen; hier können jedoch, je nach den Begleitumständen, die Erziehungsberechtigten zur Verantwortung gezogen werden. Ab 14 Jahren sind Kinder jugendlich und somit **strafmündig** – im Extremfall können sie für vorsätzliche Strafen sogar in Jugendgefängnisse mit bis zu zehn Jahren Haft kommen, in minder schweren Fällen in Erziehungsheime, und den Eltern kann die Erziehungsberechtigung entzogen werden. Doch diese Extremfälle treffen glücklicherweise sehr selten zu. Wesentlich häufiger sind fahrlässige oder minder schwere vorsätzliche Handlungsweisen, die zu Verletzungen und Regressforderungen führen.

Kinder sind auf dem direkten Weg zur Schule und bei schulischen Veranstaltungen über den **Gemeindeunfallversicherer** versichert. Darüber hinaus sind Kinder über die Eltern krankenversichert, und somit ist sowohl der schulische als auch der private Bereich des Kindes abgedeckt. Doch wenn Schulkinder Dritten Schäden zufügen, müssen die Eltern ggf. für die Schäden aufkommen. Je nach Höhe des Schadens kann es sein, dass noch geprüft wird, ob eine Verletzung der Aufsichtspflicht vorliegt oder nicht. Um solche Schäden abzudecken, empfiehlt sich eine Haftpflichtversicherung.

2.2   Zahlen zu Unfällen

Spektakuläre Unfälle passieren selten und auch nur wenigen Personen – doch primär über diese Unfälle berichten die Medien. Insofern muss man die Berichterstattung relativieren. So unspektakulär es klingen mag: Eine der Hauptunfallursachen ist Stolpern – und zwar nicht auf einer Treppe, sondern beim ebenen, horizontalen Gehen. Darüber zu berichten ist zu langweilig, deshalb wird eben nicht über 100.000 **Stolperunfälle** berichtet, sondern über den einen Sturz aus dem Fenster.

Jedes Jahr passieren in Deutschland ca. 5,5 Mio. Unfälle im privaten Bereich (vor zehn Jahren noch 4,7 Mio. Unfälle). Davon verletzen sich ca. 570.000 Kinder unter 15 Jahren, also ca. 11 %. Der „Rest", also die absolute Mehrheit mit 89 %, passiert Jugendlichen und Erwachsenen. Allerdings muss hier mal wieder an die Verantwortung erinnert werden, denn für viele der unter 15-Jährigen tragen wir Erwachsenen die Verantwortung: Aufpassen, informieren, sensibilisieren, damit eben nichts Katastrophales passiert.

Von diesen weit über 5 Mio. Unfällen passieren jedes Jahr etwa 7500 tödliche Unfälle in Freizeit, Hobby und Garten. Während man Unfälle mit nicht bleibenden Verletzungen, Behinderungen, Entstellungen oder gar Todesfolge meist akzeptieren kann, ist das hier anders: Solche Unfälle dürfen eigentlich nicht passieren – egal ob Kindern, Jugendlichen oder Erwachsenen. Doch ähnlich wie im Straßenverkehr finden wir uns damit ab, jährlich wieder. Im Gegenteil: Die Presse freut sich jedes Jahr wieder, dass es immer weniger Tote im Straßenverkehr gibt: „Erstmals unter 6000 Tote im letzten Jahr, das ist doch großartig", konnte ein Radioreporter freudig berichten und setzte hinzu, dass die Zahl vor Jahrzehnten, vor der Gurteinführung, über dreimal so hoch war.

Für das Arbeitsleben gibt es viel mehr Verordnungen und Vorschriften als für das private Leben, aber es passieren im privaten Bereich eben auch so viele Unfälle: Man fühlt sich frei, denkt an nichts Schlimmes und verhält sich entsprechend. Ebenso gibt es jährlich ca. 700 Brandtote in Deutschland, und hier ist immer eine größere zweistellige Zahl von Kindern dabei. Häufig kleine Kinder, die das Feuer entweder selbst fahrlässig gelegt haben oder sich irgendwo in der Wohnung vor dem Feuer verstecken wollten.

Im Schnitt gibt es pro Jahr etwa 220 Kinder bis 15 Jahre, die im **Straßenverkehr** sterben (ca. 50 % im PKW, ca. 28 % als Fußgänger, ca. 19 % mit dem Fahrrad und ca. 3 % mit anderen Fahrzeugen). Vor 35 Jahren gab es insgesamt noch über 20.000 Verkehrstote, heute sind es ca. 6000 – und dies trotz der neuen Bundesländer, trotz des aggressiveren Verhaltens sowie der höheren Jahresfahrleistungen je Fahrzeug. 93 % gurten sich im Schnitt an, in den Städten und bei Kurzfahrten (wo der Gurt besonders sinnvoll wäre!) sind es nur knapp 90 %. Über 40.000 Kinder werden jährlich im Straßenverkehr verletzt, davon 20 % schwer, und ein geringerer Prozentsatz bleibt lebenslänglich behindert. Auch wenn die Unfallzahlen rückläufig sind, das Unfallrisiko für Rad fahrende Kinder und als Fußgänger steigt: In 15 Jahren sind über 5500 Kinder im Straßenverkehr getötet worden und über 700.000 wurden verletzt!

1992 wurde die spezielle Kindersicherungspflicht im PKW eingeführt und die Unfälle mit Kindern sanken daraufhin um ca. 20 %, die Todesfälle bei Kindern sowie die Anzahl der Schwerverletzten sanken sogar jeweils um exakt 50 %. Dennoch gibt es Eltern, die ihre Kinder – z. B. weil sie quengeln – nicht angurten.

An Bushaltestellen passieren pro Jahr über 1000 Unfälle mit Kindern (1 % tödlich – das waren im letzten Jahr elf Kinder –, 32 % schwere Unfälle, 67 % leichtere Unfälle).

Während die Motorradfahrer eine Helmtragequote von über 98 % haben, schützen nur etwa 40 % von ihnen auch den Körper adäquat! Dieses völlig unvernünftige und unlogische Verhalten liegt in der Gesetzgebung sowie im Bußgeldkatalog begründet: 1976 wurde die Gurtpflicht vorn im PKW eingeführt und die Anschnallquote stieg von 40 % auf 60 %. Erst 1984 wurde das Nichtanschnallen mit Verwarngeld belegt, und daraufhin stieg die Quote von 60 %

auf über 95 %, und eine Strafe beim Nichtanlegen hinten wurde erst 1986 (!!!) eingeführt – woraufhin die Quote von 20 % auf 50 % (heute: 80 %) gestiegen ist; nachdem das Verwarngeld 1998 noch mal erhöht wurde, stieg die Quote weiter. Fazit: Nicht die Vernunft bzw. Einsicht führt zu einer Verbesserung, sondern das Androhen einer Geldstrafe.

So makaber es wirken mag, es gibt dennoch eine Berechtigung, Verletzungsursachen, Folgen und Tote zu vergleichen – um Prioritäten festzusetzen und Wertigkeiten zu bestimmen. So gibt es jährlich über 120.000 Tote in Deutschland durch Ernährungsfehler, Alkohol, Nikotin und die Synergien hieraus – diese natürlich primär unter den Erwachsenen und nicht bei den Kindern. Daneben gibt es 10.000 bis 15.000 verzweifelte Menschen, die ihr Leben selber beenden. Einige hundert sterben in den Bergen, ca. 700 durch Brände, einige -zig ertrinken, usw.

Es sind meist total triviale Ursachen, die zu Unfällen führen, und weniger unvorhersehbare Dinge; dies bedeutet, dass man ebenso mit trivialen Verhaltensmustern Unfälle vermeiden kann, oder anders ausgedrückt: Wer den **gesunden Menschenverstand** walten lässt, hat wesentlich bessere Chancen, heil über die Runden zu kommen. Doch Kinder verfügen noch nicht über ausreichend Erfahrung und Jugendliche leider in manchen Situationen auch nicht über gesunden Menschenverstand.

Vor allem Männer zwischen 15 und 25 Jahren verunglücken besonders häufig. Dies liegt sicher an einem falsch verstandenen Bild vom Mann: Männer müssen mutig sein, anderen (Jugendlichen und Frauen) etwas beweisen; dabei bleiben nicht wenige pubertierende Jungen und angehende Männer auf der Strecke. Dass sich Mut, Übermut und Dummheit oft nur um Haaresbreite unterscheiden, sollte man deshalb seinen Kindern versuchen zu vermitteln. Es gibt etwa so viele Buben wie Mädchen, allerdings verunglücken nur 40 % der Mädchen, und das ist sicher auch ein Indiz dafür, dass Buben pauschal risikobereiter sind – oder meinen eben, sich als Bub bzw. junger Mann so verhalten zu müssen, z. B. um mehr Akzeptanz zu erhalten.

Die bekannt gewordenen Verletzungen sind in der Mehrzahl so gering, dass sie ambulant bei einem Arzt und nicht im Krankenhaus behandelt werden. Die **Unfallort-Schwerpunkte** für Kinder sind:

- 50 % Haus und Garten
- 20 % Sportplatz
- 15 % Öffentliche Verkehrswege

Sport macht Spaß und ist, vor allem für junge Menschen, psychisch und auch physisch unersetzbar wichtig. Sportunfälle können ja auch akzeptiert werden, solange sie nicht irreversibel bleiben. Ob genetisch bedingt oder anerzogen, jedenfalls fällt auf, dass von allen Fußball-Unfällen 90 % Buben verunglücken und nur 10 % der Mädchen, während bei Reitunfällen 85 % der Mädchen verunglücken und nur 15 % der Buben. Sicher liegt es daran, dass mehr Mädchen reiten und mehr Buben Fußball spielen.

Es gibt Sportarten, die besonders verletzungsträchtig sind, und dazu gehören Fußball, Radfahren, Inlineskaten, Skifahren und Tennis. Die Statistiken sind jedoch mit Vorsicht zu genießen: Natürlich spielen Kinder wesentlich häufiger Fußball oder fahren auch häufiger mit dem Rad, als dass sie Ski fahren oder Tennis spielen – d. h. die Häufigkeit ist hier bei der Gegenüberstellung der absoluten Zahlen zu berücksichtigen. Doch als Fazit sollte man ziehen: Bestimmte Sportarten sollen Kinder nicht zu früh lernen; so ist es z. B. besonders problematisch, wenn kleine Kinder mit Fahrrädern unterwegs sind, die mit Stützrädern ausgestattet sind. Eine professionelle Vorbereitung ist bei allen Sportarten die grundlegende Voraussetzung, und dazu gehört eben auch, dass die Kinder physisch und psychisch reif sind, die richtige Unterweisung haben, über geeignete Schutzkleidung verfügen usw.

Die **primären Tätigkeiten, die zu Unfällen führen**, sind:

- 35 % Sport
- 25 % Spielen, Toben
- 21 % Gehen bzw. Laufen auf der Ebene
- 6 % Gehen auf Stufen

Hieraus den Schluss zu ziehen, Sport (Fußballspielen, Fahrradfahren), Toben, Gehen oder gar Spielen eben nicht mehr zu betreiben, ist natürlich unsinnig. Sinn macht es indes, Risiken zu erkennen, präventiv Kinder zu schulen und Gefahren auch zu akzeptieren. Um Stolperunfälle zu vermeiden, kann man kleinen

Kindern Schuhe mit Klettverschluss kaufen und die Hosen so wählen, dass sie nicht zu lang sind. Dies sind zwei wichtige Tipps: Erstens binden Kinder ungern Schuhe und zweitens kaufen Eltern die Kleidung verständlicherweise eher zu groß als zu knapp, und bei zu langen Hosen erhöht sich die Stolpergefahr ebenso wie bei offenen Schuhbändern.

Man kann Kinder auch dazu erziehen, keine Gegenstände auf dem Boden – vor allem auf Treppen – liegen zu lassen. Wer sich an diese trivialen Punkte hält, hat schon viel in Richtung Stolperschutz getan, und die Verletzungen reichen beim Stolpern von Knochenbrüchen über Gelenkkapselrisse bis zu langwierigen Muskel- und Bänderrissen oder Problemen durch Verletzungen der Wachstumszonen an den Enden der Röhrenknochen von Armen und Beinen.

Die Unfälle von Kindern, die von Ärzten behandelt werden mussten, weisen folgende Unfallarten auf:

- 35 % Zusammenstoß mit Gegenstand bzw. Person
- 28 % Sturz aus Höhe
- 20 % Sturz auf gleicher Ebene
- 10 % Verletzen mit scharfem bzw. spitzem Gegenstand

Auch hier lässt sich sehen, wie man Kinder vor vielem schützen kann. Zu schnelles Laufen in unübersichtlichen, engen Bereichen ist „unpassend“. Kinder gehören nicht auf Leitern oder Drehstühle und auf Spielplätzen muss man kleine Kinder vor ihrer Unerfahrenheit schützen – z. B. wenn sie größere Kinder im Kletterdrang nachahmen. Doch 20 % aller Unfälle passieren durch den Sturz auf gleicher Ebene! Billige Schuhe mit rutschigen Sohlen, herumliegende Gegenstände, zu kleine oder zu große Schuhe oder gar keine Schuhe usw. sind hierfür die Ursachen. Und scharfe oder spitze Gegenstände sind nun mal vor Kindern zu entfernen!

Die Ursachen der unterschiedlichen Unfälle wurden von den behandelnden Medizinern wie folgt ermittelt (Mehrfachnennung möglich, daher liegt die Summe über 100 %):

- 30 % Fehler einer anderen Person

- 24 % Leichtsinn, Übermut
- 16 % Fehlende Konzentration
- 14 % Witterungseinflüsse
- 13 % Eile
- 9 % Unebene bzw. unsichere Böden
- 8 % Sportlicher Ehrgeiz
- 7 % Unfähigkeit
- 6 % Überbelastung, fehlende Kenntnis, Unfähigkeit
- 6 % Stolpern
- 5 % Unpassende Kleidung
- 5 % Ablenkung durch äußere Einflüsse
- 4 % Technische Mängel
- 4 % Falsches Verhalten

Auch hier sind viele Gründe selbsterklärend. Passende Kleidung, vernünftige Unterweisung (vernünftig bedeutet, dass man eben nicht permanent auf Kinder einredet oder pauschal „sei aber vorsichtig" sagt), Berücksichtigung der Fähigkeiten führen dazu, Unfälle zu vermeiden.

Folgende **Verletzungsarten** treten bei Kindern besonders häufig auf (zum Teil Mehrfachnennung):

- 32 % Knochenbruch
- 25 % Offene Wunde
- 15 % Prellung
- 12 % Verstauchung, Zerrung

Glücklicherweise verheilen diese Verletzungen bei Kindern im Gegensatz zu Erwachsenen überproportional schnell und meist ohne bleibende Folgen. Kinder verunglücken „gern" beim Spielen, Toben, Laufen, und zwar meist durch Hinfallen (50 %) oder Zusammenstoßen (35 %). Diese Zahlen verwundern auch nicht weiter, denn bei sitzender Arbeit, beim Fernsehen oder im Schlaf können Kinder ja kaum verletzt werden.

Fazit: Wir müssen uns also damit abfinden und es akzeptieren, dass Verletzungen beim Spielen, Toben oder Radfahren passieren. Womit wir uns nicht abfinden dürfen, sind bleibende Verletzungen, Behinderungen, Entstellungen oder gar der Tod. Bei Erwachsenen nicht und bei Kindern erst recht nicht.

2.3   Vermeiden von Gefahren

Der Gesetzgeber verlangt von Unternehmen in den Bestimmungen der Berufsgenossenschaft, im Arbeitsschutzgesetz und in der Betriebssicherheitsverordnung, Gefahrenanalysen vorzunehmen, Mitarbeiter zu unterweisen, technische Gegenmaßnahmen zu treffen usw. Hingegen wird Vergleichbares nicht von Eltern verlangt, um unerfahrene Kinder vor Verletzungen zu schützen. Es nutzt dem Kind nichts, wenn ein Staatsanwalt zu dem Schluss kommt, dass die Eltern aufgrund **grober Fahrlässigkeit** die Schuld für deren Verletzung tragen. Wir Eltern müssen also versuchen, mögliche Gefahren zu erkennen, und zwar qualitativ und quantitativ – und da gibt es eine Reihe von völlig unterschiedlichen Gefahren –, und dann diese Gefahren auch richtig zu bewerten. Daraus resultierend werden wir z. B. die Wohnung bzw. das Haus entsprechend gestalten, damit Kleinkinder nicht durch Strom verletzt werden, die Steintreppe hinaufklettern und danach herunterfallen usw.

So sind z. B. Paare als extrem sorglos oder gar verantwortungslos zu bezeichnen, die in ihrem **Garten** aus optischen Gründen einen **Teich** anlegen – wenn ihre Kinder noch jünger als drei Jahre alt sind: Zu groß ist hier die Gefahr, dass Kleinkinder sterben oder geistig behindert werden, wenn sie hineinfallen und das Hirn eine kurze Zeit keinen Sauerstoff mehr bekommt. Sind die Kinder älter, kann man über so eine Anschaffung nachdenken; dann sind die körperlichen Fähigkeiten meist vorhanden, sich selbst aus einem Teich zu retten.

Vernunft walten zu lassen und flexibel zu sein, zu werden oder zu bleiben ist hierbei oft wichtiger als ideologischer Starrsinn. Verantwortungsvoll erziehen bedeutet, Kindern so früh wie möglich die jeweils passende Eigenverantwortlichkeit mit auf den Weg zu geben; und dazu gehört, Kinder ernst zu nehmen und auch dies jedem Alter angemessen zu dosieren. Dazu müssen die Gefahren verständlich erklärt werden, passend zum intellektuellen Niveau des Kindes. Nicht überzogen, nicht zu lange oder zu theatralisch, sondern kurz, plausibel und deutlich. Manchmal auch unangenehm deutlich. Und man muss vorzeigen, welche Verhaltensmuster mit wesentlich geringerer Wahrscheinlichkeit eben nicht solch schlimme Folgen haben können. Die Gefahren sollen dabei weder verdrängt noch überbewertet werden.

Eltern, die mit ihren Kindern zusammenleben, kennen die Kinder (ihr Wesen, ihre Wünsche und Vorstellungen, ihre Art) meist am besten und können so individuell richtig auf das eine Kind anders als auf das andere Kind eingehen. Um seine Kinder zu kennen, muss man sich Zeit für sie nehmen, für sie da sein; dies nicht nur die ersten Jahre, sondern auch später, wenn sie jugendlich sind. Nur so hält man den Kontakt, erkennt Veränderungen und – ganz entscheidend wichtig – behält Akzeptanz.

Bei dem Aufzeigen von Gefahren und richtigen Verhaltensweisen sind **Über- und Untertreibungen** völlig fehl am Platze. Kinder müssen wissensdurstig (nicht mit Neugierde verwechseln) sein und bleiben und dürfen nicht verängstigt werden, sondern sie sollen die Chance haben, zu selbstbewussten Persönlichkeiten heranzuwachsen. Dazu gehört, Kinder zeitgemäß zu erziehen; nicht alles, was andere bzw. neue Zeiten mit sich bringen, gefällt der jeweils älteren Elterngeneration. Dies war vor 20 Jahren wie vor 50 oder 100 Jahren nicht anders und wird bzw. muss auch so bleiben. Regte man sich in den 70er Jahren darüber auf, dass Kinder das ach so giftige Getränk Cola zu sich nahmen, waren in den 80er Jahren irgendwelche skurrilen TV-Sendungen der Stein des Anstoßes. In den 90er Jahren wurden Tätowierungen in Tattoos umgetauft und somit für junge Menschen salonfähig und begehrenswert. Heute sind Piercings an allen möglichen und unmöglichen Körperstellen der letzte Schrei, und wer weiß, welche unbürgerlichen Ideen in zehn und mehr Jahren die Jugend dann haben wird.

Quintessenz hieraus ist: Stellt man sich einerseits zu vehement bzw. militant gegen solche sicherlich meist harmlosen (z. B. Cola trinken, TV gucken) oder bleibend entstellende (Tätowierungen) Aktivitäten und bedeuten diese den Kindern bzw. Jugendlichen andererseits sehr viel, dann sind Probleme vorprogrammiert: Die Kinder halten die Eltern für Spießer, Scheißer und hören überhaupt nicht mehr auf sie. Kommt dann noch der gut gemeinte Rat, doch bitte nachts um zwei Uhr nicht mit einem jungen Mann von der Disco heimzufahren, der vielleicht drei Monate Fahrpraxis und 3 ‰ Alkohol im Blut hat, wird über diesen sicherlich sinnvollen Vorschlag bestimmt auch nicht mal im Ansatz nachgedacht. Aber nicht nur solche Entscheidungen der eigenen Kinder muss man irgendwie akzeptieren. Auch die Musik, die Art, die männlichen und weiblichen Freunde, ja die gesamte Lebens- und Ausdrucksweise der jungen Generation muss man akzeptieren – will man **Zugang zu seinem Kind** und Akzeptanz haben. Hier ist es wichtig, Vertrauen zu haben, die Eigenverantwortlichkeit früh zu fördern und dennoch „auch mal fünf gerade" sein zu lassen.

Kinder dürfen nicht zu streng behandelt werden, weil sie dann früher oder später ausbrechen. Andererseits darf man Kinder auch nicht zu sehr unbeaufsichtigt lassen. Hier das Mittelmaß zu finden ist oft nicht leicht. In Watte gepackten Kindern wird man mit diesem ängstlichen Wesen keinen Gefallen tun. Gerade nach Unfällen, Missgeschicken oder Verletzungen ist das richtige Verhalten wichtig. Lernen aus dem Erlebten.

Kinder dürfen **nicht verängstigt** werden. Man muss Respekt vor Gefahren haben und wissen, wie präventiv und/oder kurativ zu handeln ist. Respekt ist gut, Furcht/Angst ist schlecht. Der Tipp, Kinder nicht in Watte zu packen, ist leichter ausgesprochen als umgesetzt. Bestimmte Dinge müssen Kinder selbst, d. h. am eigenen Leib erfahren, denn auch das gehört dazu, ein erwachsener Mensch zu werden; diese sind z. B.:

- Wenn man hinfällt, kann das Knie bluten und wehtun.
- Mit einem Messer und sogar mit einem Blatt Papier kann man sich blutig schneiden.
- Herdplatten können heiß sein.
- Alkohol kann zu Übelkeit und Kopfschmerzen führen.
- Partner können einem sehr wehtun.
- u. v. m.

Kinder haben **geringere Schadenserfahrungen** (Schneiden, Brennen, Verletzen), und das lernt man nicht nur durch Erzählungen; vieles will, ja muss man selber erfahren. So was prägt sich dann auch ein – im Gegensatz zu dauernden „gut gemeinten" Ratschlägen von z. B. der Oma.

Während viele Gefahren keine tödlichen Ausgänge ermöglichen, ist dies beim Straßenverkehr anders. Wir können Kindern nicht verbieten, am Straßenverkehr teilzunehmen, früher oder später müssen sie dieses Risiko eingehen. Zu Fuß, mit dem Roller, mit dem Fahrrad und als beginnende Erwachsene mit motorisierten Fahrzeugen. Es beginnt damit, Kinder außer der Reichweite der Arme zu lassen, wenn sie mit dem Fahrrad fahren. Hier sollte man darauf achten, dass die Kinder nicht zu jung sind und wirklich schon sicher radeln können. Manche lernen das in zehn Minuten, andere brauchen eine Woche oder länger, bis sie sicher ohne Stützräder fahren können. Daneben steht die trivial klingende Forderung, dass man Fahrräder verkehrssicher und auffällig gestaltet.

Im vorangegangenen Kapitel haben wir gelernt, dass durch Stolpern auf ebener Fläche viele eigentlich **vermeidbare Unfälle** passieren. Somit ist klar, dass Sauberkeit und Ordnung auch Sicherheit (gegen Stolpern) bedeuten. Dass man weder über Gegenstände am Boden noch über Schuhbänder oder zu lange Hosenbeine stolpert, sollten Kinder schon sehr früh lernen: Schuhe werden gebunden (oder haben einen Klettverschluss bzw. Reißverschluss), Spielsachen werden aufgeräumt im Kinderzimmer und auf der Treppe wird überhaupt nichts abgelegt (weil dort Stolperunfälle besonders gravierende Folgen haben können). Steintreppen innerhalb von Wohnbereichen sollten mit Teppichbelag fest belegt bzw. beklebt werden, denn ein Treppensturz hat meist wesentlich geringere Folgen, wenn der harte Marmor belegt ist. Und man sollte sich (auch als Erwachsener) angewöhnen, Handläufe an Treppen zu benutzen: Gehen hier die Eltern mit gutem Beispiel voran, ist es weniger schwer, Überzeugungsarbeit zu leisten, als wenn diese und andere gut gemeinte Ratschläge nur für Kinder gelten.

Die Körper der Kinder verändern sich in kurzen Zeiträumen extrem. Kinder haben keine Vergleichsmöglichkeiten, ob ihre Augen, Ohren, die Feinmotorik oder sonst eine Funktion im Normbereich liegen oder nach oben oder unten abweichen. Deshalb ist es sinnvoll und zeugt von Verantwortungsgefühl, wenn man **regelmäßig** einen **Kinderarzt** seines Vertrauens aufsucht und diese und weitere Funktionen überprüfen lässt; treten Probleme auf, kann man im Kindesalter eventuell noch rechtzeitig gegensteuern oder das Kind z. B. mit einer Brille schützen.

Meist sind es triviale Ursachen, die zu vermeidbaren Unfällen führen. So führen feste Schuhe mit griffiger Sohle und gutem Halt wie z. B. Turnschuhe oder gute, aber „cool" aussehende Schuhe meist weniger häufig zu Verletzungen oder Unfällen als offene Schuhe (Sandalen) oder solche mit nicht ausreichendem Halt oder ungeeignetem Profil. Gerade beim Schuhkauf für Kinder sollte man preiswert nicht mit billig verwechseln.

Um juristische oder finanziell stark einschränkende Probleme durch Unfälle von und mit Kindern weitgehend abzusichern, muss man sich rechtzeitig über effektive Gegenmaßnahmen informieren. Damit beschäftigt sich ein eigenes Kapitel in diesem Buch, das z. B. über Haftpflichtrisiken informiert.

Agieren ist besser als Reagieren. Doch in vielen betrieblichen, politischen und auch privaten Bereichen erleben wir, dass man nachher auf schädliche Ereignisse reagiert und sich nicht vorher, präventiv, Gedanken macht, wie denn diese zu vermeiden wären. Versuchen Sie, nicht erst aktiv zu werden, wenn etwas passiert ist (z. B. eine alte, brüchige Leiter rechtzeitig ersetzen; bedenkliche Elektrogeräte überprüfen lassen; die Steckdosen absichern; die Handbremse am Kinderrad reparieren; sich über Drogen informieren; …).

Versuchen Sie (nicht ständig, aber ab und zu, wenn es passend ist), Kinder **aktiv zum Mitdenken zu erziehen:** Machen Sie ein Spiel daraus, zu erkennen, welche Gefahren und welcher Nutzen/Gewinn bei welcher Tätigkeit anstehen. Prüfen Sie, ob das Kind weiß, welche Vorsorgemaßnahmen man treffen sollte, z. B. auch Notrufnummern kennt und per Telefon anwählen kann usw.

Bei aller Vernunft, die Sie Ihrem Kind zusprechen: Lassen Sie Kinder dem **Alter** und dem Verhalten **entsprechend** nicht zu früh und vor allem nicht bei Dunkelheit allein in der Wohnung. Hier müssen Sie schon wissen, dass die Kinder in Notsituationen sich richtig verhalten werden. Und bedenken Sie, welchen Schaden Sie der zarten Kinderpsyche zufügen können, wenn es zu häufig und zu lange zu Hause, evtl. sogar in der Dunkelheit allein gelassen wird. Bitte jetzt nicht denken: „Das war bei uns damals auch üblich und uns hat es auch nicht geschadet." Richtig, das war früher üblich. Falsch, es hat Ihnen Schaden zugefügt.

Berücksichtigen Sie bei der Geburt von weiteren Kindern auch die Möglichkeit der Eifersucht der älteren Kinder und steuern dem konstruktiv entgegen (z. B. indem Sie dem älteren Kind zeigen, dass Sie es gerade jetzt brauchen).

Und, liebe Mütter, stellen Sie das Rauchen spätestens in der Schwangerschaft ganz ein und lassen Sie es danach auch ganz bleiben. Väter, die weiter rauchen, sollten ihre Einstellung zur Partnerschaft und Fairness überprüfen – wir leben nicht mehr in den 70er Jahren, sondern haben uns weiterentwickelt!

Wir **Eltern** sollten möglichst ein **gutes Vorbild** sein und das eben nicht spielen, sondern auch wirklich leben, sein. Das bedeutet, dass man möglichst ausgeglichen ist, bei Problemen mit den Kindern oder dem Partner nicht tobt oder schreit; sinnvoll wäre es auch, gemäßigt Alkohol zu trinken und eben generell nicht zu rauchen. Wenn Papi im Heimwerkerkeller arbeitet, sollte er – Vorbildfunktion – bei bestimmten Arbeiten eine Schutzbrille tragen. Mutti sollte, wenn sie die Vorhänge abnimmt oder aufhängt, dies von einer Leiter und nicht von einem Drehstuhl aus erledigen, usw.

2.4 Spielunfälle im Kindesalter: Ursachen und Prävention

Im Mittelpunkt stehen **Kinder von fünf bis zehn Jahren**. Die Unfallrisiken dieser Altersgruppe liegen außerhäuslich vorwiegend auf den Kinderspielplätzen und im Straßenverkehr: Tödliche Verkehrsunfälle im Jahr 2003 erlitten 59 Kinder zwischen fünf und zehn Jahren, im Sport- und Spielunfall waren es neun, Stürze stehen hierbei im Vordergrund. Durchschnittlich verletzten sich in Deutschland im Heim- und Freizeitbereich einschließlich Kinderspielplätze jedes Jahr rund 570.000 Kinder unter 15 Jahren. Beim Spielen und Toben ereigneten sich knapp 50 % der Unfälle. Den Vorrang mit einem Anteil von einem Drittel haben Stürze aus der Höhe, gefolgt von Stürzen auf einer Ebene (20 %). Durch Zusammenstöße mit einem Gegenstand oder einer Person erlitten ein Viertel aller Kinder einen Unfall.

Die meisten der hier genannten Unfälle sind auf das Fehlverhalten der Kinder zurückzuführen (Robert-Koch-Institut, 2004). Das ist weiter zu differenzieren. Folgende Hauptursachen werden nach einer Befragung der Bundesanstalt für Arbeitsschutz und Arbeitsmedizin (Robert-Koch–Institut, 2004) bei Unfällen der Kinder unter 15 Jahren genannt:

- Physische/psychische Einflussfaktoren (41 %): Leichtsinn, Übermut, Übereifer, Unkonzentriertheit, Unaufmerksamkeit

- Verhaltensmängel (37 %): Stolpern, Ausrutschen, Eile, Hast, sportlicher Einsatz, Unkenntnis, Ungewohntheit
- Fehler oder Unachtsamkeit einer anderen Person (19 %)
- Umgebungseinflüsse (17 %): Boden, Untergrundbeschaffenheit und Nässe, Ablenkung durch äußere Einflüsse

Da das gesamte **Unfallspektrum** sehr umfassend ist, sei nachstehend der Kinderspielplatz favorisiert. Beispiele aus dem Straßenverkehr werden aber zur besseren Darstellung ab und zu herangezogen. Die Unfallursachenanalysen sind auf das Fehlverhalten der Kinder ausgerichtet, nicht auf technische und materielle Bedingungen der Spielplätze und Spielgeräte. Im Vordergrund stehen die genannten Verhaltensmängel, einige psychische Einflussfaktoren und die Unachtsamkeit anderer Personen.

Unfallprävention ist umso wirksamer, je mehr über Unfallursachen bekannt ist; dies ist eigentlich eine Binsenweisheit. Auffallend ist nur, dass oftmals nicht hartnäckig genug nach Ursachen gesucht wird. Sind doch die Symptome leichter zu finden als die Ursachen. Für die Unfallprävention heißt dies, dass z. B. beim Kinderunfall oftmals nur aufgezeigt wird, wo sich der Unfall ereignete und welche Verletzung entstanden ist. Nur unzureichend steht das Verhalten der Kinder während des Unfallhergangs zur Diskussion. Selten wird danach gefragt, was sie genau gemacht haben, bevor sie z. B. vom Klettergerüst fielen, wenn dies passiert ist. Überhaupt nicht gefragt wird, was sie unmittelbar vorher noch gesehen, gehört, gedacht, getastet und gefühlt haben.

Anhand dieser Aufzählung ist bereits zu erkennen, dass das Unfallursachenspektrum von der Spielhandlung über das Denken bis zur **Wahrnehmung** zu erweitern ist. Sehen und Hören sind doch die Vorposten unseres Gehirns, ohne die uns das gesamte Umweltgeschehen nicht erreichen könnte. Eine uralte Lebensregel besagt, dass Vorposten jeglicher Art eine hohe Qualität haben müssen, um ihre Aufgaben zu erfüllen. Das wurde inzwischen auch in der Unfallforschung erkannt. Daher wird inzwischen von einer Panoramaerweiterung gesprochen. Das soll ein Beispiel näher belegen: Ein Kind fährt mit seinem Fahrrad über einen Stein, fällt herunter und verletzt sich.

Zu fragen ist jetzt nach den Unfallursachen. Dazu gibt es nach unserer Panoramaerweiterung mehrere Antworten, und zwar:

1. Der Stein ist die Ursache.
2. Das Kind hat den Stein überhaupt nicht gesehen.
3. Das Kind hat den Stein zwar gesehen, verarbeitet ihn aber nicht so, dass es ihm ausweichen konnte.
4. Das Kind hat den Stein gesehen, hat ihn verarbeitet, war aber aufgrund seiner körperlichen Fähigkeiten nicht in der Lage, ihm auszuweichen.
5. Das Kind hat den Gegenstand auf dem Boden nicht als gefährlichen Stein erkannt.

Die Feststellung (1) ist leicht zu beheben. Der Stein wird hinterher weggeräumt und es wird darauf geachtet, dass sich weitere nicht ansammeln. Feststellung (2) richtet sich auf die Wahrnehmungsfähigkeiten des Kindes. Im Fall (3) rückt die Informationsverarbeitung des Kindes in den Vordergrund. Im Fall (4) geht es um die körperlichen Voraussetzungen des Fahrradfahrens. Der Fall (5) richtet sich auf die Erfahrung und Sensibilität des Kindes.

Das skizzierte Unfallursachenspektrum ist für den Unfall von genereller Bedeutung. Die Unfallursachen verstehen sich so nicht mehr nur aus der fehlerhaften Handhabung der Spielgeräte, sondern auch aus der Wahrnehmungsfähigkeit des Kindes und seinen psychophysischen Ressourcen.

Unter Unfallprofil sei hier die Gesamtheit der unfallauslösenden Faktoren verstanden. Eingesetzt wurden zu ihrer näheren Bestimmung u. a. Videokameras und Richtmikrofone. Einige Fälle seien nachstehend veranschaulicht:

Fehlverhalten

Charakteristisch für das Kind auf dem Spielplatz ist folgendes Fehlverhalten:

- Stolpern
- Ausrutschen
- Loslassen
- Fehlgriffe, z. B. beim Steigen, Schwingen
- Fehltritte, z. B. beim Steigen, Springen
- Balance verlieren

- Umknicken
- Zusammenstoßen

Das sind Resultate von Unfallprofilen, die jedoch ihre Entstehungsgeschichten noch nicht vollständig offenbart haben. Dennoch ist der Zusammenhang des jeweiligen Fehlers zum Unfall schon deutlich. Die Fehler der einzelnen Handlungen lassen sich nochmals differenzieren in **Steuerungs- und in Regelungsfehler.** Beim Steuerungsfehler ist die Ursache eine mentale Überforderung. Das äußert sich z. B. durch falsche Griffe. Beim Regelungsfehler liegt die Ursache in einer mangelhaften Ausführungsgüte der Handlung. Dies zeigt sich z. B. durch einen unangepassten Krafteinsatz: Die Bewegungen wirken unausgewogen und sind verwackelt. Im ersten Fall muss das Kind wissen, in welcher Reihenfolge zu greifen ist, im zweiten Fall muss es einfach mehr üben.

Altersspezifische Handlungsgrenzen

Unfallereignisse treffen Kinder oftmals aus heiterem Himmel. Sie liegen zeitlich vor den fehlerhaften Handlungsresultaten. Handlungen richten sich bekanntlich nur auf das aus, was vorher gesehen oder gehört wurde. Allerdings müssen jetzt bereits altersspezifische Fähigkeiten in den einzelnen Handlungen berücksichtigt werden. Treten altersbedingte Überforderungen auf, dann nehmen z. B. Steuerungsfehler beim Greifen, Klettern und Fangen von Bällen etc. zu. Daher sollten die Fähigkeitsgrenzen des Kindes im jeweiligen Alter bekannt sein, um nicht immer noch mehr von ihm zu verlangen. Die folgenden Beispiele zeigen altersspezifische Handlungsgrenzen auf; wird mehr verlangt, steigen die Unfallzahlen:

- **5- bis 6-Jährige:** Sie können schnelle Bewegungen ohne Zusatztätigkeiten ausführen; sie können nicht schnelle Bewegungen mit Zusatztätigkeiten ausführen, z. B. einen kleinen Ball fangen; sie können beim Rollerfahren jetzt Kurven bewältigen, sie können aber noch nicht bremsen und zusätzlich lenken sowie schnell ausweichen; sie können schnell klettern, aber ohne Zusatzaufgaben, z. B. Umgebung beobachten, sprechen und zuhören.
- **7- bis 8-Jährige:** Sie können schnelle und gezielte Zugriffe ausführen, z. B. auf kleine Flächen oder Gegenstände; sie können diese Zugriffe nicht

ausführen, wenn gleichzeitig Sprechen und Zuhören verlangt werden; sie können Kurven fahren mit dem Fahrrad, klingeln sowie gleichzeitig bremsen; sie können aber noch nicht zusätzliche Anweisungen dazu befolgen; sie können nicht klettern, zuhören und gleichzeitig sprechen, die Umgebung beobachten und den Bällen ausweichen.

- **9- bis 10-Jährige:** Sie können gleichzeitig greifen sowie mit den Füßen arbeiten und die Umgebung detailliert beobachten; sie können noch nicht schimpfen, zuhören und gleichzeitig auf Spielgefährten achten; sie können nicht Slalom fahren und gleichzeitig bremsen, klingeln sowie Anweisungen ausführen und sprechen

Diese auf Kinder- und Schulspielplätzen vorgefundenen Handlungsstrukturen zeigen Anforderungsgrenzen auf. Werden sie überschritten, erhöht sich das Risiko; Unfälle werden wahrscheinlicher; die Kinder fallen vom Fahrrad oder vom Klettergerüst. Die Kombination der einzelnen Anforderungen in einer Handlung bewirkt die Entstehung eines Risikoprofils. Je einfacher die jeweils ausgeführte Handlung ist, umso geringer ist die Unfallwahrscheinlichkeit. Ist die vom Kind ausgeführte Handlung aber kompliziert, dann erhöht sich die Unfallhäufigkeit. Kompliziert heißt, sie wird vom Kind als kompliziert empfunden. Daher ist bei ihrer Auswahl darauf zu achten, dass die einzelnen Aufgaben altersgemäß sind.

Ein weiterer **Risikofaktor** ist die **Mehrfachhandlung.** Werden mehr als zwei Tätigkeiten gleichzeitig verlangt, treten Ausführungsschwierigkeiten auf. Fehler stellen sich bei der Ausführung der noch nicht oder nur ungenügend beherrschten Handlung ein; Mehrfachwahrnehmungen zeigen ein sehr ähnliches Bild: Sehen, Hören und noch Tasten beim Klettern, das kann zu viel werden. Zusatzaufgaben im visuellen Bereich werden nicht mehr bewältigt: Fliegende Bälle werden ignoriert, Anweisungen und Zurufe werden nicht mehr richtig beachtet. Diese Beispiele lassen erkennen, dass Eltern und Sicherheitserzieher genau über den altersspezifischen Fähigkeitsstatus der Kinder informiert sein müssen, um die Kinder adäquat herausfordernd fordern zu können.

Altersspezifische Grenzen der Wahrnehmung und Informationsverarbeitung

Wahrnehmungsgrenzen sind im Alltag jene Grenzen, ab denen weniger oder gar nichts mehr gesehen und gehört wird. Allerdings sind die betroffenen Personen nicht blind oder taub, sie haben nur eine vorübergehende Unterbrechung in der Aufnahme der entsprechenden Umweltinformation. Kommentiert werden diese Grenzen im Alltag folgendermaßen: „Das habe ich übersehen", „Ich habe mich verhört." Solche Leistungsgrenzen sind allen Erwachsenen durch Erfahrung bekannt, aber Kinder kommen rascher als die Erwachsenen an diese Grenzen; außerdem ist ihre Wahrnehmungsfähigkeit wesentlich geringer als die der Erwachsenen. Ähnliches gilt für die interne Verarbeitung der Umwelteindrücke. Bevor sicherheitsgerecht gehandelt werden kann, müssen die Umweltereignisse des Spielplatzes, z. B. die Klettergerüste, die Hängebrücken etc., verarbeitet sein. Das ist nun durch einige Zahlen näher zu belegen (vgl. das nachfolgende Schema).

Aufschlussreich ist, dass Kinder höchstens zwei **visuelle Objekte** in der Sekunde aufnehmen können. Das sind z. B. der Spielgefährte und ein anfliegender Ball. Ebenfalls verarbeiten Kinder nur ein bis zwei Wörter in der Sekunde. Daher ist es ratsam, mit Kindern langsamer zu sprechen, wenn es um wichtige Dinge geht. Beim Tasten registriert das Kind nur eine Ecke oder Kante pro Sekunde. Das ist sicherheitsrelevant, wenn ein Spielgerät oder ein anderweitiger Gegenstand sicher gegriffen werden muss. Griffig ist ein Gegenstand für das Kind nur, wenn es Zeit hat, den Gegenstand anzulangen. Erinnert werden vom Kind etwa zwei Sachverhalte in der Sekunde; auch hier muss man dem Kind Zeit lassen, bis ihm das Richtige einfällt.

Gehirnlogischerweise werden in der Sekunde **zwei Sachverhalte** verknüpft, um einen Zusammenhang herzustellen. Bis zu zwei Wörter und zwei Griffe pro Sekunde können von Kindern an die Umwelt abgegeben werden. Soll es schneller sein, dann macht es Fehler und verhaspelt sich, ergo nehmen die Unfälle zu.

Das Gesamtvolumen bildet sich aus der Umweltinformation und der Gedächtnisinformation. Das Volumen wird auch Informationshaushalt genannt. Dieser umfasst etwa sechs Informationseinheiten, die in der Vorstellung des

Kindes drei bis vier Sekunden gehalten werden können, er ist also limitiert: Diese Zeitspanne heißt Gegenwartsdauer. Der Informationshaushalt umfasst in einer konkreten Spielplatzsituation z. B. vier Spielgefährten, eine Kletterstange und einen Ball, dann ist das Volumen bereits ausgeschöpft, es stehen keine Speicherplätze mehr zur Verfügung. Reserven werden jetzt nur noch geschaffen, indem das Kind so lange nicht mehr hinhört oder hinsieht, bis sich wieder Reserveplätze einstellen. Das kann bis zu zwei Sekunden oder länger dauern. Die Erwachsenen sprechen dann meistens von Unaufmerksamkeit und Nicht-Aufpassen. In Wirklichkeit ist das Kind nur kurzfristig überfordert.

Ist auf dem Spielplatz viel los, dann drängt weitere Information nach. Das Kind merkt dann, dass es die **Ereignisse** nicht so schnell **aufnehmen** und verarbeiten kann. Jetzt entsteht Stress, der Fehlgriffe produziert und gleichzeitig die Gegenwartsdauer reduziert. Sie beträgt dann eventuell nur noch ein bis zwei Sekunden und geht manchmal sogar gegen null. Der Informationshaushalt schrumpft dann ebenfalls zusammen. Damit ist gesagt, dass bei einem zu dichten Angebot an Umweltereignissen die Verweildauer dieser Ereignisse im Gehirn des Kindes eingeschränkt ist. Die Verarbeitung läuft oberflächlich oder überhaupt nicht mehr ab, hier wäre weniger mehr.

Die Kapazität der Informationsverarbeitung lässt sich durch mentale Strategien verbessern. Das gelingt z. B., wenn das Kind gelernt hat, Ereignisse zu verblocken. Fünf Spielgefährten werden dann zu einem visuellen Pulk zusammengefasst.

Die Zahlen beziehen sich auf 6- bis 10-Jährige, bei Kindergartenkindern sind die Grundgrößen etwas geringer. Der **Entwicklungsverlauf** zu den Erwachsenen erfolgt allmählich und fließend, daher seien ergänzend noch ihre Grundgrößen genannt.

Bei den Erwachsenen liegt die einströmende Information bei drei bis fünf Objekten im visuellen, bei drei Wörtern im verbalen und bei drei Ecken oder Kanten im taktilen Bereich. Drei Sachverhalte können in der Sekunde erinnert werden; entsprechend werden drei Verknüpfungen in der Sekunde vorgenommen. Die Gegenwartsdauer erstreckt sich auf fünf bis sechs Sekunden und der Informationshaushalt beträgt demnach 15 Informationseinheiten. Abgegeben werden können von Erwachsenen pro Sekunde drei Wörter und drei Griffe.

Der Vergleich der Informationsverarbeitung zwischen Kind und Erwachsenem ist sehr aufschlussreich und erklärt viele Sicherheitsprobleme zwischen den beiden. So ist der Erwachsene mit einem wesentlich höheren Informationsvolumen ausgestattet als das Kind. Dies trägt dazu bei, dass die Erwachsenen oftmals ihren Informationshaushalt auf das Kind übertragen, d. h. die Erwachsenenleistung von Kindern erwarten, und das geht einfach nicht; dazu folgendes Instruktions-Beispiel:

Gesprochene Sätze müssen vom Satzanfang bis zum Satzende behalten werden, um sie zu verstehen. Das gilt vor allem bei Sprache mit Neuigkeitswert. Gemessen an der erwähnten Gegenwartsdauer von fünf bis sechs Sekunden verstehen Erwachsene noch Sätze mit einer Länge von etwa 15 Wörtern. Kinder mit ihrer Gegenwartsdauer von höchstens vier Sekunden verstehen nur noch Sätze mit einer Länge von etwa acht Wörtern. Sind Kinder und Erwachsene aufgeregt, dann reduziert sich die Wortzahl pro Satz nochmals.

Zur Verdeutlichung des angesprochenen Dialoges zwischen Erwachsenem und Kind lässt sich folgendes Beispiel heranziehen: Der Erwachsene sagt Folgendes zum Kind: „**Bleibe an der Bordsteinkante stehen und** *schaue zuerst nach links und dann nach rechts, schaue* nochmals nach links und überquere die Straße, wenn sie frei ist."

Die Verständnisreichweite der 6- bis 10-Jährigen erstreckt sich bis zum Ende der fett gedruckten Wörter, die der Erwachsenen bis zum Ende der kursiv gedruckten Wörter. Der Restsatz (normal geschrieben) wird selbst bei den Erwachsenen nicht mehr verarbeitet. Dieses Beispiel gilt allerdings nur für Sätze mit Neuigkeitswert, also nicht für Verhaltensregeln, die schon bekannt sind.

Solche **Überforderungsansprüche** gehen bevorzugt von den Erwachsenen aus. Wird an das Kind mehr herangetragen, als es verarbeiten kann, dann entsteht Stress, der zum Dauerzustand werden kann. Nervosität, Hektik und überschießende Reaktionen, um nur einige zu nennen, begleiten dann die Kinder auch auf den Spielplätzen.

Aufgrund der Tragweite dieser Aussagen sei noch ein weiteres Beispiel angeführt. Kinder prallen oftmals beim Spielen zusammen. Sie laufen aber auch vor Autos. Wo liegt hier die Gemeinsamkeit? Das Zusammenprallen hat folgende Ursache: Das Kind rennt geradeaus, schaut z. B. nach rechts und sieht einen

Spielgefährten kommen, schaut nochmals geradeaus, vielleicht wegen eines Zurufs. Je nach mentalem Akut-Zustand hat das Kind den Spielgefährten nicht mehr in seiner Vorstellung, der Zusammenprall ist die Folge.

Die Autokollision hat folgende Ursache: Das Kind hat gelernt, an der Bordsteinkante zuerst nach links und dann nach rechts zu schauen, anschließend nochmals nach links. Die sicherheitskritische Zeitmarke ist der Augenblick, in dem das Kind vom Rechtsblick wieder seinen Kopf zum Linksblick wendet. Die Fahrzeuge werden zwar vom Kind erkannt, benötigt das Kind aber mehr Zeit, als seine Gegenwartsdauer in diesem Augenblick hergibt, dann sind die in seinem Kopf zuvor vorhandenen Fahrzeuge größtenteils vergessen: Das Kind läuft los. Daher ist der Blickkontakt des Fahrers mit dem Kind keine Garantie, dass das Kind ihn erkannt hat und stehen bleibt.

Aus dieser Sicht ist Sicherheitserziehung für unsere Kinder auch gleichzeitig Sicherheitserziehung für die Erwachsenen. Die Erwachsenen müssen das Verhalten der Kinder mitdenken.

Nahrungs-, Flüssigkeitsaufnahme, Ermüdung

Die Grundbedürfnisse der Menschen werden nicht immer genügend berücksichtigt. So wird kaum ein **Wirkungszusammenhang zwischen** Hunger, Durst und Ermüdung einerseits und Unfällen andererseits gesehen. Wird aber bedacht, dass bereits das uns allen bekannte Hunger- und Durstgefühl zu einer Reduzierung der in der zuvor gebrachten Abbildung dargestellten Grundgrößen führt, dann ist der Zusammenhang zum Unfallgeschehen geradezu unmittelbar einsichtig. Ähnliches gilt für den Zustand der **Ermüdung**. Daraus ergibt sich eine grundlegende Sicherheitsforderung. Sie besagt Folgendes:

* Hungrige und durstige Kinder sind unfallgefährdet.
* Müde Kinder erhöhen das Unfallrisiko.

Im Zuge einer Untersuchung über Kinderunfälle in einer Schule kam der zuständige Hausmeister zu Wort. Die Verletzungen seien, so der Hausmeister, in der großen Pause höher als in den vorhergehenden kleineren Pausen. Das erkenne er daran, dass er mehr Heftpflaster ausgebe. Das liege wohl am Hunger und Durst der Kinder. Die Kinder haben bis zur großen Pause schon alles aufgegessen und ausgetrunken, was sie, wenn überhaupt, von zu Hause mitgebracht haben. Die Kinder fragen ihn daher in der großen Pause vermehrt nach Brötchen und Getränken. Als der Hausmeister dann noch hörte, dass Kakao mit Milch zu favorisieren sei, meinte er, dass er ab sofort in den Pausen nur noch Milch mit Kakao anbieten werde. Das müde Kind mit leerem Magen gehört nicht auf den Spielplatz, es ist auch eine potentielle Gefahr für sich selbst im Pausenhof.

Die bisherigen Überlegungen waren darauf ausgerichtet, **Unfallprofile im Kindesalter** aufzuzeigen, nun stehen Umwelteinwirkungen auf die Kinder im Vordergrund. Sie sind als Risikofaktoren zu verstehen, durch die sich die Wahrscheinlichkeit eines Unfalls erhöht.

Wirken während eines Klettervorgangs zusätzliche Ereignisse auf das Kind ein, dann erhöht sich das Unfallrisiko. Details sind aus der nachfolgenden Abbildung zu entnehmen: Dargestellt ist ein Risikoprofil mit Störfaktoren, die sich als verbale und visuelle Information anzeigen.

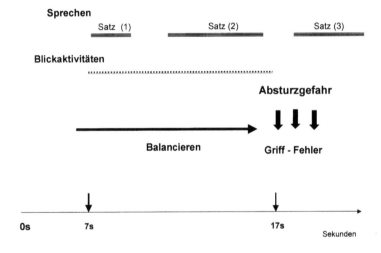

Risikofaktoren Sprechen und Sehen während des Kletterns und Balancierens

Risikofaktoren Sprechen und Sehen während des Kletterns und Balancierens

Nach einem leichten Griff-Fehler vor der 7-Sekunden-Marke sagt der junge Kletterer: „He, wackelt nicht so!" (1) Der Satz läuft von 7,3 bis 9,5 Sekunden. Das Klettern und Balancieren wird fortgesetzt, während der Blick gleichzeitig nach den „Wackeltätern" sucht. Die Blickaktivitäten dauern etwa 10 Sekunden. Der Satz (2) „Ist eh nicht zum Schaukeln" beginnt bei 13 Sekunden und endet bei 16,7 Sekunden. Anschließend beginnt eine massive Fehlgriff-Serie, die beinahe zum Absturz führte. Während des Griff-Risikos wird sprachlich aggressiv mit Satz (3) nachgesetzt. Dieser hatte folgenden Wortlaut: „Nein, nicht schaukeln, nicht, bitte, denk ich, ihr Deppen." Das Risikoprofil zeigt uns Folgendes:

- Treffen auf das Kind mehrere Anforderungen zugleich (Sprechen, Sehen, Klettern/Balancieren) aufeinander, erhöht sich das Unfallrisiko.
- Je mehr Risikofaktoren pro Zeiteinheit das Kind erreichen, umso größer ist die Unfallgefahr. Da die erwähnte Gegenwartsdauer bei Kindern relativ kurz ist, können weiter wirkende Ereignisse nicht verarbeitet werden. Die akute Auslastung führt zum Kontrollverlust bei den gerade ablaufenden Handlungen

Danebengreifen oder Danebentreten, Stolpern, Hängenbleiben u. ä. entstehen durch eine Fehlsteuerung der Handlung. Solche **Fehlsteuerungen haben** folgende Ursachen:

- Die ausgeführte Handlung wird noch nicht einwandfrei beherrscht und ist damit noch nicht vollständig steuerungsfähig. Die Kapazität des Informationshaushalts wird überschritten. Kletternovizen, Fahrradnovizen etc. sind außerdem noch nicht bewegungsstabil, geringe Ablenkungen stören den Handlungsablauf. Auf Kinderspielplätzen häufen sich immer wieder Unfälle, die dadurch entstehen, dass die Kinder z. B. weiterklettern, während sie einem Flugzeug nachschauen oder Ausschau nach einem Polizeifahrzeug halten. Allerdings gibt es etwa 3 % Kinder, die sich vor Fehlgriffen schützen. Das sieht folgendermaßen aus:
  (1) Kind hört z. B. ein Polizeifahrzeug.
  (2) Kind hört sofort auf zu klettern.
  (3) Kind klettert weiter, wenn Fahrzeug vorbei ist.
  Das Kind stoppt also seine Kletteraktionen, weil eine Überlastung droht. Nach einer kurzen Pause werden Reserven bereitgestellt und die Zusatzbelastung ist vorüber. Dieses Ruhesegment schützt die Kinder vor einem

Fehlgriff. Das gleiche Phänomen wurde bei Arbeitsprozessen gefunden, allerdings ebenfalls mit der geringen Prozentzahl. Offensichtlich liegt eine ausgeprägte Kapazitäts-Sensibilität vor, die das Gehirn veranlasst, die Informationsverarbeitung kurzfristig zu stoppen.

- Kletterbewegungen, die nicht nach der Dreipunkt-Technik ablaufen, sind ein Handlungsrisiko. Die Dreipunkt-Technik besagt, dass die Kinder in der Regel mit drei Extremitäten Seil- oder Sprossenkontakt halten, während eine Extremität den nächsten Halt sucht. Wirken dagegen auf eine falsche Klettertechnik (zwei Extremitäten ohne Kontakt) die genannten Risikofaktoren ein, dann ist die Gefahr des Fehlgriffs relativ hoch.

Kinder kommen meistens nicht allein auf den Spielplatz, sie werden von einem Elternteil oder von Erziehungsbeauftragten begleitet. Die Kinder spielen dann unter der Beobachtung der genannten Begleitpersonen. Zwischen ihnen entstehen oftmals aufschlussreiche Dialoge, die je nach Sichtweise als Risiko- oder **Sicherheitsdialoge** angesehen werden können. Was ist damit gemeint?

Die genannten Begleitpersonen sind in der Regel den Kindern gegenüber verantwortungsbewusst und um ihr Wohl besorgt. Das äußert sich auch durch Maßnahmen, die das Unfallrisiko verringern sollen. Entfernt sich z. B. ein Kind von seiner Begleitperson, dann sind der „Vorsichtsschrei" und der „Rückrufschrei" aufschlussreiche Indikatoren für das Sicherheitsverständnis der Begleitperson. Die Entfernung des Kindes von der Begleitperson ist eine sicherheitspsychologische Fundgrube größten Ausmaßes. So konnten Situationen beobachtet werden, in denen die Begleitpersonen ihre Kinder bereits nach zwei bis drei Metern zurückriefen, obwohl das Kind noch nicht einmal das Klettergerüst erreicht hatte. In anderen Fällen erfolgten Vorsichts- oder Stoppschreie erst, nachdem sich das Kind anschickte, das Gerüst hochzuklettern. Andere Begleitpersonen reagierten auf die Kletterkünste erst, wenn das Kind schon beachtlich hoch geklettert war. Die frühen oder späten Schreie erfolgen altersunabhängig. Wie lässt sich dieses Phänomen interpretieren?

- Offensichtlich besitzen Erwachsene in ihren Denkrevieren einen mentalen Sicherheitsradius, der sich je nach Bezugspersonen unterschiedlich stark bemerkbar macht. Wir nehmen den Aktionsradius der Kinder wahr und vergleichen diesen mit unserem mentalen Sicherheitsradius. Wird der Aktionsradius der Kinder größer als unser mentaler Sicherheitsradius, dann lösen wir den Zuruf aus, der das Kind zur Vorsicht oder zum Anhalten auffordert. Sind wir doch in diesem Augenblick der Meinung, dass das uns anvertraute Kind die Sicherheitsgrenze überschritten hat, die wir, gemessen an unserem Sicherheitsverständnis, für angemessen halten. Das kann dann so weit gehen, dass das Kind per Hand und wortstark vom Klettergerüst gezerrt wird. Die Aktionsradien der Kinder, unsere mentalen Sicherheitsradien und unsere verbalen und handgreiflichen Reaktionen sind aufschlussreiche Indikatoren für unser Risiko- und Sicherheitsverständnis. Wer liegt richtig? Das Kind oder der Erwachsene?

• Zur weiteren Klärung des Zurufs, der den Charakter der Spontanität hat, wurden die Zeitmarken ermittelt. Die übliche Meinung der Begleitpersonen besteht darin, dass der Zuruf, die Kletterpartie zu beenden, immer rechtzeitig erfolge, um einen Absturz zu verhindern, d. h. es wird gerufen, um zu verhindern, dass danebengegriffen wird. Das ist so auch sinnvoll. Wie sieht aber der objektivierte Vorgang aus? Hier liefert z. B. eine Zeitreihe aus den erwähnten Untersuchungsmaterialien Folgendes:

1) Fünf Sekunden vor dem Kletterfehler sagte die Mutter des Kindes: „Halt dich bitte fest, ja?"

2) Zwei Sekunden vor dem Kletterfehler sagte das Kind: „Ich halte mich doch fest!"

3) 0,9 Sekunden nach Satzende ereignete sich der Kletterfehlgriff.

Solche Fehlgriffe sind in der **Ursachenkette** oftmals der Sturz vom Klettergerüst oder von anderen Spielgeräten. Zu denken ist hier auch an Tretroller, Dreiräder und Fahrräder. Der hier geschilderte Ereignisdialog zeichnet keinesfalls nur die Erwachsenen-Kind-Kommunikation aus, sondern ist auch in anderen Tätigkeitsbereichen zu finden.

Gemessen an den bisherigen Ausführungen über **Ereignishäufungen** und **Überforderungen der Kinder** ist diese Zeitreihe leicht zu erklären. Klettern und dann noch auf die Begleitperson hören, die sich gerade mit einem Schreckensruf meldet, ist zu viel, emotional und informationell strapazierend. Der Fehlgriff ist aus der Erlebniswelt des Kindes gesehen geradezu folgerichtig. Das Erstaunen der Begleitpersonen dagegen war sehr groß, als sie mit den Messergebnissen konfrontiert wurden. Sie wollten doch „das Beste" für das Kind. Keinesfalls wollten sie den Sturz verursachen. Aber was veranlasst durchaus kritische Erwachsene, die Kinder sehr gut beobachten können, zu dem Zuruf im falschen Moment? Eine Erklärung ist wohl dahingehend zu sehen, dass sich Fehlgriffe und Stürze im Verhalten der Kinder frühzeitig ankündigen. Das Kind nähert sich dem bereits mehrfach geschilderten Grenzbereich seiner Belastungsfähigkeit. Sein Kletterverhalten wie überhaupt seine Handlungen werden unsicher. Diese Unsicherheit wird von den Erwachsenen bemerkt. Ist das Volumen des Informationshaushalts schon beinahe erschöpft, aber gerade noch ausreichend, genügt nur ein kleines Ereignis, um die Grenzen zu überschreiten. Der Volksmund hält hier eine sehr treffende Formulierung bereit: Das Glas ist voll, es genügt noch ein Tropfen, um es zum Überlaufen zu bringen. Dieser eine Tropfen ist hier eben der Zuruf.

• Befragungsgestützt lässt sich Folgendes zu diesem Phänomen sagen: Wir entwickeln im Laufe unseres Lebens und im Zuge unserer Erfahrungen eine mentale Sicherheitszone, die je nach Bezugspersonen, die es zu sichern bzw. zu schützen gilt, enger oder weiter gezogen ist. Beeinflusst wird diese Zone noch von sozial-kulturellen Normen sowie dem verantwortungsorientierten Handlungskontext, in dem wir gerade stehen. Der geschilderte Prozess und die mentalen Sicherheitsradien sind vermutlich in jeglichem Umgang mit Risiken und Gefahren zu finden.

Inzwischen wird viel über die **Gefahrensensibilisierung** gesprochen. Sie ist notwendig, um Unfallursachen rechtzeitig zu erkennen und möglicherweise abwehren zu können. Beobachtungen auf Kinderspielplätzen und vor allem auf Abenteuerspielplätzen zeigen uns immer wieder, welch hohen Sensibilisierungsgrad die Kinder schon entwickelt haben. Der Aufforderungscharakter des Abenteuerspielplatzes steht hierbei im Vordergrund. Im Umgang mit den dortigen Risiken schärft sich offensichtlich die Gefahrensensibilität. So wurden Abenteuerspielplätze gefunden, auf denen die Kinder zwischen hervorstehenden Nägeln hindurchliefen und absprangen, ohne sich zu verletzen. Ebenso wurde von hervorstehenden Brettern in eine zwei Meter tiefe Sandkuhle abgesprungen. Das „Sprungbrett" wurde fortlaufend einer Belastungsprüfung unterzogen, indem sich ein relativ schweres Kind an das Brett hängte und einige andere an ihm zogen; auch hier verhielten sich die Kinder so, dass ihnen nichts passierte.

Die Frage ist hier aufzuwerfen, inwieweit die **Reduzierung der Risikofaktoren** auf Spielplätzen auch gleichzeitig die **Sensibilität der Kinder** beeinträchtigt. Diese führt zu einer Grundsatzdiskussion, sie gilt im Grunde für alle Maßnahmen der Unfallprävention und Unfallverhütung. Unumstritten ist jedenfalls, dass Sensibilität und die damit verbundene Aufmerksamkeit durch permanente Herausforderungen gefördert werden. Dadurch entsteht ein Sensibilitätslevel, der durch die Umweltrisiken und durch die Auseinandersetzungen des Kindes mit den Gefahren zustande kommt. Zu sprechen ist hier von einer Selbstsensibilisierung der Kinder. Da auf Abenteuerspielplätzen weniger Unfälle zu verzeichnen sind als auf anderen Spielplätzen, zeigt sich, dass die Gefahrenwahrnehmung nur dann geschärft werden kann, wenn der Umgang mit realen Gefahren geübt wird. Daher ist es nicht ratsam, eine Unfallprävention zu fordern, die von risikofreien Kinderspielplätzen ausgeht.

Eine weitere Variante fortwährender Selbstsensibilisierung sei hier noch angesprochen: Wer Kinder hat, kennt das Herunterspringen von Treppen, Sprossenwänden, Mauern und anderweitigen Objekten. Ohne die Aufforderungen der Erwachsenen wird in der Regel die Höhe gewählt, die gerade noch bewältigt wird. Von Jahr zu Jahr geht es immer höher. Die Sprünge werden weitgehend ohne Komplikationen überstanden, sind locker und harmonisch.

Greift allerdings jemand ein und verlangt eine Sprunghöhe, die über der **Sensibilitätsgrenze des Kindes** liegt, dann steigt das Unfallrisiko. Das wäre dann falscher Ehrgeiz. Wird dagegen das Kind zurückgehalten, d. h. werden Sprunghöhen verlangt, die niedriger sind, als seine Höhensensibilität fordert, dann wird das Kind demotiviert. Um das Kind seinem Alter und seinem Können entsprechend fördern zu können, ist eine fortlaufende Beobachtung und Einschätzung seines Höhenverständnisses angebracht.

Wenn Kinder spielen, spielt das Risiko mit. Stürze sind üblich, aber risikoreich; manche führen zu Verletzungen. Die nun folgende Frage richtet sich auf die Schwere der Stürze im Kindesalter: Kann man dagegen außerhalb der

Sicherheitstechnik etwas tun? Aus Untersuchungen geht nämlich hervor, dass Kinder über den Tag verteilt unterschiedliche Arten des Stürzens und Hinfallens demonstrieren. Hat ein Kind gut gegessen sowie getrunken und ist ausgeruht, dann sind z. B. die Stürze weniger gefährlich als bei einem schlechten Allgemeinzustand.

Die Stürze in guter physischer und psychomentaler Verfassung sind in der Regel elastisch und abgerundet. Hier wirken sensomotorische Kontrollprozesse, die den Sturz geradezu optimieren. Im fitten Zustand sind die entsprechenden Reserven dazu vorhanden.

Kinder in einem **schlechten Allgemeinzustand** können ihre sichernden Sturzmechanismen nicht entfalten. Sie bieten beim Sturz ihre Ellbogen und Knie dem Boden an. Die Stürze wirken auf den Beobachter eckig und verkrampft, es ist ein regelrechtes Plumpsen zu beobachten. Die Kinder lassen sich mangels psychophysischer Reserven einfach fallen, egal wohin der Sturz führt und mit welchen Körperteilen sie auf dem Boden aufschlagen. Das Verletzungsrisiko ist dadurch relativ hoch.

Die nachfolgenden Empfehlungen zur **Unfallprävention auf Spielplätzen** können nur Richtwerte sein. Damit ist aber nicht gemeint, dass die präventiven Maßnahmen ausschließlich für den Spielplatz gelten. Vielmehr ist eine integrative Unfallprävention anzustreben, die sämtliche Risikobereiche der Kinder umfasst. Realisiert werden kann dies im präventiven Verbund zwischen Kindern, Eltern, Schule, Nachbarn und der weiteren Umgebung. Einzubeziehen sind daher bedingt auch der Straßenverkehr und der häusliche Bereich: Werden doch die Köpfe der Kinder nicht ausgetauscht, wenn sie von einem Tätigkeitsbereich zum anderen wechseln.

Auszugehen ist von der Primärprävention, um von den reaktiven Maßnahmen der Unfallverhütung wegzukommen, die immer erst dann einsetzen, wenn der Unfall schon passiert ist. Diese Prävention besagt, dass schon im Voraus ein Sicherheitsverhalten zu entwickeln sei, das die Risiken in den Spielsituationen des Kindes minimiert.

Ein weiterer Richtwert ist in der **Primärprävention** noch entscheidend. Die Maßnahmen zielen nicht nur auf die Risikoreduktion im Verhalten, sondern auch auf die Wahrnehmung und die Informationsverarbeitung der Kinder. Gesprochen wurde in diesem Zusammenhang eingangs von der Panoramaerweiterung. Was ist nun präventiv zu tun, um das Verhalten der Kinder so zu fördern, dass das unfallträchtige Tun auf dem Spielplatz und auch sonst wo reduziert wird?

- Wir haben ausgeführt, dass das **Wahrnehmen** über Auge und Ohr für die Sicherheit des kindlichen Verhaltens von grundlegender Bedeutung ist. Ohne eine sichere Wahrnehmung kann sich das Kind nicht sicher bewegen. Das Kind ist so sicher wie seine Wahrnehmung. Daher hat die Förderung der Gefahrenwahrnehmung den höchsten Stellenwert in der Sicherheitserziehung im Kindesalter.

- Wenn der Umgang mit einem Spielgerät eine spezielle Griff-Folge verlangt, dann ist diese genaue Griff-Logik zu vermitteln. Falsche Reihenfolgen halten sich hartnäckig im Gedächtnis. In kritischen Spielsituationen schlagen sie meistens durch. Das Kind verhält sich dann unsicher und macht z. B. Kletterfehler.

- Wenn ein Kind instruiert werden muss, dann sollten diese Instruktionen der kindlichen Informationsverarbeitung entsprechen. Die Sätze sollten kurz sein und nur das enthalten, was das Kind tun muss (nicht was falsch ist).

- Zu erinnern ist an die Gegenwartsdauer, also die Zeit, über die Eindrücke und Erinnerungen in der Vorstellung gegenwärtig gehalten werden können. Übersteigen z. B. **Umwelteindrücke** oder Anweisungen diese Verweildauer in der Vorstellung, dann ist die Kapazitätsgrenze von Kindern überschritten: Was darüber hinausgeht, wird nicht aufgenommen und schon gar nicht verstanden. Ein Kind braucht viel Zeit und Ruhe, um sicherheitsrelevante Eindrücke und elterliche Sprache zu verarbeiten.

- Drängeln oder gar Hektik sind immer Sicherheitsrisiken. Wenn man mit dem Kind auf den Spielplatz geht, dann muss man Zeit und Geduld mitbringen. Die Missachtung des langsamen Vermittelns von Sicherheitsverhalten ist einer der größten didaktischen Präventionsfehler unserer Zeit.

- Geschichten mit unfallverhütenden Inhalten haben einen hohen Sicherheitswert. Sie sind umso wirksamer, je mehr sie aus dem Alltag heraus erzählt werden. Zu beachten ist hierbei, dass diese Geschichten sprachlich geordnet und ruhig dargeboten werden. Bildserien oder Videoaufzeichnungen haben meist nicht die gewünschte Wirkung.

- **Warnhinweise** müssen in einer kritischen Situation die kleinen Köpfe erreichen. Die Gegenwartsdauer und die Informationsaufnahme können in einer aufregenden Situation stark reduziert sein oder gar gegen null gehen. Wenn überhaupt, verarbeitet der kleine Kopf nur noch kurze Warnrufe. Diese dürfen nicht immer gewechselt werden. Das ist aber selbst in der eigenen Familie nicht garantiert: So ruft die Oma „Anhalten!", die Mutter „Halt!", Papa „Vorsicht!" und die Schwester „Stopp". Man muss sich hier auch mit dem Kindergarten und der Schule auf einen Begriff, den kürzesten und praktikabelsten, einigen. Das Kind muss eindeutig wissen, was gilt. **Missverständnisse und Missachtungen** führten hier schon zu schweren Unfällen mit Todesfolgen.

- **Prävention** heißt auch, dass das Erwachsenenverhalten entsprechend zu korrigieren ist. So muss Kindern bei einer komplizierten Kletterpartie nicht noch zugerufen werden, was sie alles zu beachten haben und nicht zu machen haben: Sie können dies nämlich nicht noch zusätzlich zu den vielen Aufgaben und Eindrücken verarbeiten.

- **Mehrfachaufgaben** während schwieriger Aktionen erhöhen bekanntlich das Risiko der Kinder, auch wenn die korrigierenden Hinweise gut gemeint sind. Liegt der Emotionswert z. B. der Mutter höher als der Emotionswert der Kletterstange, was in der Regel der Fall ist, dann genießt die instruierende Mutter emotionalen Vorrang und der Fehlgriff wird wahrscheinlicher als ohne mütterliche Begleitinstruktionen.

  Beispiel: Robert kletterte die Seilwand hoch. Plötzlich rief seine Mutter: „Lass bloß nicht mit beiden Händen gleichzeitig los, sonst fällst du runter." Robert wäre auf diese Idee überhaupt nicht gekommen, hätte seine Mutter sie nicht erwähnt. Er ließ mit beiden Händen los, als seine Mutter wegschaute und konnte beachtlich gut das Gleichgewicht halten. Robert merkte, dass Mutters Prophezeiung nicht eintrat.

- **Mehrfachhandlungen** haben nach unseren Ausführungen einen höheren Belastungsgrad als Einfachhandlungen. In den entsprechenden Situationen dominiert immer die attraktivere Tätigkeit bzw. Aufgabe. Flugzeuge sind attraktiver als ein Ball, daher wird während des Kletterns nach ihnen geschaut. Im Kampf um die Aufmerksamkeit gewinnen meistens die attraktiveren. Die reizvollen Eindrücke müssen aber nicht unbedingt für das Kind sicherer sein. Daher ist bei der Auswahl von Aufgaben darauf zu achten, dass während ihrer Bewältigung nicht immer wieder neue an das Kind herangetragen werden. Zu viele Angebote über den Tag fördern nämlich Oberflächlichkeiten und Unsicherheiten.

- Hungrige und durstige Kinder mit **Schlafdefiziten** bedeuten ein hohes Risikopotential. Dieses Potential ist nicht zu verantworten, zumal es leicht zu beseitigen ist.

- Bevor einem Kind ein bestimmtes Sicherheitsverhalten vermittelt wird, ist grundsätzlich zu fragen, ob dazu schon die nötigen altersspezifischen Voraussetzungen vorhanden sind. Wird durch den Erwachsenen mehr verlangt, dann lernt das Kind nichts, es wird zum Spielrisiko und zusätzlich noch demotiviert.

- Der Spielplatzbesuch mit einem Kind sollte nicht von unangenehmen Stimmungen überlagert sein, denn Kinder spüren das: Ihre Sicherheit leidet darunter. Spielplatzbesuche sollten einen **Herausforderungscharakter** haben. Das Kind sollte nicht fortlaufend von den möglichen Risiken und Gefahren hören, sondern den Kinderspielplatz als einen Bereich mit Bewältigungschancen erleben. Kinder müssen lernen, etwas zu wagen, Risiken abzuschätzen, um die Chancen realistisch zu sehen.

Diese Präventions-Empfehlungen können natürlich nur Richtwerte darstellen, um Unfälle von unseren Kindern fernzuhalten.

3 Kinder

Kinder begleiten uns unser ganzes Leben. Selbst wenn sie erwachsen sind, sind sie für uns immer noch unsere Kinder. Daran wird sich nie etwas ändern. Wenn wir die Entscheidung treffen, Kinder zu bekommen, sind wir uns dessen bewusst. Schon in der Schwangerschaft tragen wir **Verantwortung** für das ungeborene Leben. Deshalb darf eine Frau während der Schwangerschaft nicht rauchen, schon gar keine Drogen nehmen und keinen Alkohol trinken – und muss auch mit Medikamenten sehr konservativ umgehen. Wer einmal auf einer Station für früh geborene Kinder von sog. Suchtmüttern war, wird sich zweimal überlegen, ob man das unschuldigen Kindern antun kann bzw. darf.

Der werdende Vater sollte ebenfalls Rücksicht auf die Schwangerschaft nehmen und seiner Frau so gut es geht zur Seite stehen; er sollte ebenfalls seinen **Alkohol- und Zigarettenkonsum** im Beisein der Mutter einschränken. Denn es ist bestimmt nicht einfach, wenn die ganze Familie feiert und man gerne auch mal mit einem Glas Sekt anstoßen würde, da zu widerstehen; schließlich sind es neun lange Monate, in denen man sich einschränkt. Das ist für alle Beteiligten eine neue Lebenssituation, in die sich jeder erst einfinden muss, aber sicher freut man sich, wenn andere in der Zeit der Schwangerschaft ab und zu auf einen eingehen; das ist eine ganz besondere und sensible Phase, die man auch genießen darf und soll.

Manchmal ist es jedoch so, dass es auch komplizierte Schwangerschaften gibt und die Frau fast die ganze Zeit liegen muss oder ihr häufig übel ist; andere Frauen haben vielleicht Glück und haben keinerlei Beschwerden, sondern ausschließlich positive Empfindungen. Wenn schon ein oder zwei Kinder in der Familie sind, kann das für den Mann mit erheblichem Mehraufwand an Organisation im Alltag verbunden sein; sollte die Frau z. B. eine komplizierte Schwangerschaft erleben, sind gute Freunde/Freundinnen gefragt, der gerade wachsenden Familie eine Zeit lang mit unter die Arme zu greifen – leider in einigen Familien keine Selbstverständlichkeit.

Beispiel: Katrin lag sieben Monate, um ihr Kind gesund zur Welt zu bringen. Kurz nach der Entbindung wollten sie und ihr Mann sich einen schönen Abend gönnen und baten ihre Schwester Angelika (kinderlos), das Kind zu hüten. Mit den Worten: „Ihr wolltet ein Kind, jetzt müsst ihr auch mit den Nachteilen leben", lehnte dies die Schwester herzlos ab.

Es kann auch passieren, dass man selbst in diese Lage kommt und sich dann sicher ebenfalls über Hilfe freut. Bedenken sollten wir auch, dass es heute nicht mehr nur die **klassische Mann-Frau-Kind-Beziehung** der 60er Jahre gibt, sondern dass es viele allein erziehende Mütter oder Väter gibt oder auch gleichgeschlechtliche Paare mit Kindern. Wir haben heute mehr denn je die Möglichkeit, unser Leben und unser Umfeld so zu gestalten, wie jeder Einzelne denkt, dass es ihn glücklich und zufrieden macht. Diese Toleranz hat sicher Vorteile, und weil wir offener mit unserer Umwelt umzugehen lernen, kann sie sich aber im Zusammenleben auch erst einmal schwieriger gestalten und verlangt öfter Kompromisse und ein Umdenken von uns. Ist das Kind dann erst mal gesund auf der Welt, ist es das schönste Wunder der Welt – jedes Mal wieder –, das uns begegnen kann und all die Strapazen und Schmerzen sind schnell vergessen. Es zählt jetzt nur dieses neue Leben. Der gewohnte Alltagsrhythmus muss von heute auf morgen nachhaltig und völlig umgestellt werden.

Natürlich weiß man das alles vorher in der Theorie, jedoch sieht die Praxis immer anders aus. Das Ehepaar muss in dieser Phase auch sehr tolerant mit sich und der Umwelt umgehen. Studien zufolge ist das erste Kind nicht nur eines der schönsten Ereignisse der Welt, sondern auch eine Belastung für beide Eltern, und hier kommt es (primär für die Kinder) tragischerweise häufig zu Trennungen. Es existiert nun nicht mehr die traute Zweisamkeit und egozentrisches Denken, Fühlen und Handeln muss in den Hintergrund rücken. Nein, noch ein Mensch gehört ab jetzt dazu – und der darf sich erst mal absolut egozentrisch in den Mittelpunkt stellen. Es kann leicht zu Missverständnissen kommen, die Frau fühlt sich vielleicht mit dem Stillen, der Versorgung des Kindes und dem täglichen neuen Ablauf überfordert, der Mann fühlt sich vielleicht vernachlässigt, weil er denkt, die Frau schenkt nun all ihre Liebe dem Kind. Beide erleben sich in der bisher geteilten Sexualität und Attraktivität plötzlich anders, die gegenseitigen Rollen müssen neu definiert werden; seien Sie in dieser Zeit besonders rücksichtsvoll zu sich selbst und zu Ihrem Partner/Ihrer Partnerin.

3.1   Bedürfnisse – Ziele – Selbstbewusstsein

Individuell auf jedes Kind einzugehen ist wohl die wichtigste Vorgabe: **Begabungen erkennen**, fördern, unterstützen und – ganz wichtig – akzeptieren. Viele Eltern wollen in ihren Kindern noch mal leben; das anders und – ihrer Meinung nach –als Eltern richtig machen, was ihre Eltern damals ihrer Meinung nach bei ihnen falsch gemacht haben. Doch unsere Kinder leben in einer anderen Zeit: weder im Nachkriegsdeutschland noch in der 68er Zeit oder zur Regierungszeit Helmut Kohls. Sie wollen – wie wir damals – ihren Weg gehen, ihre **Erfahrungen machen** und ihren eigenen Vorstellungen entsprechen. Unterstützen wir sie darin, so gut wir können, sie werden es uns danken.

Kinder machen von Natur aus vieles intuitiv richtig. Sie sehen die Welt mit ihren offenen, interessierten, vertrauensvollen Augen anders als wir Erwachsene mit unseren vielen Erlebnissen und Erfahrungen. Natürlich wollen wir unsere Kinder davor bewahren, Fehler zu machen oder „falsche" Wege zu gehen. Jedoch, wenn wir uns zurückerinnern, ging es unseren Eltern genauso, und auch wir wollten unsere eigenen Erfahrungen machen, selbst wenn wir hinterher manchmal gedacht haben, diese oder jene Erfahrung hätten wir jetzt nicht wirklich machen müssen. Aber das ist eben das Individuelle an jedem Einzelnen und wird sich auch nie ändern.

Wir können ihn oder sie nicht daran hindern, auch wenn wir nicht mit ihren Entscheidungen einverstanden sind, ihre eigenen Erfahrungen – positive oder negative – zu machen. Aus **vermeintlichen Fehlern** kann man eine Menge lernen. Was wir jedoch machen können und was auch unsere Aufgabe ist: sie möglichst gut auf das Leben und all seine schönen und weniger schönen Seiten vorzubereiten, indem wir uns wirklich Zeit für unsere Kinder nehmen, für ihre momentanen Bedürfnisse da sind und immer ein offenes Ohr für sie haben.

Nichts ist schlimmer für Kinder, als wenn sie merken, sie werden nicht ernst genommen, man hört ihnen nicht mehr zu. Viele von uns haben sicher noch den Satz im Ohr, wenn zu Hause Besuch kam: „Sei still, wenn Erwachsene sich unterhalten, hast du nicht reinzureden, geh in dein Zimmer und spiel." Aber genau das ist das Verkehrteste; Kinder möchten und brauchen Aufmerksamkeit und Unterhaltung, um sich bestmöglich entwickeln zu können. Sie wollen sich mit uns, den Erwachsenen, unterhalten. Natürlich fällt es uns allen manchmal schwer, wenn wir nach einem langen, anstrengenden Arbeitstag nach Hause kommen und uns eigentlich erst einmal ausruhen möchten, dann gleich weiter im Takt zu gehen und eine Runde Spiele zu spielen oder Hausaufgaben mit den Kindern zu erledigen. Kinder verstehen schnell, dass sie die Eltern in bestimmten Situationen in der Hand haben, **erpressen können** oder aus der Fassung bringen können. Lassen Sie so was nicht zu.

Beispiel: Christoph war 15 Monate, als er das erste Mal Schmutz aus seiner Nase mit den Fingern herausholte bzw. ihn bewusst registrierte. Oma war zu Besuch und plapperte wie üblich viel zu viel mit Christophs Eltern. Christoph hielt der Oma stolz den Finger hin und sagte laut: „Oh, da, Oma, oh, oh!" Oma jedoch hatte keine Zeit für ihn, streichelte dem Kleinkind wie einem Hund über den Kopf und sagte kurz: „Ja, brav ist der Kleine", um dann weiterzubabbeln. Zeigen Sie Ihren Kindern, dass Sie ihnen wirklich zuhören, sonst fliegen Sie schnell auf!

Sicher fällt auch das eine oder andere Mal der Satz: „Nicht jetzt, später, ich muss noch arbeiten, ich will dem Gast zuhören", oder Ähnliches – das ist dann auch korrekt. Unsere Kinder verstehen das auch, wenn wir mit ihnen verhandeln und **Kompromisse schließen**, eben mit ihnen reden und ihnen auch wirklich zuhören. Wahrscheinlich haben Sie sich auch schon ab und zu dabei ertappt, wenn Sie zum Beispiel im Café mit einer Freundin sitzen und sie etwas momentan Interessantes erzählt und gleichzeitig Ihr Kind Ihnen etwas mitteilen möchte, und Sie sagen: „Später, jetzt nicht." Wenn Sie Ihrem Kind in diesem Moment keinen Kompromiss vorschlagen, wird es immer wieder ankommen und Sie werden immer wieder das Gleiche sagen. Reagieren Sie jedoch so, dass Sie Ihrem Kind sagen: „Ich höre mir gerade diese spannende Geschichte an, und es wäre schön, wenn du einen Moment warten könntest, entweder auch mit zuhörst oder du dich 15 Minuten beschäftigst, und dann höre ich dir zu."

Kinder brauchen einen Rahmen und klare Aussagen innerhalb derer sie sich vorstellen können, wann sie mit eingebunden werden und wie sie ihre Zeit gestalten können. Das ist überhaupt wichtig für Kinder, dass sie wissen, sie sind aufgehoben und können sich geborgen fühlen. In einer **wohlwollenden Atmosphäre** fühlt sich jeder Mensch willkommen und entwickelt sich natürlich auch ganz anders, als wenn er sich nicht angenommen fühlt. Das ist schon in den ersten Lebensjahren grundlegend wichtig. Jeden Streit, den ein Ehepaar hat, bekommt ein Kind schon von frühester Zeit an mit. Kinder reagieren sehr sensibel auf Stimmungslagen und die Atmosphäre um sie herum. Wenn ein Paar Streit hat, was natürlich ab und an im Alltag vorkommt, dann sollte es diesen grundlegend nicht vor den Kindern austragen, und wenn, dann auf eine faire Art und Weise, ohne beleidigend oder laut zu werden. Falls das doch einmal vorkommt, dann sollten Sie Ihren Kindern erklären, worum es gerade geht und warum Sie sich jetzt gerade nicht so gern haben wie sonst. Gerade weil heutzutage Scheidungen zugenommen haben, brauchen Kinder mehr Erklärungen denn je. Sie hören z. B. in der Schule von ihren Freunden oder Freundinnen, ihre Eltern lassen sich scheiden und können sich das Ganze, je nachdem, in welchem Alter sie gerade sind, nicht wirklich vorstellen. Sie erzählen sich untereinander, was da bei jedem zu Hause passiert, und sagen dann wahrscheinlich auch, dass sich ihre Eltern häufig streiten und anschreien. Dann kommen ihre Kinder nach Hause und Sie streiten sich, und Ihre Kinder ziehen leicht den Schluss, dass es bei Ihnen genauso ist.

Beispiel: Die Geschwister Thomas (vier Jahre) und Gabi (zwei Jahre) hören in der kleinen 3-Zimmer-Wohnung jeden Abend die Eltern streiten. Drei lange Jahre später lassen sich die Eltern scheiden. Thomas sagt als Erwachsener: „Das war mir schon damals klar, denn das ist schlussendlich die Konsequenz aus ständigem Streiten." Gabi war zu klein und intellektuell nicht so fit wie ihr Bruder; sie konnte die Trennung nicht verarbeiten und schaffte es auch später nicht, eine intakte Beziehung aufzubauen.

Kinder sind **leicht zu verängstigen** und zu verunsichern, das unterschätzen wir Erwachsene. Nur ein Wort in einer falschen Tonart, im falschen Kontext und zur falschen Zeit kann sehr viel Schaden anrichten und unvergesslich für die Zukunft bleiben. Deshalb sollten wir auch darüber nachdenken, bevor wir etwas artikulieren, was wir im Beisein unserer Kinder sagen wollen oder was besser nicht für ihre Ohren bestimmt ist. Das erfordert oft sehr viel Selbstdisziplin von uns und nimmt uns einen Teil unserer Spontanität, aber zum Wohle unserer Kinder sollten wir diese Opfer bringen können: Sie werden davon profitieren und in einem Umfeld aufwachsen, das sie so später auch ihren Kindern bieten möchten.

Durch eine achtsame und respektvolle **häusliche Atmosphäre** kann Ihr Kind ein gesundes Selbstbewusstsein entwickeln, das es später für alle weiteren Bereiche im Leben braucht. Was man in früher Kindheit an positiven Einflüssen erlebt hat, stärkt jeden Menschen für das ganze Leben! Natürlich ist es auch möglich, dies später zu entwickeln, jedoch muss man mehr an sich arbeiten, als wenn man es in die Wiege gelegt bekommt. Es geht nicht darum, dass damit gemeint ist, dass Sie Ihrem Kind jeden Wunsch von den Augen ablesen, sollten Sie die bisherigen Aussagen so verstanden haben, sondern darum, dass Sie Ihr Kind als einen Menschen lieben und erziehen, der mit realistischen Vorstellungen und kritisch in unsere Welt hineingeht und damit seine eigenen Lebensziele verwirklichen kann. Und das kennen wir alle – dass wir sehr traurig wären, wenn wir nicht selbst schon die Möglichkeit gehabt hätten, unsere Ziele zu verwirklichen. Nichts anderes wollen wir an unsere Kinder weitergeben, denn wir möchten, dass es ihnen gut geht und sie sich wohl auf der Welt fühlen, dabei gelernt haben, Gefahren und Risiken abzuschätzen, und schöne Dinge genießen zu können.

3.2 Warnsignale erkennen, Äußerlichkeiten deuten

Gerade das **Abschätzen von Gefahren** und Risiken bleibt uns lebenslang erhalten, und das macht das Leben ja auch sehr spannend. Nur sollte man dabei verantwortungsvoll und nicht ins Blaue hinein handeln. Unsere Aufgabe dabei ist, unsere Kinder auf bestimmte Gefahren und Risiken aufmerksam zu machen und sie dabei zu bestärken, auf sich selbst zu vertrauen und ihre Entscheidungen zu treffen. Selbst wenn sich einmal herausstellt, dass sie im Nachhinein nicht so glücklich über die getroffene Entscheidung sind, so haben sie aber für sich Verantwortung übernommen, und das bringt sie jedes Mal ein Stück weiter. Dabei kann es sich um so banale Dinge handeln wie Essensauswahl, was nebenbei erwähnt doch nicht so banal ist, oder auch feste Essenszeiten, die für die Tagesstruktur eines Kindes sehr wichtig sind, oder auch im späteren Leben, wenn wir die Entscheidung treffen, auf welche Schule gehe ich oder welchen Beruf ergreife ich, für welchen Lebenspartner entscheide ich mich, will ich Kinder oder nicht usw.

Sie sehen, diese Liste könnten Sie sicherlich mühelos seitenweise fortsetzen, und Sie wären immer noch nicht am Ende angelangt. Deshalb ist es sehr wichtig, dass wir, solange wir die Möglichkeit dazu haben, für unsere Kinder eine gesunde Basis schaffen, während sie sich entwickeln und heranwachsen. Dazu gehört auch, dass wir erkennen oder uns auffällt, wenn sich unser Kind anders als die anderen gleichaltrigen Kinder oder die älteren Geschwister entwickelt, sei es schneller oder langsamer. Dies sind frühzeitige Warnsignale, denen wir nachgehen sollten.

Oft überlegt man vielleicht, das gibt sich schon wieder, oder wir vergessen es im Alltag. Aber jede **Entwicklungsverzögerung** hat ihre Ursachen und Spätfolgen, die vielleicht irreparabel sind, wenn man ihnen nicht sorgsam nachgeht. Achten Sie auch darauf, wenn sich Ihr Kind oder Jugendlicher im Wesen verändert, sich zurückzieht, seine Freunde nicht mehr trifft oder nicht mehr mit Ihnen spricht, wie gewohnt über seinen Alltag erzählt, über seine Probleme oder Pläne berichtet usw.

Gerade die Zeit des jungen Erwachsenen ist oft sehr schwierig, daran können wir uns alle noch erinnern, noch nicht wirklich Mann oder Frau und doch mit viel Neuem konfrontiert. Man muss seine Rolle erst finden und sich von der Kindheit verabschieden. In dieser Zeit kann es leicht zu seelischen Krisen kommen, aus denen man selbst nicht mehr herausfindet – Außenstehende können das leicht mitbekommen und sollten dies ansprechen. Deshalb lieber einmal mehr den Arzt oder eine Beratungsstelle aufgesucht (oder, oft noch besser: selber mit seinem Kind reden!), als sich hinterher ein Leben lang deshalb Vorwürfe oder Schuldzuweisungen zu machen – das nutzt weder Ihnen noch Ihren Liebsten.

Genauso wichtig ist es auch, frühzeitig darauf zu achten, welche Neigungen und Begabungen Ihr Kind hat, ohne dabei jedoch den **eigenen Ehrgeiz** mitspielen zu lassen. Frühförderung in Bereichen, in denen Ihr Kind ohne Mühe erfolgreich ist und Spaß hat, eben spielerisch lernt, kann später von Vorteil sein.

Im Anhang des Buches finden sich verschiedene Anlaufstellen für die unterschiedlichen Problembereiche, an die man sich jederzeit wenden kann, und verschiedene Buchvorschläge, die bei spezifischen Problemen weiterhelfen können.

3.3   Risiken, Mutproben und Sport

Wir alle kennen das noch aus unserer eigenen Kindheit: Wir gingen Risiken ein, ohne zu wissen, dass es wirklich welche sind, d. h. wir hatten dieses Urvertrauen, dass uns nichts passieren kann. Zum Beispiel springen Kinder von verschiedenen Kletterhöhen in die Arme von Erwachsenen und sie wissen instinktiv, dass sie aufgefangen werden. Unser Vater ist vielleicht oft mit uns, als wir noch Kinder waren, im Wald spazieren gegangen. Von nahezu jedem am Weg liegenden Felshochsprung oder Baumstumpf wollten wir springen und er hat uns jedes Mal aufgefangen, unermüdlich. Nie haben wir daran gedacht, dass uns da etwas passieren könnte. Ein sehr schönes Gefühl, sich fallen lassen zu können und jemandem absolut vertrauen zu können!

Später, wenn der Verstand mehr eingesetzt wird, überlegen wir, wägen wir ab und spontane Aktionen solcher Art treten in den Hintergrund. Es beginnen die **Mutproben in den Cliquen.** Oft ist es leider jedoch so, dass man sich in der Clique auch beweisen will und muss, um von den anderen in der Gruppe anerkannt zu werden, als „toller Hecht" dazustehen. Das ist einerseits wichtig für das Selbstbewusstsein, aber birgt auch manchmal Risiken in sich, weil man sich in solchen Situationen dann oft überschätzt und erst hinterher, wenn etwas passiert ist, an die Folgen denkt. Deshalb wäre es klug, wenn man vorher in sich geht und überlegt, brauche ich diese Mutprobe jetzt wirklich oder akzeptieren mich die anderen doch so, wie ich bin, und ich muss ihnen jetzt nicht wirklich beweisen, was ich alles vollbringen kann. Man könnte diese Rangeleien um die Anerkennung in der Gruppe auch in den sportlichen Bereich übertragen und sich da messen.

Beispiel: Jörg war gerade 15 Jahre, als alle in seiner Clique rauchten. Jörg musste auch rauchen, um dazuzugehören. Mit 16 Jahren war Jörg intellektuell gereift, hatte immer noch keinen Spaß am Rauchen und sagte sich: „Entweder akzeptieren mich die anderen auch ohne Zigarette oder ich habe die falschen Freunde." Es klappte, Jörg wurde als Nichtraucher akzeptiert.

Fast jeder hat oder findet eine Sportart, die ihm gefällt und Spaß macht, in der er dann auch gut ist, womit er die anderen auch beeindrucken kann. Berühmte Vorbilder gibt es genug, wenn man z. B. an Boris Becker oder Steffi Graf denkt – leider nehmen sich manche im Straßenverkehr die Gebrüder Schumacher zum Vorbild! Bei Freunden/Freundinnen entsteht so etwas wie eine Vorbildfunktion und sie möchten Ähnliches erreichen. Das fördert die Gruppenzusammengehörigkeit und man wird unbewusst zu Leistungen angespornt, die man sich so nicht zugetraut hätte. Wettbewerb ist gut und begegnet uns überall im Leben. Jedoch auch beim Sport gilt: Weder Unterforderung noch Überforderung tut dem Körper gut. Man sollte immer darauf achten, dass man die Muskeln vorher gut aufwärmt, um unangenehme Verletzungen zu vermeiden. Auch hier ist es gut, wenn der Ehrgeiz des Kindes vor dem der Eltern steht.

Folgende **Sportarten** sind für Kinder **pauschal empfehlenswert:** Schwimmen, Tischtennis, Fußball (primär Buben), Reiten (primär Mädchen), Skifahren, Eislaufen, Handball, Volleyball, Judo und andere mehr. Diese Empfehlung bedeutet natürlich nicht, dass es hierbei keine Verletzungen gäbe. Ältere Kinder können auch Tennis oder Karate lernen. Ob man Kindern bereits Golf (so man diese Abart vom Wandern überhaupt als Sport zählen will) „antun" will, mag jeder selber entscheiden. Positiver ist es, wenn Kinder in der Gruppe Sport machen, als wenn sie Einzelsportarten wählen.

Wenn sie diese oder jene Sportart aus eigenem Antrieb angehen und Sie sie entsprechend fördern, tut ihnen das sicher gut und hilft später entscheidend weiter. Der Sport soll Ihrem Kind Spaß machen! Frühförderung im Sport kann eine spätere Karriere in der gewünschten Sportart verheißen, aber immer in Absprache mit den geeigneten Experten und Betreuern. Bedenken Sie, dass durch **übertriebenen Ehrgeiz** (meist von Müttern ausgehend; ihre Kinder sollen das erreichen, was sie selber nicht geschafft haben) sowohl die Psyche leiden kann als auch der Körper: Viele Leistungssportler (Fußballer, Geräteturner, Kunstturner usw.) haben mit 28 Jahren schon Gelenke wie 78-Jährige.

Kinder, die im Sport gute Leistungen erbringen, tun sich häufig auch mit anderen Anforderungen des Lebens leichter, werden von Gleichaltrigen automatisch akzeptiert, und diese Kinder haben dann auch **gefährliche Mutproben** überhaupt nicht nötig. Sie leben schon früh gesundheitsbewusst und werden sicher weniger mit Zigaretten oder anderen Suchtmitteln etwas anfangen können. Auch langweilen sie sich weniger und sind nicht so leicht für Kriminalität, Drogen oder Sekten anfällig. Ihr Körperbewusstsein verändert sich, was mit einem positiveren Selbstwertgefühl einhergeht, man setzt sich schon früh mit sich selbst auseinander. Damit lernt man sich besser kennen und kann sich gegenüber anderen auch besser durchsetzen.

Kinder sollen den Sport machen, den sie wollen (und der für die Eltern bezahlbar ist) und nicht den Sport, den sich die Eltern vorstellen. Wir betonen aber noch mal: Es sollte unbedingt darauf geachtet werden, dass das Kind den jeweiligen sportlichen Anforderungen sowohl mental als auch physisch gewachsen ist und dass es diesen aus eigenem Antrieb und Willen ausüben möchte. Denn dann ist auch gewährleistet, dass es lange dabeibleiben wird. Dies gilt für den Sport, genauso wie für den Bereich Musik. Sicher kennen Sie das auch, dass Sie als Kind etwas erlernt haben und von heute auf morgen kein Interesse mehr daran hatten oder es vielleicht Freunden/Freundinnen von Ihnen so gegangen ist. Manchmal hängt das wirklich mit dem Interesse zusammen, dass sich das bei einem Kind einfach verändert, das kommt schon vor, manchmal hängt das aber auch mit den äußeren Umständen zusammen oder mit dem Sportlehrer. Ein Lehrer, der einen im unpassenden Moment gegängelt oder sogar angeschrien hat, ein Elternteil, das jetzt gerade keine Zeit hat, wo ich ihm einen wichtigen Fortschritt zeigen will und vertröstet werde auf später, oder ich werde die ganze Zeit zum Üben gedrängt usw. Deshalb, haben Sie ein offenes Ohr und ein Gespür für den entscheidenden Moment und die richtige Dosis.

3.4   Input durch Presse, Fernsehen und andere Kinder

Das Thema „Medien" oder „Neue Medien" hat in den letzten Jahren immer mehr zugenommen und diese tragen im Hinblick auf unsere Kinder auch eine ganz besondere **pädagogische Verantwortung**. Hinter diesen Medien stehen Menschen, Menschen wie wir, Menschen, die auch Kinder haben. Nichts kann uns alle unbewusst so sehr beeinflussen wie die Medien. Angefangen bei Riesenschlagzeilen in bunten Farben und fetten Lettern, mit Überschriften, die man sich sowohl positiv als auch negativ ausmalen kann, geht es weiter bei der Werbung, egal ob es nun Plakat- oder Fernsehwerbung ist. Gut, dass z. B. **Zigaretten- und Alkoholwerbung** nur noch punktuell existieren und unseren

Kindern dadurch nicht mehr ein aufregendes Lebensgefühl durch den Konsum dieser Gifte vorgegaukelt wird. Tagtäglich gehen unsere Kinder durch die Straßen und sehen überall die bunten Plakatwände oder die Zeitungskästen mit den darauf erscheinenden Schlagzeilen.

Verschiedene Langzeitstudien belegen auch, dass **Fernsehen** die Gewaltbereitschaft steigert. Wer Gewalt sieht, kann selbst leichter gewalttätig werden. Besonders Kinder im Grundschulalter sind sehr stark beeinflussbar und der Effekt kann bis ins Erwachsenenalter anhalten. Wählen Sie die Sendungen gemeinsam aus und achten Sie bitte darauf, welche Sendungen Ihre Kinder sich sonst so anschauen; im Idealfall schauen Sie auch zu und kommentieren das Gesehene. Selten wahrscheinlich machen wir uns Gedanken, mit welchen Reizen unsere Kinder tagein, tagaus überflutet werden.

Wenn wir dann beim Abendessen sitzen, geht es meist in Eile um die wichtigsten Mitteilungen, und schwups, geht der oder die Kleine schon ins Bett. Auch hier sind wir aufgefordert, unsere Kinder mal anzusprechen, was ihnen denn so am Tag Besonderes auf dem Schulweg aufgefallen ist oder ob sie gerne etwas zu den ein oder anderen gehörten Neuigkeiten wissen möchten, ob wir ihnen etwas erklären können. Auch Hochglanzmagazine aller möglichen Presserichtungen, sei es nun Vogue, Computerwelt oder der Playboy, liegen z. B. in Kiosken oder Schreibwarenläden aus, an denen auch unsere Kinder einkaufen. Nun sollen Sie daraus nicht den Schluss ziehen, dass die Vogue oder die Computerwelt oder auch der Playboy da nicht ausliegen sollten. Aber auch hier werden unsere Kinder mit Reizen konfrontiert und einfach stehen gelassen, über die wir sie, im Falle der Modetrends oder des Playboy-Covers, aufklären sollten.

All diese Eindrücke gehören zu unserem alltäglichen Leben und ein natürlicher Umgang damit ist für uns alle hilfreich. Hinzu kommt jetzt außer Presse und Fernsehen die Internet- und Handynutzung. Auch hier ist es wichtig, dass wir unsere Kinder so viel wie möglich entdecken und erlernen lassen und sie auch so gut wie möglich vor irgendwelchen Dummheiten schützen. Der finanzielle Faktor spielt in diesem Fall eine große Rolle. Mit den neuesten **Handys** kann man in Sekundenschnelle für viel Geld Fotos per SMS, MMS oder E-Mail versenden, oft weltweit. Jedoch denkt man dabei erst nicht an die Kosten, sondern an den Spaß, den man dem Freund oder der Freundin bereiten will;

die Werbung macht es ja auch entsprechend vor! Viele Jugendliche sind deshalb heute schon sehr verschuldet, zahlen müssen notfalls dann die Eltern, und das kann teuer werden. Deshalb ist es einmal mehr angesagt, dass wir unsere Kinder auf mögliche Probleme hinweisen und sie einen geeigneten Umgang mit diesen Kommunikationsmitteln erlernen: Verschuldung und Kriminalität gehen oft Hand in Hand. Die Handynetz-Betreiber bieten hier besondere Schutzmöglichkeiten für Kinder und Jugendliche, fragen Sie dort nach. So können beispielsweise Vodafone-Kunden unter der Nummer 0800/1721212 vom Festnetz oder vom Handy unter 1212 Sperrfunktionen und Zugangskontrollen für sog. „Erwachseneninhalte" beantragen; Zugang hat man danach nur noch mit einem den Kindern/Jugendlichen nicht bekannten Passwort. Analog kann man auch bei Festverträgen beantragen, dass bestimmte monatliche Summen, beispielsweise 25 €, nicht überschritten werden können.

Presse und Fernsehen können hier gute pädagogische Dienste leisten und in verschiedenen Sendungen auf diese Gefahren aufmerksam machen bzw. die Presse könnte ihre Schlagzeilen in solchen Fällen positiv ins Licht rücken. So schön und praktisch die **Internetnutzung** ist, so gefährlich kann das Internet auch für unsere Kinder sein. Denken wir nur mal daran, dass sie überall surfen können oder sich jede beliebige Seite downloaden können. Wir haben keinen Überblick darüber, was unsere Kinder da finden und lesen. Dabei können sie auch leicht auf nicht jugendfreie Seiten gelangen, in entsprechend primitive Chatrooms gelangen und Schaden nehmen. Auch darüber sollten wir uns mit unseren Kindern unterhalten, und die Medien sollten auch hier in die Verantwortung genommen werden und unsere Kinder auf die verschiedenen Risiken und Gefahren durch verschiedene Beiträge aufmerksam machen.

3.5   Pubertät, Sexualität und die Clique

An die Zeit der **Pubertät** erinnern wir uns wohl alle noch ganz genau. Eine spannende, aber gleichzeitig verunsichernde Zeit. Man kommt aus der mehr oder weniger unbeschwerten Kindheit und plötzlich verändern sich die so vertrauten und geliebten Schul- und Sandkastenfreundschaften. Man weiß hier und da nicht so recht, was man mit sich anfangen soll, wie man auf was und wen regieren soll oder will oder wo das Ganze hinführt, wie es weiterläuft und ob es auch mal wieder endet und besser wird. Nicht nur äußerlich, sondern auch innerlich verändert man sich. Oft gefällt man sich äußerlich gar nicht, das Wachstum ist zu schnell, die Haut wird unschön oder man nimmt seinen Körper als sehr unproportional wahr. Manche Jugendlichen werden zu kritisch mit sich und ihrem Aussehen. Dieses Unbehagen oder Unwohlgefühl legt sich zwangsläufig auf die Psyche.

An manchem geht die Pubertät oder das Erwachsenwerden weitgehend spurlos vorbei, bei anderen hinterlassen sie tiefe Spuren, vielleicht bis heute. Über einige Erlebnisse wird man heute mit Freunden/Freundinnen sehr viel lachen, an einige wird man sich vielleicht mit Schrecken erinnern. Ein vorherrschendes Thema nimmt dabei die **sexuelle Aufklärung** ein. Einige werden sich noch gut an die Aufklärung der eigenen Eltern erinnern. Das war für viele ein Tabuthema, jeder schob es vor sich her, „mach doch du", „nee, du machst das viel besser", meint der Vater zur Mutter. Dabei dachten sie wohl auch, dass die Kinder das nicht checken und sich nicht längst selbst in Gesprächen mit Freunden ausgetauscht haben und eigenen Erfahrungen nachgegangen sind. Wie gut, dass es doch Freunde und Freundinnen gibt, mit denen man über alles reden kann. Wahrscheinlich verhält sich das heute alles etwas offener und sexuelle Aufklärung wird von den meisten Eltern ungezwungen angesprochen, was von den beginnenden Jugendlichen sicher auch begrüßt wird. Zum Thema Aufklärung gehören natürlich nicht nur die rein physiologischen Vorgänge und die Themen der Empfängnisverhütung, sondern auch moralische Aspekte. Die Schule trägt ihren Teil an Aufklärungsarbeit dazu bei. Es gab vor zwei oder drei Jahrzehnten so etwas wie Sexualkundeunterricht nicht wirklich, in ein paar Sätzen handelten da überforderte Lehrer vor grinsenden Kindern einige Fragen ab.

Eine Mutter erzählt: „Ich kann mich noch genau erinnern, ich hatte dem Lehrer – wie er es angeboten hat, schriftlich und anonym – eine Frage gestellt, die ihm wohl nicht in die Thematik passte. Ich hörte nämlich in der Schule immer wieder den Begriff ‚Spasti‘, konnte aber nichts damit anfangen und dachte damals, das gehört irgendwie zur Sexualität. Freundlich ausgedrückt: Aus heutiger Sicht würde ich sagen, dass man aufgrund seiner damaligen Reaktion nicht unbedingt sagen könnte, er wäre pädagogisch geschult gewesen, und wir

Kinder haben uns damals überlegt, ob wir dem Typ überhaupt noch einmal eine Frage stellen sollen. Denn obwohl ‚anonym‘, kannte der Lehrer natürlich sehr gut die Handschriften seiner Schüler und schaute auch jeden, der eine Frage auf den Zettel geschrieben hatte, nach dem Vorlesen der Frage an, sodass wir das Ganze auch in einem Frage-Antwort-Spiel hätten abhalten können. Nun, bei der ‚Spasti-Frage‘ schaute er mich ganz durchdringend an und amüsierte sich mit der ganzen Klasse köstlich, wie man denn so eine blöde Frage stellen könne, und viele lachten dann natürlich.‘‘

Ein gutes Beispiel, wie eine Lehrkraft nicht mit Schülern/Schülerinnen umgehen sollte. Manch einer wird sich jetzt auch fragen, wie so eine Person zum Titel „Pädagoge“ kommt und warum er nicht besser Briefsortierer geworden ist. Schüler/Schülerinnen mit geringem Selbstvertrauen würden sich danach wahrscheinlich zurückziehen und sich, wie schon erwähnt, wohl eher weniger am Klassenunterricht beteiligen. Daher möchten wir noch einmal darauf hinweisen, wie wichtig es ist, dass man Kinder versucht zu verstehen und sie auch verstehen will, dass sie z. B. jede Frage stellen können, ohne dass man sie bloßstellt oder auslacht. Das bekommen sie genauso mit wie wir Erwachsenen, und kein Mensch fühlt sich in einer Situation wohl, in der er vor anderen erniedrigt wird, damit sich sein Gegenüber erhöhen kann, noch dazu, wenn es ungleiche Partner sind.

Natürlich kann man auf der anderen Seite auch sagen, man muss lernen, sich durchzusetzen und solche **Situationen zu meistern**. Jedoch sollten es dann doch Situationen sein, die man plausibel nachvollziehen kann und in denen man unter ähnlichen Bedingungen kämpfen kann. Dann hat das Ganze auch eine Herausforderung und ist gerecht verteilbar. Es ist anzufügen, dass wir als Erwachsene manchmal unterschätzen, dass uns Kinder in bestimmten Dingen einfach noch nicht gewachsen sein können, sei es intellektuell oder physisch, und damit der vermeintlich Stärkere gegenüber dem vermeintlich Schwächeren eine höhere Verantwortung trägt; das sollte uns in unserem ganzen Tun und Dasein immer gegenwärtig sein.

Zurück zum Begriff „Spasti“: Der Lehrer hat die Frage auf seine ganz eigene Art beantwortet und ein Spasti war für ihn nichts anderes als ein Depp, ein Behinderter – über den man offensichtlich lachen darf (!). Auch ein Phänomen, das heute noch sehr verbreitet ist: behinderte Menschen auszugrenzen und nicht so in die Gesellschaft zu integrieren, dass wir uns alle wohl fühlen können; da wir doch in einer Gemeinschaft leben, in der wir uns gegenseitig akzeptieren, mit unseren Stärken und Schwächen, mit unseren sichtbaren und erst mal optisch nicht sichtbaren Fehlbildungen.

Tragen Sie Ihren Teil dazu bei, dass Ihre Kinder **Behinderungen** als etwas Normales ansehen: Menschen, die eventuell unsere Hilfe und unser Mitgefühl brauchen – sich darüber lustig zu machen ist ebenso daneben, wie hinter vorgehaltener Hand zu tuscheln. Jedem von uns kann das Schicksal plötzlich mitspielen, und dann zeigen sich bekanntlich oft erst die wenigen wahren Freunde. Deshalb wäre es wünschenswert, wenn wir alle etwas toleranter aufeinander zugingen und unseren Kindern so manche unangenehme Erfahrung, z. B. auf dem Schulhof oder in der Schule oder auch anderen Orten, erspart bleibt und sie weder auf **intolerante Menschen** treffen müssen noch auf Ausgrenzung innerhalb und außerhalb des Klassenraums.

Leider fällt heute in Schulen zu der vorhandenen **psychischen Gewalt** auch vermehrt – mit Tendenz steigend – physische Gewalt durch die eigenen Mitschüler auf. Hier bleibt es nicht mehr nur beim Auslachen, sondern hat Formen erreicht, die geahndet werden müssen. Oft werden diese misshandelten Schüler von den Tätern zusätzlich noch so eingeschüchtert, dass sie über ihre Misshandlungen weder zu Hause noch zu Freunden/Freundinnen sprechen. Diese Schulhoftäter können ihr Gewaltpotential in späteren Jahren noch verstärken.

Es ist für die Gesundheit und Sicherheit unseres Kindes besonders wichtig, dass sich misshandelte Kinder an eine Stelle ihres Vertrauens wenden; auch dafür sind Telefonnummern am Ende des Buchs genannt. Bringen Sie Ihren Kindern bitte unbedingt bei: Zögert nicht, wenn euch Leid zugefügt wurde, euch helfen zu lassen und euch zu wehren, denn ihr sollt kein Leben in ständiger Angst und Schrecken leben. Hier ist es die Aufgabe von uns Erwachsenen, euch zu schützen. Jedem Täter kann früher oder später das Handwerk gelegt werden, und glücklicherweise beginnt die Verjährung heute erst ab dem 18. Geburtstag des geschändeten Kindes, oft also zehn und mehr Jahre nach dem Verbrechen; somit können sich die Kinder als junge Erwachsene wenigstens noch juristisch gegen ihre Schänder wehren.

Mit Zurückweisung, **Ausgrenzung** oder Ablehnung muss jeder von uns lernen **klarzukommen,** aber man muss wissen, wo seine natürliche Grenze erreicht ist oder auch überschritten wird. Wo man entschieden NEIN sagt, bis hier hin und nicht weiter, sowohl in der Familie, unter Freunden/Freundinnen als auch bei Fremden oder in der Berufswelt. Das Leben ist nicht immer nur nett, einfach und schön, sondern man muss auch eine ganze Menge dafür tun. Freundschaften entstehen nicht nur einfach so, sondern man muss sich darum kümmern, aktiv und offen sein, auf Menschen zugehen. Man kann immer wieder Neues und Schönes entdecken, man kann auch im vermeintlich Alten immer wieder Neues entdecken; es liegt daran, wie wir mit uns und unserer Umwelt umgehen.

Allem voran aber stehen die Achtung und der Respekt gegenüber anderen und anderem. Jedoch, wenn ein junger Mensch, der sich gerade in der Pubertät befindet, z. B. auf starke Zurückweisung und Abwertung trifft, kann es sein, dass er sich lange, vielleicht bis ins hohe Erwachsenenalter, nicht davon erholt.

Deshalb ist es in dieser Zeit auch sehr wichtig, dass Sie darauf achten, wenn sich Ihr Kind gerade in der Pubertät befindet, oder ob es auch sein kann, dass es sich vielleicht am Beginn einer Erkrankung befindet. **Veränderungen während der Pubertät** haben wir alle durchgemacht und kennen diese, sie werden uns bei unseren Kindern wahrscheinlich auch wieder begegnen, und genau deshalb können wir besser unterscheiden als Fremde, ob es sich dabei auch um eine Erkrankung handeln könnte. Sie (oder der andere Elternteil, wer den besseren Draht hat) sollten Ihren Sohn oder Ihre Tochter dann auf jeden Fall ruhig und in einem passenden Moment darauf ansprechen und nachfragen, was denn mit ihm los ist.

Überhaupt ist ein kontinuierlicher und regelmäßiger kommunikativer **Kontakt in der Familie** nicht wegzudenken. Denn dadurch leben wir zusammen, kennen uns so gut wie sonst kein anderer, das gibt uns das Gefühl der Geborgenheit und des Aufgehobenseins, wie wir es sonst nirgends auf der Welt kennen und finden werden. Egal was wir arbeiten, wo und wie wir leben, dieses Gefühl ist einzigartig und unverkennbar. Deshalb sollten wir mit unseren Lieben sorgsam umgehen, auch wenn wir an manchen Tagen an unsere Grenzen stoßen und uns diese immer wieder aufgezeigt werden. Kein unbeherrschter Ausbruch und keine Misshandlung ist es wert, dieses Urvertrauen aufs Spiel zu setzen und unsere Lieben für immer zu vergraulen oder eine bleibende Distanz herzustellen.

Die Pubertät ist die sensibelste Phase in unserem Leben und wir können alle an ihr lernen. Da ist es für uns Eltern bestimmt auch nicht leicht, unsere Kinder loszulassen. Sie werden erwachsen, haben den ersten Freund oder die erste Freundin; all das sind schöne und manchmal auch nicht so schöne Erinnerungen, die wir jetzt mit ihnen teilen können, die auch in uns wieder mit erwachen.

Wir können Ratgeber und Helfer sein, aber sollten uns auch zurücknehmen, wenn unsere Jugendlichen wenig von uns annehmen wollen. Denn **Druck erzeugt nur Gegendruck** und erreicht für beide Seiten nichts außer Groll. Man wird durch die eine oder andere Krise hindurchmüssen, aber wird am Ende gemeinsam gestärkt daraus hervorgehen und dadurch gereift und gewachsen sein. Jedem unangenehmen Gefühl folgt ein angenehmes. Kein Streit endet ohne die Versöhnung, und das ist wichtig, dass einer unangenehmen Erfahrung eine angenehme folgt, denn an die erinnert man sich. Das Leben ist ein Auf und Ab, genau deshalb lieben und schätzen wir es am Ende doch immer wieder aufs Neue.

4   Schulzeit – Problemzeit?!

Heute beginnen unsere Kinder schon im Vorschulalter im Kindergarten damit, **Sprachen zu lernen**, sich soziale Kompetenzen anzueignen, Rechnen, Schreiben und Lesen folgt sowieso, und das Ganze noch unkompliziert, einfach und spielerisch. Deshalb ist es hier schon wichtig, darauf zu achten, welche Weichen Sie für Ihr Kind stellen wollen. Schon beim Kindergarten kann die Auswahl anfangen. Kindergärten sind sozial besonders wichtig für die Entwicklung eines Kindes; das erste Mal gibt man sein Kind außer Haus, es muss sich allein behaupten, durchsetzen, Akzeptanz und Freundschaft anderer gewinnen – ein wichtiger Entwicklungsschritt!

Es gibt staatliche und private Kindergärten, darunter gibt es wieder z. B. die normalen Kindergärten, Montessori-Kindergärten, christlich eingestellte und geleitete Kindergärten oder theaterpädagogische Kindergärten, geführt von Pädagogen und Künstlern.

Wer einmal in solch einem pädagogischen Kindergarten gearbeitet hat, dessen Einstellung zum Leben und zu Kindern wird bleibend, nachhaltig geprägt. Es wird ganz bewusst, wie besonders, einzigartig und rein Kinder sind. Ja, es ist ein Wunder, gleichzeitig, wie unschuldig und zerbrechlich sie sind und doch auch wie klug. Wir können gegenseitig sehr viel voneinander lernen, u. a. Geduld und Durchhaltevermögen einerseits, Durchsetzungsvermögen andererseits.

Im Vordergrund bei einem theaterpädagogischen Kindergarten stehen die Förderung der Kreativität und das eigene Tun der Kinder, denn dadurch erleben sich die Kinder in ihrer eigenen Schöpferkraft, und dies trägt früh zur Stärkung ihres Selbstbewusstseins bei. Sowohl die Kinder als auch die Erwachsenen profitieren von diesen Einrichtungen und man kann nur hoffen, dass sich mehr Menschen Gedanken über solche und ähnliche Einrichtungen machen und noch mehr Kindergärten entstehen. Denn vor allem in großen Städten gibt es damit Probleme, und es sind nie genug Kindergartenplätze vorhanden.

Aber für welche Art von **Kindergarten** Sie sich für Ihr Kind auch entscheiden, oder aus seltenen Gründen auch mal für keinen Kindergarten, denken Sie daran, dass Ihr Kind sich wohl fühlen sollte und so gefördert wird, wie es für seine individuelle Natur richtig ist.

Das Gleiche gilt für die nachfolgende **Schulwahl**. Wir finden eine Vielzahl an staatlichen und privaten Schulen sowie alternativen Schulsystemen, wie z. B. die Freinet-Schule, die Montessori-Schule oder die Waldorf-Schule, um nur einige zu nennen, und wir stehen schon wieder vor der Entscheidung, welche Schule wähle ich für mein Kind?! Und wann will ich es einschulen? Ab sechs Jahren besteht in Deutschland die Schulpflicht und Kinder müssen dann in die Schule gehen. Jedoch gibt es Kinder, die schon in die Schule gehen könnten, jedoch noch nicht sechs Jahre alt sind. Was machen wir als Eltern nun? Sollen wir unser Kind trotzdem schon einschulen, damit es schnell die Schule absolviert und früher als andere eine weitere Ausbildung macht und gleich danach das Arbeiten beginnen kann? Damit er oder sie dem internationalen Wettbewerb standhält und im Vergleich zu den Absolventen in anderen Ländern möglichst weit vorne liegt? Oder behüten wir unser Kind, solange es geht, und lassen es erst etwas später in die Welt hinaus? Keine leichte Entscheidung, aber wir müssen sie treffen. Wichtig bei diesen Kindern ist es, darauf zu achten, dass sie der **früheren Einschulung** nicht nur intellektuell, sondern auch psychisch und physisch gewachsen sind. Die intellektuellen Fähigkeiten können Wissenstests abdecken. Jedoch sollten Sie auch beurteilen können, wie Ihr Kind mit anderen Kindern zurechtkommt – kann es sich durchsetzen, für andere auch einsetzen, oder kann es auch einfach nur schon so lange in der Schule sitzen? Schauen Sie sich auch unbedingt die Schule und deren Bedingungen dort an und versetzen sich in die Situation Ihres Kindes. Würde es sich eher in einer größeren Schule wohl fühlen oder wäre eine kleinere Schule erst einmal das Richtige? Wie viele Schüler gibt es in der Klasse, welche Klassenlehrer wird Ihr Kind haben usw.? Wägen Sie alle Aspekte ab und entscheiden dann.

Dann steht auch noch die Frage an, sollte es eine gemischte Schule sein oder eine Schule nur für Mädchen oder, so es das überhaupt noch gibt, nur für Jungen? Ist Ihr Kind **besonders begabt**, sollte es mit besonders begabten Kindern auf eine Schule gehen oder eher mit normal durchschnittlich begabten? Verschiedene Befunde weisen z. B. darauf hin, dass Mädchen, die nur mit Mädchen auf eine Schule gehen, in den naturwissenschaftlichen Fächern wesentlich besser abschneiden, als wenn sie auf eine gemischte Schule gehen.

Angefangen bei der Grundschule geht es dann zur Gesamtschule, zur Hauptschule, zur Realschule oder ins Gymnasium. Genau hier aber befinden sich die Schwachstellen im deutschen Bildungssystem. Wie die neueste Grundschulstudie **IGLU** (Internationale Grundschul-Lese-Untersuchung) zeigte, entstehen an den Schulen die Probleme nach der 4. Klasse, also wenn die meisten der Kinder auf die Haupt-, Realschule oder aufs Gymnasium wechseln. Laut IGLU vom Januar 2004 stocken deutsche Schüler häufiger beim Schreiben und Lesen als gleichaltrige Schüler in anderen europäischen Ländern. 22,6 % der 15-jährigen deutschen Schüler haben **Probleme beim Lesen und Textverständnis** gegenüber 17,2 % im Schnitt der EU-Mitglieder. Jeder Zehnte ist nahezu Analphabet, kann lediglich gesuchte Wörter in einem Text erkennen, jedoch nicht lesen. Kinder aus Migrantenfamilien und sozial schwachen Familien fallen leider besonders häufig in diese Gruppe. Nur noch Griechenland, Portugal und Luxemburg schneiden schlechter als Deutschland ab und auch innerhalb Deutschlands ist ein politisch-ideologisch begründbares **Gefälle zwischen** einigen **Bundesländern** festzustellen: Während Bundesländer wie Hessen, Sachsen, Baden-Württemberg und besonders Bayern auch international weit vorn mithalten können, fallen andere wie Hamburg, Berlin, Bremen, Brandenburg oder Sachsen-Anhalt leider weit ab, ohne dass hiergegen konstruktiv vorgegangen wird.

Auch bei den Fremdsprachen liegen die deutschen Schüler mit 1,4 Sprachen leicht unter dem EU-Schnitt von 1,5. Im Bundesländervergleich von IGLU schneiden Hessen und Bayern fast gleich gut ab. Im Mittelfeld liegt Nordrhein-Westfalen und das Schlusslicht bilden Brandenburg und Bremen. Die Ergebnisse von Thüringen wurden nicht mit in die Studie aufgenommen und einige der restlichen Bundesländer haben sich aus wohl leicht vorzustellenden Gründen gar nicht erst beteiligt! Wenigstens beim gesamten internationalen Vergleich unter 35 Staaten liegt Deutschland „bei den Grundschulen im oberen Leistungsdrittel", bemerkt IGLU-Forschungsleiter Wilfried Bos. Allerdings zeigte eine Forschergruppe von der Universität Siegen in ihrer Untersuchung mit so genannten „Stolperwörter-Tests" (prüfen, wie schnell und genau jemand liest und was er dabei versteht), an dem 6000 Schüler und 300 Lehrer teilnahmen, dass im Vergleich zu den schwächeren Lehrern ca. ein Drittel der 10-jährigen Schüler deren Geschwindigkeit, Genauigkeit und inhaltliches Verständnis treffen. Das beste Drittel der Schüler aus der 4. Klasse liest und versteht genauso gut oder schlecht wie das schwächere Drittel unter angehenden Meistern im Handwerk. Aus diesen Ergebnissen kann man schließen, dass mit dem Label „leseschwach" vorsichtig umgegangen werden muss.

Aufpassen müsste man jedoch, so Bos, wenn es um Übergangsempfehlungen am Ende der 4. Klasse geht: Hier würden Kinder aus sozial schwachen Familien und Migrantenfamilien benachteiligt und die frühe Auslese verschärft die soziale Ungerechtigkeit, die aber eigentlich von der Schule ausgeglichen werden sollte. Fast 50 % der Schüler/Schülerinnen erhalten nach der 4. Klasse **falsche Schulempfehlungen!** „Die Tochter der türkischen Putzfrau hat es trotz guter Leistungen deutlich schwerer, eine Gymnasialempfehlung zu erhalten, als der Sohn des Chefarztes, der nur mittlere Schulleistungen bringt", sagt der Erziehungswissenschaftler Bos.

Vielleicht erinnern Sie sich auch noch an die Berichte der beiden **PISA-Studien** (Programm for International Student Assessment), die für die deutschen Schüler im internationalen Vergleich nicht gerade erfreuliche Ergebnisse zeigten: 32 Staaten nahmen teil, 28 davon sind Mitgliedstaaten der OECD. 15-jährige Schüler wurden an ihren Schulen befragt, Ziel der Studie ist eine Einschätzung der Kenntnisse und Fähigkeiten von Schülern gegen Ende der Pflichtschulzeit. In jedem Land wurden 4500 bis 10.000 Schüler zu den drei Bereichen Lesekompetenz, mathematische Grundbildung und naturwissenschaftliche Grundbildung befragt. Getestet wird das Verständnis von Konzepten, die Beherrschung von Prozessen und die Fähigkeit, innerhalb eines Bereiches mit unterschiedlichen Situationen umgehen zu können. Unter den Schülern von den 32 teilnehmenden Staaten befanden sich die Schüler Deutschlands durchschnittlich zwischen dem mittleren und unteren Drittel der Punkteskala, wobei einige Bundesländer erheblich nach oben und unten abwichen. Leider hat sich kein Kultusminister der schwachen Länder bis heute davon derart beeindrucken lassen, dass er seine Linie korrigierte.

Also bitte informieren Sie sich sehr genau und ausführlich über die Schulleistungen und die daraus resultierenden weiterführenden Schulformen für Ihre Tochter oder Ihren Sohn. Sorgen Sie dafür, dass er die jeweils bestmögliche Bildung bekommt – unabhängig von Ihrem eigenen Bildungsstand; die Kinder mit höherer Bildung als das Elternhaus werden später nämlich nicht auf ihre

Eltern herabschauen, sondern im Gegenteil: Sie werden die Eltern umso mehr achten und ehren für das, was sie ihnen mit begrenzten finanziellen und/oder intellektuellen Gegebenheiten ermöglicht haben.

Beispiel: Anika hat lediglich einen Hauptschulabschluss, und als ihr Sohn Herbert zehn Jahre alt war, empfahl sie ihm auch diese Schule mit den Worten: „Sonst wirst du nur recht gescheit. Oder möchtest du ein Besserwisser werden?" Herbert verneinte und blieb auf der unteren Schule.

Opfern Sie auch Ihre Zeit, um mit den Kindern zu lernen; manche Kinder sind sog. Spätentwickler, die können erst mit 12 oder 15 Jahren selbständig lernen und schaffen dann spielend Abitur und Studium. Da wäre es doch schade, wenn man aus reiner Lethargie die Weichen eines jungen Lebens auf halbe Kraft stellt.

Sofern man nicht das Gymnasium beendet hat, kann man zum Erreichen der Hochschulreife das Fachabitur entweder auf einer Fachoberschule (FOS) oder nach einer Lehre über den **zweiten Bildungsweg** an einer Berufsoberschule (BOS) nachholen und dann ein Studium beginnen. Mit dem Abschluss der FOS kann man bestimmte Fachgebiete an einer Universität studieren, genauso wie mit dem Abschluss der BOS. Für die allgemeine Hochschulreife benötigt man bei der BOS noch eine zusätzliche Prüfung entweder in Französisch oder Latein. Also jeder Schüler oder jede Schülerin, der/die meint, er oder sie schaffe im ersten Anlauf das Abitur nicht, dem/der steht noch eine Tür offen; allerdings tut man sich wahrscheinlich leichter, wenn man das Gymnasium in jungen Jahren absolviert.

Später ist man zwar mehr mit eigenem Ehrgeiz gesegnet und arbeitet wahrscheinlich zielstrebiger, aber alles dauert eben etwas länger. Aber alle Dinge, die man tut, brauchen auch die richtige Zeit, den richtigen Ort und die richtigen Menschen. Es gelingt dann vieles wie von selbst – und wenn Sie sich einmal für ein Ziel entschieden haben, dann sollten Sie es auch verfolgen und fokussiert darauf hinarbeiten. Wahrscheinlich kennen Sie sogar dieses Gefühl, Sie haben so viel Spaß an der Aufgabe, die Sie gerade beschäftigt, dass Sie für eine gewisse Zeit alles um sich vergessen, z. B. schreiben Sie eine längere E-Mail an einen Freund und wundern sich, dass schon so viel Zeit vergangen ist. Oder wenn wir z. B. an einen Maler denken, der ein Bild fertig hat und gleich wieder ein neues beginnt.

Er tut es, weil er an der Sache an sich so viel Freude hat, ja darin so aufgeht, dass er an nichts anderes mehr denkt. Vergessen sind dabei frustrierende oder deprimierende Momente und er lässt sich auch von nichts ablenken, daran weiterzuarbeiten. Man ist nur konzentriert und fokussiert auf diese Arbeit und darauf, sie fertig zu stellen. Dieses Tun steht im harmonischen Einklang mit unserer körperlichen und geistigen Energie. Diesen Zustand nennt man „Flow". Und Ablenkungen gibt es für uns sicher viele Dutzend, wenn wir z. B. gerade bei schönem Wetter an unseren Hausaufgaben sitzen und eigentlich lieber baden gehen möchten oder unser Chef noch ein wichtiges Projekt mit uns zum Abschluss bringen will, wir aber lieber mit unserer Familie einen Ausflug machen würden, dann fällt es uns nicht so leicht, bei der Arbeit zu bleiben.

Doch Hochschulreife ist nicht das Maß aller Dinge. Wer die mittlere Reife schafft und einen Ausbildungsplatz bekommt, steht eventuell sogar besser da. Wichtig ist nun, die Ausbildung auch abzuschließen, denn das ist die Grundlage für ein Leben im teuren Mitteleuropa mit Familie. Wer dann die Meisterschule besucht, steht oft wirtschaftlich besser da als so mancher Akademiker, ist gesellschaftlich ebenso geachtet und vielleicht sogar zufriedener mit seinem Job und hat eventuell auch angenehme Kollegen.

Natürlich gehört zur **richtigen Schulwahl** noch ein bisschen mehr. Diskutieren Sie über die richtige Schulwahl am besten mit Ihren Kindern und den Experten an den Schulen. Überlegen Sie, wie Sie Ihre Kinder fördern und beim Lernen unterstützen können. Ihre Kinder haben Fähigkeiten, Bedürfnisse und Ziele, diese wiederum hängen aber eng zusammen mit ihren Neigungen, Begabungen und Talenten. Sie sollten dies alles kennen und den Kindern helfen, die für sie richtigen schulischen Wege zu gehen.

4.1   Bedürfnisse und Begabungen erkennen

Um die eigenen **Bedürfnisse und Begabungen** zu **erkennen**, wäre es gut, wenn man in einem Umfeld aufwachsen kann, in dem man entsprechend gefördert wird. Immer wiederkehrende Anregungen und Anreize helfen dem jungen Menschen, sich seinen Neigungen entsprechend zu entwickeln. Wer schon früh von Musik umgeben ist und die Möglichkeit und das Interesse hat, ein Instrument zu erlernen, der kann daraus viel machen. Sicher kann man später auch noch ein **Instrument erlernen,** jedoch wenn man daraus eine Profession machen will, tut man sich schwerer oder es ist nahezu nicht möglich. Aber auch da gilt: Ausnahmen bestätigen die Regel. Vieles schaut man sich von den Eltern ab. Wenn die Eltern z. B. Tennis spielen gehen und die Kinder gehen schon sehr früh wie selbstverständlich mit auf den Tennisplatz, haben Freude und Spaß am Spiel, dann können daraus gute Spieler werden. Becker und Graf haben als Kinder – absolut freiwillig – stundenlang Tennisbälle gegen Mauern geschlagen. Will der Sohn Fußball spielen und haben die Eltern hier eine entsprechend negative Meinung und Vorurteile, sollten sie diese dennoch zurückstellen.

Grundsätzlich sollte man einfach das, was einen interessiert, ausprobieren, in Grenzen, versteht sich. Nur dann kann man selbst entscheiden, ob einem dies oder jenes liegt und man mehr Zeit, Anstrengung und Geld investieren möchte. Wenn man selbst eine Entscheidung getroffen hat, dann kann man noch, wie oben schon erwähnt, Berater oder Experten verschiedenster Gebiete um Hilfe bitten, sei es nun in den unterschiedlichen Schulfächern oder darüber hinaus bei sportlichen oder musikalischen Aktivitäten.

Sie selbst können Ihr Kind auch gut einschätzen und wissen im Laufe der Jahre, was es kann, wie Sie es vor **Über- und Unterforderung** schützen und wo Sie es unterstützen können. All diese Einschätzungen und Hilfen tragen dazu bei, dass Ihr Kind sich entwickeln kann, seinen Weg geht und seine Ziele erreicht. Aber es geht nichts ohne den nötigen Einsatz und die Selbstdisziplin. Erfolg wird einem nicht nur zufallen, sondern hängt zu einem Großteil von viel Fleiß und von den Zielen ab, die man sich realistisch setzt. Ohne die Zielsetzung lohnt sich kein Einsatz, und darüber sollte man sich vor Beginn einer Sache im Klaren sein. Nichts ist schlimmer, als seine Energien zu verschwenden und nicht zu wissen, wozu man sich so engagiert. Wenn alle genannten Dinge zusammentreffen und zusammenpassen, dann wird man sein Ziel auch erreichen. Auch diese sind für jeden unterschiedlich, der eine ist schon mit einem ganz kleinen, für ihn aber vielleicht großen **Ziel zufrieden,** dem anderen kann es nicht hoch genug sein. Die richtige Unterstützung und Beratung von allen Seiten wird zum Gelingen beitragen.

Das Ziel muss es aber bitte nicht sein, „möglichst weit" zu kommen, was auch immer das sein mag. Der Vorstandsvorsitzende, die Bundeskanzlerin, der Herr Professor, die Frau Doktor, der Rolls-Royce-Fahrer, der Fabrikbesitzer, der Hausbesitzer: Meinen Sie, diese Menschen sind allein deshalb bereits glücklicher? Ganz bestimmt nicht. Manchmal gehen für dieses eine Ziel so viel Zeit und Energie drauf, dass andere, weit wichtigere Dinge auf der Strecke bleiben.

4.2   Hilfe: Mein Kind liegt außerhalb der „Norm"

Wir sprachen im vorherigen Kapitel über Zielerreichung und dass dies für jeden etwas anderes sein kann. Bleiben wir einmal bei den ersten Hürden, die unsere Kinder bestehen sollen, und zwar zunächst die Einschulung, dann weiterführende Schulen und danach die hoffentlich ersehnten Schulabschlüsse. Eigentlich fängt die Sorge um unsere Kinder aber schon in den ersten Lebensjahren bis zur Vorschulzeit an. Wir gehen zu verschiedenen Vorsorgeuntersuchungen, damit wir die Gewissheit haben, dass sich unsere Kinder **altersgemäß entwickeln,** und wir etwaigen Beeinträchtigungen, beginnenden Behinderungen oder Krankheiten vorbeugen oder rechtzeitig gegensteuern können. In der Tat ist es auch meist so, dass man frühzeitig erkannte Defizite wesentlich leichter beheben kann, als wenn man lange wartet. Das ist bei uns Erwachsenen nicht anders: Wenn wir regelmäßig zu den wichtigen Vorsorgeuntersuchungen gehen, haben wir meist bessere Heilungschancen im Fall einer Erkrankung. Wir sollten also mit gutem Beispiel vorangehen und die Verantwortung gegenüber unseren Kindern auch so verstehen, selbst gesund zu bleiben.

Da wir unsere Kinder tagtäglich erleben und mit ihnen leben, haben wir die besondere Möglichkeit, dass uns **Veränderungen** an ihnen auch am ehesten **auffallen** können. Das heißt, es kann durchaus sein, dass unser Kind nicht dem altersgemäßen Entwicklungsstand entspricht oder in der Schule nicht mitkommt, gar in die Förderschule (früher Hilfsschule genannt) abrutscht – oder andererseits besonders gut in der Schule ist, sodass es Klassen überspringen könnte, um sich nicht zu langweilen; dies kann dann beispielsweise durch provokantes Stören des Unterrichts auffallen. Ein Kind kann in der Schule nämlich besonders auffällig sein, indem es hyperaktiv ist und ständig den Unterricht stört, nicht stillsitzen kann oder dass es sich exakt anders verhält, nämlich sich gar nicht bemerkbar macht, eher schüchtern und ruhig ist. Eine intellektuelle Unterforderung kann sich übrigens ähnlich fatal auswirken wie eine latente Überforderung.

Für jede Auffälligkeit gibt es eine Ursache und für jede Ursache gibt es Gründe, die es zu erforschen gilt, um Linderung oder Abhilfe zu schaffen. Scheuen Sie sich nicht, **Beratungsstellen aufzusuchen,** wenn Sie ein Problem haben oder sich einfach auch erst einmal mitteilen wollen, in solch einem Fall. Jeder muss sich erst einmal mit einer möglicherweise neuen Situation anfreunden und darüber nachdenken, was auf jeden Einzelnen und die gesamte Familie zukommen kann, wenn ein Familienmitglied erkrankt. Man kann und soll sich auch mit den Lehrern des Vertrauens offen und ehrlich austauschen. Sie können im nächsten Schritt auch einen Psychologen/eine Psychologin oder Sozialpsychiatrische Dienste in Ihrer Stadt aufsuchen, um sich zu erleichtern – aber tun Sie etwas, seien Sie aktiv.

In solche Situationen kann jedes Kind kommen, es kann in jeder Familie so etwas passieren. Sie sind nicht allein mit Ihren Problemen und Sie werden nicht glauben, wie schnell, wie qualifiziert und wie viel Hilfe Sie bekommen werden. Sie werden auf Menschen treffen, die auf einmal frei über ihre Probleme sprechen, und Sie finden einen Weg, sich selbst in solchen Situationen mitzuteilen. Nur trauen Sie sich, das ist ganz wichtig, dann kann Ihnen und Ihren Kindern geholfen werden. Es gibt fast keine Probleme, die nicht irgendwie zum Besten für alle gelöst werden können, aber Sie müssen sie angehen – sonst geht sie niemand an; denn niemand kümmert sich so wie Sie als Eltern um Ihre Kinder, und die Kinder wissen noch nicht, wie man solche Probleme lösen kann.

Sollte Ihr Kind Schwierigkeiten in der Schule oder andere Probleme haben, so sind am Ende des Buches Beratungsstellen genannt, an die man sich jederzeit wenden kann. Auch über **schlechte Schulnoten** im Zeugnis kann man – nein, muss man reden, und zwar in ruhiger Atmosphäre, ohne Drohungen, Verbote oder sonstiges das Kind belastendes Gebaren. Im anderen Fall, sollte Ihr Kind besonders begabt sein, so können Sie sich jederzeit an eine Begabtenberatungsstelle wenden, die Ihnen und Ihrem Kind auch in diesem Falle weiterhelfen kann. Eine dieser Beratungsstellen ist ebenfalls im Anhang genannt. Denken Sie an die **Frühförderung** Ihrer Kinder und die Chancen, die sie dadurch erhalten können: Wird ein hochbegabtes Kind zu lange ausgebremst und im Mittelmaß gehalten, mag die Folge sein, dass diese Fähigkeiten zeitlebens auf der Strecke bleiben.

Beispiel: Anja durfte aufgrund ihres körperlichen, geistigen und sozialen Verhaltens bereits mit zwei Jahren und fünf Monaten in den Kindergarten. Drei Jahre später suchten ihre Eltern zur optimalen Förderung eine sog. pädagogische Vorschule aus. Dort arbeiteten vier pädagogisch besonders ausgebildete Kindergärtnerinnen. In dem einen Jahr jedoch lernte Anja, dass man Kinder auch sich selbst überlassen kann, während die Kindergärtnerinnen entweder ihre Tätowierungen oder ihren Modeschmuck verglichen oder rauchten. Eigentlich eine soziale Katastrophe, wie manche Erwachsene meinen, sich benehmen zu dürfen.

4.3 Der Schulabschluss

Nun, wenn Sie die bisherigen Entscheidungshürden des Kindergartens, ggf. der Vorschule, der Grund- und Hauptschule oder Realschule und des Gymnasiums mit Ihren Kindern genommen haben, geht es jetzt darum, Ihr Kind fortlaufend zu unterstützen, um einen guten und für die Berufspraxis brauchbaren Schulabschluss zu erreichen. Dabei sind die Ziele unterschiedlich, selbst bei Geschwistern. **Kleinbürgerliche Überlegungen** (der Bub muss an die Uni) sind ebenso fehl am Platz wie **Gleichgültigkeit** (um uns hat man sich ja schließlich damals auch nicht gekümmert): Glücklich und erfolgreich wird nicht unbedingt der Uni-Absolvent mit Doktorhut, sondern derjenige, der sich in seiner Haut wohl fühlt. Und das geht als Schreiner ebenso wie als Herzchirurg, als Beamtin ebenso wie als Architektin. Nur eben so ganz ohne Bildung und ganz ohne Ausbildung schaffen es die wenigsten, einmal von ein paar hohen Politikern in der ehemaligen Regierung abgesehen.

Wenn Ihr Kind **Linkshänder** ist, sollten Sie – entgegen der Meinung vieler ach so moderner Pädagogen – ihm ruhig und ohne Zwang/Stress das Schreiben mit der rechten Hand angewöhnen. Linkshänder erkennt man immer daran, dass sie Bälle (z. B. Schneebälle) automatisch, ohne zu überlegen, mit der linken Hand werfen oder den Tischtennisschläger links halten. Es ist ergonomisch wesentlich sinnvoller, unsere Schrift von links nach rechts mit der rechten Hand zu schreiben als mit der linken. Wer konsequent, von Anfang an, das Schreiben mit der rechten Hand lernt, wird bald genauso gut, schnell und schön schreiben können wie die anderen Schüler. Ein späteres Umlernen ist schwieriger oder unmöglich. Solche Kinder werden dann rechts schreiben, aber alle anderen Aktivitäten (Tennisschläger, Bohrmaschine, …) mit der linken Hand ausführen. Praktisch alle Pädagogen halten es heute für überholt, Linkshänder umzugewöhnen, aber Sie wissen es jetzt besser.

Zurück zum Schulabschluss: Es bringt zum Beispiel nicht viel, wenn Ihr Kind ein hervorragendes Abitur abgelegt hat und danach aber eine Lehre machen will und für die praktische Arbeit letztlich doch nicht geeignet ist, und umgekehrt. Natürlich ist es für die **Allgemeinbildung Ihres Kindes** gut, wenn es Abitur hat, aber die Überlegung wäre dann, diese Bildung auch einzusetzen und statt einer Lehre doch ein passendes Studium zu überlegen. Oder es verhält sich so, dass es unbedingt das Abitur ablegen will, aber aufgrund der unzureichenden Leistungen nicht dafür geeignet ist, mehrmals nicht versetzt wird, von Ihnen mit monatlich hohen Kosten zum Privatgymnasium genötigt wird und dann nach 14 Jahren ohne Abschluss gehen muss – mit allen denkbaren psychischen und oft auch physischen Problemen. Es verliert vielleicht wirklich wertvolle Zeit, in der es schon lange eine Lehre erfolgreich absolviert hätte.

Beispiel: Angelika wollte Abitur, weil es ihr Elternhaus von ihr erwartete. Danach lernte sie Krankenschwester in der Hoffnung, sich einen Herrn Doktor bei der Arbeit zu angeln. Dieser Plan ging zwar auf, aber nach kurzer Zeit fand der Arzt eine reizvolle Partnerin und trennte sich. Angelika war nun intellektuell ihren Kolleginnen überlegen und fühlte sich nie richtig wohl bei der Arbeit; sie verdiente zweitklassig, war mit ihrem Leben unzufrieden (was man ihr anmerkte und auch ansehen konnte) und sie fand keinen Partner mehr.

Die Zeit während der Prüfungen ist schon sehr schwierig und jeder, der schon einige Prüfungen hinter sich hat, kann das sicher auch mitfühlen. Man zieht sich viel Stoff rein, meist braucht man davon hinterher im Leben vielleicht gerade mal 5 % davon. Vieles vom Gelernten landet im Kurzzeitgedächtnis und hat gar nicht die Möglichkeit, ins Langzeitgedächtnis überzugehen und länger anwendbar zu bleiben. Klar, einmal **Gelerntes ist** auch schnell wieder **abrufbar,** jedoch fragt man sich bei vielem, wozu man das alles lernt. Der größte Teil des in der Schule vermittelten Wissens findet nämlich keine direkte Anwendung und ist daher wieder vergessen. Es finden wenig Transferleistungen statt, um die Schüler wirklich zu motivieren. Sofern man das Abitur ablegt und hinterher ein Studium anhängt, das nicht mit naturwissenschaftlichen Fächern belegt ist, kann man also den größten Teil vom Schulwissen gleich getrost vergessen und grundlegend von Neuem lernen.

Versuchen Sie herauszufinden, welche Qualitäten, Wünsche und Begabungen Ihr Kind hat. Dementsprechend sollte man auch die Schule wählen und später zu dem einen oder anderen Beruf raten. Dies entscheidet sich bei manchen Kindern natürlich erst später. Allerdings muss klar sein, dass heute viele Abiturienten den Abgängern mit mittlerer Reife die entsprechenden Lehrstellen wegnehmen und diese dann ihrerseits in Berufe drängen, die früher klassisch von den Hauptschulabgängern besetzt waren. Der Prozentsatz derer, die dann auf der Strecke bleiben – sprich, keine Lehrstelle bekommen (egal ob mit oder ohne Ausbildungsabgabe) –, ist deshalb gerade bei den Hauptschulabsolventen ohne qualifizierten Abschluss besonders groß. Insofern sollte das Bestreben dahin führen, sein Kind möglichst weiterzubringen. Wenn man dann Personalchefs und Lehrlingsmeister befragt, warum sie denn viele Bewerber und Bewerberinnen mit Abitur einstellen, bekommt man sehr häufig (!) die Antwort, dass die **Mindestqualifikationen** in vielen Bereichen unter dem nötigen Level sind – Pünktlichkeit, Artikulation, mathematische Grundkenntnisse (z. B. einfache Dreisatzrechnungen), Grundzüge der Grammatik und der Rechtschreibung, manuelle Fähigkeiten – sowie allgemeines Desinteresse herrscht. Diese und andere Gründe sind bei vielen jungen Menschen die Ursache, keinen Ausbildungsplatz zu bekommen, es sind nicht primär die Noten. Sorgen Sie durch gute, solide Erziehung dafür, dass diese Gründe bei Ihren Kindern nicht zum K.-o.-Kriterium werden.

Hinzu kommt, dass gerade auf den unteren Schulen das **Niveau leider** eher **zu niedrig ist** und immer niedriger wird. Viele Personalchefs würden gern solche Absolventen einstellen, nehmen dann aber davon Abstand, weil nicht nur die eben genannten Gründe dazu führen, sondern auch andere grundlegende

Dinge, wie eigentlich übliche und allgemein bekannte Umgangsformen wie Pünktlichkeit, Höflichkeit, soziales Verhalten, Zuverlässigkeit, Optik, Interesse oder das Beherrschen der Landessprache in Wort und Schrift.

Die viele Lernerei trainiert wenigstens das Gedächtnis und wir können im Studium bis hin ins hohe Alter davon profitieren, sofern wir anhaltend unser **Gedächtnis trainieren.** Für manche Schüler/Schülerinnen ist es aber auch schon schwierig, einen unteren Schulabschluss zu erreichen. Den Gründen dafür sollten Sie als Eltern immer nachgehen. Liegt es am Können, an der Leistung, an der Motivation, am fehlenden Horizont, am Wollen, am Interesse, an fehlenden Aussichten usw.? Sprechen Sie mit den Lehrern, Vertrauenslehrern, Schulpsychologen – aber auch mit Freunden und guten Bekannten. Lassen Sie in allen Fällen eine eventuelle Hoch- oder Minderbegabung Ihres Kindes bei einem psychologischen Testung feststellen, um Gewissheit zu bekommen, in welchen Bereichen Hilfe nötig ist, und räumen Sie diese frühzeitig aus bzw. holen sich die adäquate Unterstützung. Bedenken Sie, dass man heute für viele Lehrberufe höhere Qualifikationen benötigt; so haben beispielsweise Schüler mit schlechten Matheleistungen keine Chance mehr auf eine der sehr begehrten Lehrstellen in einer Kfz-Werkstatt (wo man heutzutage weniger Mechaniker als vielmehr Elektroniker benötigt).

Motivieren Sie Ihr Kind zum Lernen. Bringen Sie sich als Positiv- oder auch als Negativbeispiel ein und versuchen Sie den Satz „Du lernst nicht für die Schule, sondern für dich" nicht so wörtlich, aber im Inhalt herüberzubringen. Und erklären Sie dem Kind, dass das Leben nach der Schule nicht unbedingt schöner wird. Eine gewisse finanzielle und sonstige Freiheit könnte hilfreich für das Kind sein, die Schule doch noch weiterzumachen und nicht den auf den ersten Blick „reizvollen" Job im Supermarkt anzunehmen.

4.4 Mögliche Hilfen bei Über- oder Unterforderung

Grundsätzlich gilt bei schulischen Problemen auch: Weder Sie noch Ihr zu testendes Kind muss Angst vor irgendeiner Prüfung des IQs haben. Wichtig ist nicht, überdurchschnittlich gut zu sein, sondern zu wissen, wo das Kind steht. Nur dann kann man eingreifen, gegensteuern, Hilfestellungen gewähren.

Auch bei den Prüfungen und Tests sitzen in erster Linie Menschen mit ihren Funktionen und sie versuchen, eine angenehme Atmosphäre zu vermitteln, und wollen immer in der Sache und den Betroffenen helfen und nicht behindern. Wir möchten kurz auf die Inhalte solcher Tests eingehen, damit Sie sich ein Bild davon machen können. Denn auch nur wovon man etwas gehört, gesehen oder gelesen hat, kann man sich ein eigenes Bild verschaffen, und Vorurteile, Fehleinschätzungen oder gar Mythen verschwinden, man verliert die Angst vor dem Fremden, Unbekannten. Diagnostische Tests werden eingesetzt, um in diesem Fall Ihrem Kind die bestmögliche Förderung zukommen zu lassen – nicht um es zu verängstigen oder gar zu verunsichern. Verständlich ist, dass man aufgeregt ist, weil eine neue Situation auf einen zukommt und man erst nicht weiß, wie man damit umgehen soll. Die Aufgeregtheit entsteht in unseren Köpfen, denn wir malen uns schon vorher alle vielleicht möglichen positiven und negativen Situationen aus, was alles bei so einem Termin vorkommen kann; meist bleiben wir dann eher im Negativen als im Positiven stecken. Verbunden mit vielleicht schon unangenehmen Vorerfahrungen ist das der ideale **Nährboden für ein Unbehagen,** wenn man dann zu dem Termin erscheint, anstatt die Dinge auf sich zukommen zu lassen.

Bei aller Subjektivität – schließlich lieben wir unsere Kinder, finden sie attraktiv, intelligent und würden viel für sie tun: Akzeptieren Sie die Ergebnisse, auch wenn Sie sich andere gewünscht hätten. Bleiben Sie ruhig und vermitteln dem Kind (bei entsprechend negativen Informationen) bloß nicht, enttäuscht zu sein. Zeigen Sie dem Kind auf, dass auch Ihr Weg holprig war und auch Sie weder Vorstandsvorsitzender noch Nobelpreisträger, Firmenchef oder Professor geworden sind – aber dennoch Spaß am Leben haben, Freunde haben, glücklich sind.

Angst entsteht also zuerst **in unseren Köpfen,** unserem Denken, physische Symptome folgen häufig, uns wird schlecht, wir schwitzen, bekommen Beklemmungen usw. Man kann lernen, mit Ängsten und Befürchtungen umzugehen und sich nicht von ihnen beherrschen zu lassen. Sie entscheiden, wo es hingehen soll! Da man in der Schule, in der Ausbildung und überhaupt im Leben immer wieder Prüfungen unterliegt, ist es gut und wichtig, damit umgehen zu können.

Zurück zu den **psychologischen Testungen:** Der/die jeweilige Psychologe/ Psychologin beurteilt zunächst das Verhalten vor, während und nach der Testung, d. h. wie die Stimmung ist, wie man sich fühlt, ob man motiviert zum Test kommt oder eher genervt ist. Das kann natürlich das jeweilige Testergebnis beeinflussen. Auch das kennen Sie selbst, wenn Sie ausgeschlafen sind, einen guten Tag haben, geht einem alles leichter von der Hand, als wenn man am Morgen mit einem Glas Wein zu viel aufwacht und eigentlich verschiedenen Verpflichtungen nicht nachkommen will bzw. kann.

Es wird zur weiteren Einschätzung der Situation ein Gespräch mit den Eltern, mit dem Lehrer/der Lehrerin und dem Schüler/der Schülerin geführt. Wir gehen kurz auf einen Test ein, der meist bei Schülern angewandt wird: Der KVT, entwickelt von Kurt Heller und Hans-Jürgen Geisler. Dieser Test hat eine Kindergartenform (KFT-K), eine Grundschulform (KFT 1–3), eine Form für die 4. bis 13. Klasse (KFT 4–13) und verschiedene Untertests, die alle in die Gesamtleistung mit eingerechnet werden. Bei den 5- bis 6-jährigen Kindern in Kindergärten und Vorschulklassen werden bei den Untertests Sprachverständnis, Beziehungserkennen, schlussfolgerndes Denken und rechnerisches Denken abgefragt, womit inhaltlich die allgemeine Intelligenz oder das kognitive Fähigkeitsniveau gemeint ist. Bei Schülern von der 1. bis 3. Grundschulklasse werden innerhalb dieser Untertests ebenfalls das Sprachverständnis, das Beziehungserkennen, das schlussfolgende Denken und das rechnerische Denken abgefragt, womit inhaltlich die schulische Lern-/Denkfähigkeit gemeint ist. Bei Schülern der 4. bis 12. bzw. 13. Klasse an allgemein bildenden Schulen, Schülern an berufsbildenden Schulen und Studenten werden die Wortbedeutung, die Satzergänzung, die Wortklassifikation, die Wortanalogien getestet, die inhaltlich zum Sprachverständnis und zum **sprachgebundenen Denken** gehören.

Weiterhin werden Textrechenaufgaben, Mengenvergleiche, Zahlenreihen und das Bilden von Gleichungen verlangt, arithmetisches Denken und Rechenfähigkeiten geprüft. Zusätzlich werden Figurenklassifikationen, Figurenanalogien und Figurensynthesen abgefragt, die zusammenfassend zum anschauungsgebundenen Denken bzw. den konstruktiven Fähigkeiten gehören. Aus den Einzelergebnissen und dem Gesamtergebnis kann man dann anhand einer dafür errechneten Tabelle vergleichen, wie Ihr Kind im Vergleich zu anderen

Kindern in diesem Alter abschneidet, ob es noch im oberen oder unteren Normbereich liegt oder außerhalb.

Diese Ergebnisse und die Ergebnisse der einzelnen Gespräche werden zusammenfließen und ergeben die Empfehlung für die weitere Vorgehensweise und Unterstützung. Auf einige weitere interessante Ergebnisse der vorher erwähnten IGLU-Studie soll hier aufmerksam gemacht werden: In Deutschland ist die Zahl der **Schulabbrecher** oder Schüler, die nur einen einfachen Abschluss haben und danach nicht mehr weiterlernen, mit 12,5 % erheblich niedriger als im EU-Schnitt mit 18,5 %. Offensichtlich wirkt sich hier die deutsche Berufsschulpflicht sehr positiv aus. Im Vergleich zum EU-Schnitt von 4,9 % gibt der deutsche Staat nicht so viel Geld für Bildung aus, nämlich 4,5 % des Bruttoinlandsprodukts. Schweden mit 7,4 % und Dänemark mit 8,4 % stehen an der Spitze, während Griechenland mit 3,8 % momentan noch am Ende verweilt.

4.5   Die richtige Berufswahl

Nachdem wir die Schule erfolgreich abgeschlossen haben, geht's gleich weiter zur Berufswahl. Diese Entscheidung wird noch mehr Überlegung von uns verlangen und auch noch mehr von unseren Kindern fordern. Hier stellen Sie die Weichen, auf deren Weg sich die jetzt jungen Erwachsenen länger befinden werden, manche vielleicht sogar ihr ganzes weiteres Leben, manche unterbrechen ihn vielleicht und stellen neue Weichen in einem anderen Berufsbereich. Meist kommen schon in die Abschlussklasse Berater z. B. vom Arbeitsamt oder Personalberater von verschiedenen Firmen, um die Neueinsteiger frühzeitig zu informieren. Oder man geht zu den Schnuppertagen an die Unis und Fachhochschulen. Bewerbungsschreiben, Übersichten über Lehrstellen oder Bewerbungen an den verschiedenen Universitäten für ein Studium werden besprochen. Auch diese Lebensphase unserer Kinder – auch und gerade wenn sie schon volljährig und angeblich erwachsen sind – erfordert von uns Einsatz und Aufmerksamkeit.

Erklären Sie Ihrem Kind, wie wichtig eine optisch und inhaltlich korrekte **schriftliche Bewerbung** ist. Mancher junge Mensch poliert zwei Tage lang sein altes Auto, um beim Verkauf vielleicht 300 € mehr zu bekommen. Wenn die gleiche Person dann in 17 Minuten drei Bewerbungen hinknallt, liegt einiges im Argen.

Beispiel: Sybille war 17, als sie mit mittlerer Reife die Schule beendete. Ihre beste Freundin, die Clique, das allabendliche Treffen in Szenelokalen, all das stand bei ihr ganz weit oben – und nicht die Berufswahl. Als ihr Vater sie eines Abends fragte, wo sie denn eine Ausbildung machen wolle, sagte sie schnell: „Bei einer Bank oder Versicherung." Sybille war sportlich, aktiv, kreativ und hübsch; ihr Vater sagte nachdenklich: „Überlege dir, ob acht Stunden im Büro etwas für dich sind. Jeden Tag am PC, Akten lesen und …" Weiter kam er nicht. „Gut, dann mache ich eben was anderes. Also tschüss!", sagte sie und verließ das Haus, stieg auf ihr Mofa und brauste der Freiheit entgegen. Mit einem einzigen Satz konnte der Vater Sybilles berufliche Pläne kippen! Sybille waren die vier Stunden in der Kneipe wichtiger, als sich vier Minuten lang über 40 Jahre Arbeitsleben Gedanken zu machen.

Manchen Jugendlichen ist nämlich der allabendliche **Treff mit der Clique** in einer coolen Kneipe wichtiger als ein Gespräch über die richtige Berufswahl! Vielen ist nicht bewusst, dass es jetzt um alles (Berufsausbildung) oder nichts (keine Berufsausbildung – lebenslänglich!) geht. Hier sind die Eltern gefragt, schon vorher zu sorgen, vernünftige Kinder zu vorausschauenden Jugendlichen zu formen, Beistand zu leisten, abzuwägen, Informationen und Tipps zu geben usw. Wenn sich jemand für ein Studium entschieden hat, dann sollte, nein muss es den Neigungen und Interessen entsprechen. Ein Mathematiker, der aufgrund seiner guten Noten Medizin und nicht Physik studiert, ist schlecht beraten. Ein handwerklich begabter Künstler hingegen, der nach einer Schreinerlehre Architektur studiert, ist sicherlich gut beraten und wird viel Erfolg und Spaß und somit auch Erfolg im Leben haben – ebenso wie der Bastler, der sich früher oder später als Elektriker oder Kfz-Mechaniker selbstständig macht und erfolgreich sein **arbeitsreiches Leben** als erfüllt ansieht. Wer Spaß an seinem Beruf hat, wird oft schon am Mittwoch oder Donnerstag sein 35- oder 40-Stunden-Pensum absolviert haben – und dabei dennoch viel Freude, Erfolg und Anerkennung haben. Solche Menschen können dann auch entsprechende Diskussionen nicht nachvollziehen (weil sie nicht nur außerhalb der Arbeit das Leben als lebenswert empfinden).

Manch einer ist mit all den Angeboten und Entscheidungsmöglichkeiten eher überfordert und kann sich gar nicht entscheiden. Andere sind sehr zielstrebig und selbstbewusst und wissen frühzeitig, welchen Beruf sie ergreifen wollen. Seien Sie offen für die unterschiedlichen Stimmungen in dieser Lage, auch wenn es Ihnen manchmal schwer fällt und Sie diese momentan nicht nachvollziehen können, weil Sie vielleicht anders waren und anders gehandelt haben, oder weil Sie sich einen anderen Beruf gewünscht haben für Ihr Kind und Ihr Sohn oder Ihre Tochter jetzt so gar nichts von Ihnen hat. Auch in dieser Phase bieten die verschiedensten Institutionen Hilfen an. Man kann bei den Arbeitsagenturen (übrigens sehr gute!) **Einschätzungstests** machen, Trainings absolvieren, wie man sich bei Bewerbungsgesprächen, einem Assessmentcenter etc. verhält. Unterhalten Sie sich mit Freunden und Bekannten, was deren Kinder machen, welche Möglichkeiten allen offen stehen in ihrem jeweiligen individuellen Rahmen. Man kann auch hier viel an Verhalten und Einstellung trainieren, man muss aber selbst hingehen, das kann man niemandem abnehmen. Man muss sich selbst mit dem Gegenüber und der Situation auseinander setzen, und wenn man es wirklich will, wird man es schaffen. Hier finden wir die Wettbewerbssituationen in der Schule, in der Vorschule, im Kindergarten wieder und sie werden uns noch weiter begleiten. Es ist nicht unbedingt so, dass nur der auf lange Sicht das Rennen macht, der alle anderen clever aussticht, auch wenn es oft nach außen hin so aussieht, sondern der, der er selbst bleibt, der sich treu bleibt, egal was kommt.

Auch hier einige Ergebnisse aus der IGLU-Studie: Deutlich zu wenig Hochschulabsolventen hat die Europäische Union im weltweiten Vergleich der Industrienationen wie Japan und USA aufzuweisen. In der Altersgruppe zwischen 25 und 64 haben europaweit (hier liegt Deutschland im Durchschnitt, ca. 23 % der Männer und 20 % der Frauen) einen Universitäts- oder Fachhochschulabschluss. In den USA sind das 37 % der Gesamtbevölkerung und in Japan 36 % der Männer und 32 % der Frauen. In Deutschland scheint sich aber das Werben für **Technik- und Naturwissenschaften** zu lohnen: Nachdem in den letzten Jahren ein Rückgang zu erfahren war, haben sich jetzt knapp 30 % der Studenten für einen dieser wichtigen Studiengänge eingeschrieben. Man darf ja nicht vergessen, dass wir keine Bodenschätze haben und von der Industrie und von Innovationen leben – und nicht von Verwaltungsangestellten, Beamten, Politologen, Soziologen, Philosophen und Psychologen.

Versuchen Sie Ihren Kindern zu erklären, dass **keine Berufsausbildung** zwar momentan mehr Geld bringt: Als ungelernter Arbeiter verdient man mehr als in einer Lehre. Aber das Leben als Erwachsener besteht eben nicht nur aus den drei Jahren Lehre, sondern aus 35 oder 40 Jahren Arbeit danach! Persönliche Freiheiten in Richtung Freundeskreis, Sexualität, Geld ausgeben, Freizeit einteilen usw. helfen dem jungen Menschen, sich zu Hause doch noch wohl zu fühlen und eine Ausbildung zu absolvieren.

Beispiel: Der Schüler Robert hat aus Trotz gegen das konservativ-strenge, extrem kleinbürgerliche Beamtenelternhaus in der 11. Klasse die Schule verlassen und taucht in der Szene unter. Von einem Mitschüler nach Monaten zufällig um die Mittagszeit gesehen, antwortete er auf die Frage, was er denn jetzt mache und ob er auf eine andere Schule gehe, mit einem coolen „Nein, ich lebe jetzt." Mit diesen Worten küsste der angetrunkene, barfüßige, langhaarige und vollbärtige Mann eine der zwei Frauen in seinen beiden Armen und schlenderte lässig weiter. Einige Jahre später darf man sich die Frage stellen, wer denn nun lebenswürdiger, schöner lebt: Robert mit der 400. Frau und dem 1000. Joint oder der Schulabsolvent mit Berufsausbildung …

5   Erziehungsmethoden und Ziele

Das Thema Erziehung begleitet uns das ganze Leben lang, wenn wir Kinder haben. Welches die beste Erziehungsmethode ist, kann wahrscheinlich niemand wirklich sagen, denn dies ist unterschiedlich, individuell. Unsere Großeltern und Urgroßeltern würden sagen, ihre Erziehung ist die beste und früher war sowieso alles besser als heute. Unsere Eltern haben uns häufig ähnlich erzogen, wie sie erzogen wurden, und sind bestimmt auch der Meinung, dass sie es richtig gemacht haben. Wir übernehmen die Methode unserer Eltern und versuchen durch den Austausch mit unseren Freunden, durch weitere Aufklärung in den Medien, den Kindergärten und Schulen unseren **Erziehungsstil** mit anderen zu vergleichen und immer wieder zu verbessern. Jeder in seiner Generation und in seinem Umfeld wird so handeln, dass das Wohl seines Kindes im Vordergrund steht. Natürlich wird man auch versuchen, sofern man mehrere Kinder hat, alle gleich zu erziehen, gleich zu behandeln und natürlich gleich lieb zu haben, damit nicht untereinander Streitigkeiten und Neid entstehen.

Auch wird man darauf achten, Mädchen anders zu erziehen als Jungen, denn sie sind auch anders und benötigen unterschiedliche Zuwendung und Förderung in ihrer jeweiligen Entwicklung – weder besser noch schlechter, sondern schlicht anders. Dann begegnen uns auf unserem Erziehungsweg Hunderte verschiedener schlauer Bücher, die wir uns teilweise aneignen, damit wir ja alles richtig machen und nichts vergessen. Damit wir später nicht mal Vorwürfe von unseren Kindern bekommen, nach dem Motto: „Das hätte ich total anders gemacht als ihr." Kurzum, wie wir es auch drehen und wenden, wir werden uns nicht davor schützen können, dass wir solche Sätze mal hören. Wir sind alle nur Menschen und uns können Fehler unterlaufen, und im Falle von Kindererziehung machen sich manche **vermeintlichen Fehlhandlungen** erst wesentlich später und meist irreversibel bemerkbar. Manchmal kann es sein, dass Kinder ein Leben lang alles, was sie in ihrem Leben nicht geregelt bekommen, an der Kindererziehung festmachen und alles auf ihre Eltern schieben. Ab einem gewissen Zeitpunkt ist man aber selbst verantwortlich für sein Leben, und auch wenn die eine oder andere unangenehme Sache in der Kindheit passiert ist, kann und muss man versuchen, selbst sein Leben zu meistern. Man macht es sich zu einfach damit, alles auf eine „schwere" Kindheit zu schieben, sondern man sollte sich den Problemen stellen und als Erwachsener verantwortungsvoll mit seinen Aufgaben umzugehen lernen.

Die Erziehungsziele werden sich wohl auf der ganzen Welt ähnlich sein. Jeder möchte, dass sein Kind ein „gutes" Leben führt, was auch immer damit gemeint ist. Für die meisten ist das eine gute Schul- und Berufsausbildung, zu heiraten, Kinder zu bekommen, gesund zu sein, finanziell gut gestellt zu sein (und nicht von der Stütze leben zu müssen) und viele Freunde zu haben – ist ja grundlegend auch nicht verkehrt! Dann sind wir zufrieden und stolz auf unsere Kinder. Wir sollten aber auch zufrieden und stolz auf unsere Kinder sein, wenn sie dieser **bürgerlichen Norm** nicht entsprechen, vielleicht weniger gut in der Schule abgeschlossen haben, sexuell außerhalb der Norm liegen oder andere für uns vielleicht nicht nachvollziehbare Lebensstile bevorzugen, in einem anderen Land leben möchten oder sich eben auch so ganz anders entwickeln, als wir das gerne hätten. Wir sollten das Einzigartige in jedem unserer Kinder schätzen und akzeptieren, auch wenn es uns manch schlaflose Nacht kostet. Manchmal sind unsere Sorgen ganz unberechtigt, gründen sich nur auf unsere eigenen Erfahrungen, und wir müssen unseren Kindern den Raum geben, ihre eigenen Erfahrungen zu machen, natürlich alles im Rahmen der nötigen realistischen Grenzen.

Wenn Sie mit Ihren Kindern **über alles reden** können, wie eine Freundin oder ein Freund sind, dann haben Sie schon ein sehr großes Ziel erreicht. Ihre Kinder werden Ihnen nichts Wesentliches verheimlichen müssen oder irgendwelche Dinge heimlich machen, und Sie werden selten auf unliebsame Überraschungen treffen, denn Ihre Kinder wissen, dass sie sich an Sie wenden können.

5.1 In Watte packen ...

Verletzungen, Schäden, negative Erfahrungen und Unfälle müssen und dürfen immer mal passieren, das gehört zum Leben. Vermeiden muss man **ernsthafte Unfälle,** bleibende Behinderungen, den Tod, sexuelle Übergriffe, Suchtgefahren und andere negativ-lebensverändernde Vorkommnisse. Und vermeiden sollte man natürlich auch größere finanzielle Verluste durch Schäden. Allgemein gesprochen: Kinder „in Watte packen", das bringt auf Dauer nichts; vernünftig auf Gefahren vorbereiten, auch mal auf die heiße Herdplatte langen lassen oder in die Flamme der Kerze; die Wunde ist bald weg, die Erinnerung nicht. Intellektuell begreifen kommt von begreifen, d. h. auch mal anlangen, anfassen.

Lassen Sie Ihre Kinder an der **langen Leine** und trauen Sie ihnen auch was zu. Manche sind pfiffiger, andere weniger. Genauso individuell legen Sie die Maßstäbe an. Gewöhnen Sie sich daran loszulassen. Im Kindergarten müssen Sie das Kind das erste Mal für Stunden weggeben. Dann im Zeltlager mit der Kirche oder dem Sportlehrer. Später wollen die Kinder Urlaub auf eigene Faust machen, Europa mit dem Zug erforschen, auf Bahnhöfen übernachten, …

Wer seine Kinder zu sehr und zu lange vor **„allem"** zu **schützen** versucht, wird früher oder später umso tragischer und zynischer dafür bestraft. Wir können und vor allem wir sollen unsere Kinder nicht vor negativen Erfahrungen schützen. Lernen Sie, im richtigen Moment auf Gefahren konkret und nicht pauschal hinzuweisen. Sehen Sie nicht immer nur das Negative, das eventuell passieren kann. Weisen Sie aber genauso drastisch darauf hin, dass man im Straßenverkehr sterben kann, dass Drogen (unabhängig von der politischen Stimmung) grundlegend negativ und unnötig sind und dass es heutzutage wirklich keine harmlosen Drogen mehr gibt. Zeigen Sie, dass man in der Kindheit und Jugend den Grundstein dafür legt, ob man später mit 40, 60 oder auch 85 Jahren noch einigermaßen fit ist. Ohren (laute Musik in Discos oder aus Kopfhörern), Wirbelsäule, Bänder, Gelenke, die Nieren usw. – all diese Körperteile kann man in jungen Jahren belasten und übertrainieren, ohne direkt danach die Konsequenzen zu spüren; 20 oder mehr Jahre später kommen dann die unabänderlichen bleibenden Folgen.

5.2   Autorität haben, ohne autoritär zu sein

Den autoritären Erziehungsstil der 50er und 60er Jahre wird wohl heute niemand mehr als angebracht ansehen und in seiner Erziehung anwenden. Genauso wenig wird der sog. „freie" oder **antiautoritäre Erziehungsstil** aus den 70er

Jahren greifen. Kinder brauchen zwar ihren Freiraum, das ist völlig richtig, sie brauchen aber auch Grenzen, innerhalb derer sie sich bewegen können, übrigens vom ersten Lebenstag an, und innerhalb derer sie selbst Entscheidungen treffen können.

Wenn Sie zu Ihren Kindern ein freundschaftlich-verständnisvolles Verhältnis pflegen, dann ist es sicher nicht nötig, Ihre Autorität als Eltern ins rechte Licht rücken zu müssen. Ihre Kinder werden auf dieser Basis zugänglich sein und mit Ihnen ihre Probleme und Anliegen besprechen. Sie müssen das Gefühl haben, ernst genommen zu werden, ihre Anliegen diskutieren zu können und mit der nötigen **Wertschätzung** behandelt zu werden. Leider geht dies im Alltagsgeschehen manchmal unter, man ist müde, kommt vielleicht genervt von einem anstrengenden Arbeitstag nach Hause und hat keine Lust mehr auf Diskussionen. Hilft aber nichts! Weder ein Befehl (im Falle eines pubertierenden Teenagers, der abends länger wegbleiben will) noch die völlig freie Handhabe (wann er oder sie nach Hause kommt) werden einen Effekt hinterlassen. Jetzt geht es darum, sich mit dem/der Jugendlichen auseinander zu setzen und zu verhandeln – etwas, was wir in unserem Job tagtäglich machen, verhandeln, beide Seiten mit Für und Wider abwägen und schlussendlich eine Lösungsmöglichkeit oder auch einen Kompromiss finden. So lernt der junge Mensch früh, dass er seine Anliegen oder auch Forderungen im gezielten Gespräch durchzusetzen versucht und sich der jeweiligen realen Situation stellen muss.

Auch die Art und Weise, wie man miteinander spricht und umgeht, trägt viel zur **Familienatmosphäre** bei. Sicher kennen Sie alle das Sprichwort: Wie ich in den Wald hineinrufe, so schreit es heraus. Oft tragen wir unsere Arbeitsatmosphäre mit nach Hause. Unsere Lieben zu Hause haben aber damit in dem Moment gar nichts zu tun. Sie beschäftigen sich vielleicht gerade mit einem ganz anderen Thema und man kommt dazu. Jeder will von seinem Tag erzählen, und da kann es schon leicht zu Missverständnissen kommen. Besser wäre, wenn wir merken, dass wir noch nicht auf unser Zuhause eingestellt sind, dass wir erst einmal Abstand von allem nehmen müssen, vielleicht auf dem Nachhauseweg eine Musik-CD zu hören, die uns entspannt, oder für uns erst einmal den Tag ruhig ausklingen zu lassen und nur zwei wichtige Momente herauszunehmen und die später zu erzählen. Vielleicht nehmen Sie erst einmal eine Dusche, wenn

Sie heimkommen, oder laufen einmal kurz um den See oder spielen ein kurzes Klavierstück, vielleicht machen Sie auch ein Entspannungsverfahren oder gehen einen Moment einfach in sich. Sie kennen sich und wissen sehr gut, was Sie entspannen lässt. Sie werden sehen, dass Ihre Familie ganz anders auf Sie zugeht und Sie eine andere Form der Kommunikation und des Umgangs miteinander teilen. Nur nehmen Sie bitte nicht Nikotin oder Alkohol her, um sich „herunterzufahren".

5.3   68er Zeltgeist und Demokratieverständnis

Unsere Kinder treffen heute mit mehr unterschiedlichen Familiensystemen zusammen, als das noch vor einigen Jahren der Fall war. Die **familiären Bindungen** sind heute nicht mehr so stabil, in deutschen Großstädten werden mehr als die Hälfte der Ehen geschieden – eigentlich eine Katastrophe (vor allem, wenn Kinder da sind), die aber nicht mehr als Katastrophe gesehen wird, weil es eben alltäglich geworden ist. Problematisch ist dies glücklicherweise nicht mehr gesellschaftlich, sondern eben für die Kinder. Der **Singlehaushalt** hat einen Boom erfahren und es gibt immer mehr allein erziehende Elternteile, Patchwork-Familien, gewollt (meist von den Müttern, seltenst aber von den davon betroffenen Kindern!) und ungewollt. Die Vorbildrollen der Eltern haben sich verändert. Es ist auch häufig die Rede von der Spaßgesellschaft. Natürlich war die Zeit der so genannten 68er Jahre für die damaligen Kinder auch nicht einfach. Von einem streng autoritären Erziehungsstil zu einem völlig freien, ohne Grenzen setzenden Stil zu wechseln ist weder eine leichte Sache noch sinnvoll. Aber **Extremstandpunkte** in beiden möglichen Richtungen einzunehmen scheint nun mal in der Natur von uns Deutschen zu liegen.

Heute weiß man aus verschiedenen Untersuchungen zur Bindungsforschung, dass jedes Kind eine sichere Bindung zu mindestens einer zuverlässigen und ständig vorhandenen Person hat, die sich emotional liebevoll um das Kind kümmert. Das kann die Mutter sein, muss aber nicht. Auf diese Bindung lässt sich das Kind ein und verlässt sich auch darauf. Diese Bezugsperson sollte in den ersten Lebensmonaten des Kindes häufige Trennungen vermeiden und Nähe zu dem Kind aufbauen. Diese Nähe und die Sicherheit, die diese Bindung dem Kind gibt, bieten die Grundlage dafür, dass das Kind seine Umwelt aus eigenem Antrieb erkunden kann. Kinder lernen auch ein neues Wort schneller, wenn diese Bezugsperson dabei ist und sie sich aktiv an diesem Prozess beteiligt. Leider gibt es aber auch die andere Seite: Wenn die **Bezugsperson** sich überhaupt nicht mit dem Kind auseinander setzt, kann es sein, dass diese Kinder erst sehr spät zu sprechen beginnen. Emotionale Zuwendung und Aufmerksamkeit unterstützen auch die Freude am Lernen beim Kind. Erziehungsmethoden, die alles vorgeben, die alles erlauben oder Begriffe wie gut/böse, richtig/falsch absichtlich vermeiden, nehmen dagegen die Freude am aktiven Lernen in den ersten Lebensjahren. Später ist es dann schwierig, Motivation selbst zu entwickeln, und das wirkt sich dann auch auf das eigene Auseinandersetzen mit der Umwelt aus.

Um nochmals auf die 68er und das Demokratieverständnis aus der Überschrift zurückzukommen, wäre grundsätzlich zu sagen, dass sich gelebte Extreme nie lange halten, weder in der Erziehung noch in Staatsformen (vgl. das Dritte Reich einerseits und die DDR-Diktatur andererseits). Die Natur sucht sich ihren eigenen Weg, und auf lange Sicht bewährt sich meist einer der Mittelwege. Übertreibungen in fast jegliche Richtung sind meist ebenso daneben oder gar schädlich wie Untertreibungen.

5.4   Coole Freunde – der „falsche" Umgang?

Die Umwelt, also der Freundeskreis, prägt unsere Kinder heute fast mehr als unsere Erziehung. Ein Großteil unserer persönlichen und intellektuellen Merkmale wird vererbt. Stellt sich generell die Frage, was prägt uns wirklich mehr – die Anlage oder die Umwelt!? Die amerikanische Psychologin J. R. Harris vertritt gar die Position: „Kinder erziehen sich selbst, Eltern sind mehr oder weniger austauschbar." Eine gewagte These, die meint: „Kinder können durchaus erzogen werden, nur eben etwas anders, als wir uns dies jahrzehntelang vorgestellt haben. Die Erziehung ist dabei umso wirkungsvoller, je stärker sich die Eltern am **Entwicklungsverlauf ihres Kindes** orientieren." (Judith Rich Harris, Gehirn und Geist Nr. 2/2002)

Nun, dass der Freundeskreis sehr wichtig ist und besonders wichtig in der Pubertät ist, das wissen wir alle. Deshalb sollten wir als Eltern die Freunde (Partner) und Freundinnen (**Partnerinnen**) **unserer Kinder** grundlegend **akzeptieren**. Kann sein, dass einige uns vielleicht nicht sympathisch sind, uns vielleicht die Lebensart, das Outfit oder die Frisur nicht gefällt, aber darum geht es nicht. Es geht darum, wie unsere Kinder mit ihren Freunden klarkommen. Allerdings, wenn sie einen schlechten, **destruktiven Einfluss** auf unsere Kinder haben sollten, dann ist es natürlich sinnvoll, maßvoll einzuschreiten und konsequent nachzuhaken. Besonders wenn dabei Alkohol, Zigaretten oder gar Drogen und – meist unvermeidlich – auch Kriminalität im Spiel sind. Hier kann man sich nicht früh genug kundig machen. Dies gilt natürlich auch für sexuelle Bereiche, auch hier ist es grundlegend negativ, wenn die Kinder hier (geschlechtsunabhängig) zu früh und zu exzessiv Erfahrungen machen. Grundsätzlich sollten wir auch wissen, mit wem unsere Kinder ihre Zeit verbringen, und die Freunde gelegentlich auch mal kennen lernen, ohne dabei aber zu neugierig oder aufdringlich zu wirken.

5.5 Auswirkungen von psychischen und physischen Strafen

Leider müssen **Strafen** manchmal sein. Die Frage ist nur, welche setzen wir ein und was wollen wir damit erreichen? Strafen sollen eingesetzt werden, damit es zu einer Besserung kommt und man daraus lernt. Der Lehrer oder die Lehrerin bestraft den Schüler in der Schule z. B., wenn er oder sie den Unterricht gestört hat, damit er sich zur Aufmerksamkeit zwingt. Wir bestrafen unsere Kinder, wenn sie sich nicht an unsere Abmachungen gehalten haben, damit es ein nächstes Mal nicht mehr vorkommt. Wir bestrafen den Hund, weil er in die Wohnung gemacht hat, damit er sich das nächste Mal daran erinnert und es nicht mehr macht. Wir sollten aber jedes Mal bedenken, dass die Strafen im Rahmen bleiben und bestimmte Grenzen nicht überschreiten. Und natürlich, dass Menschen grundsätzlich anders zu „behandeln" sind als Tiere! Denken wir z. B. an physische Strafen. Einen Klaps auf den Hintern kann man in bestimmten Fällen tolerieren (das Kind weint dann deshalb, weil die Mama böse ist, und nicht, weil der zarte Klaps wehgetan hat), Schläge auf den Kopf oder an anderen Körperteilen, die evtl. sogar blaue Flecken hinterlassen, sind tabu und völlig daneben – kontraproduktiv und vielleicht sogar kriminell.

Bei kleinen Babys muss man besonders vorsichtig sein. Manchmal **schütteln** Eltern ihre **Babys,** weil sie sehr lange schreien. Das Gehirn eines Babys ist jedoch so empfindlich, dass durch ein solches Schütteln irreparable Hirnschäden entstehen können, bis hin zum sofortigen Tod oder zu bleibenden Behinderungen, und man sich wegen eines unbedachten Moments ein Leben lang Vorwürfe machen würde.

Jede unbedachte physische Strafe hinterlässt auch tiefe psychische Narben, die ein Leben lang nachwirken können. Wenn Sie sich bei einem Streit nicht verbal auseinander setzen können und Sie merken, „dass Ihnen die Hand ausrutschen würde", dann verlassen Sie lieber vorher das Zimmer, als dass Sie sich hinreißen lassen, Ihr Kind zu schlagen. Schläge verbreiten nur Angst und werden keinen Lerneffekt hinterlassen; sie sind Ihrem Kind gegenüber unfair, weil es Ihnen körperlich noch nicht gewachsen ist – und weil das Kind lernen soll, dass man sich nicht auf derart primitive Weise im Leben behauptet. Ihr Kind wird die Achtung und auch den **Respekt** Ihnen gegenüber **verlieren** – und das wollen Sie doch nicht, oder?

Besser wäre es, auf sinnvollere Bestrafungen zurückzugreifen, wenn eine Bestrafung sein muss, z. B. Fernsehentzug, Hausarrest, zusätzliche Mithilfe bei der Hausarbeit, Internetabschaltung oder Handyentzug – nie aber Liebesentzug. Aber auch hier gilt: Bleiben Sie im Rahmen und innerhalb der vorgeschriebenen Grenzen. Diese Grenzen sind oft fließend, sowohl bei psychischen als auch bei physischen Bestrafungen. Sollten Ihre Kinder in ernsthafte Schwierigkeiten geraten sein, dann nutzt auch Ihre Bestrafung nicht viel, sondern dann sollten Sie sich gleich an eine geeignete Beratungsstelle wenden, die Ihnen jederzeit zur Verfügung steht. Und bitte seien Sie nicht nachtragend: Man bringt seine Kinder zu Bett, und dies im Guten, nicht im Zorn. Morgen ist wieder alles o. k., vergessen.

Bei schlechten Schulnoten zum Beispiel ist eine Bestrafung praktisch immer unnötig: Entweder ist das Kind selber traurig – dann muss man es eher aufbauen, freundlich zu ihm sein. Oder die Schule interessiert das Kind nicht mehr – dann wird man mit Strafen wohl das Gegenteil vom Erwünschten erreichen. Nein, hier müssen andere, filigranere Methoden her. Ruhige Gespräche, das Aufzeigen von Alternativen und Folgen – je nach dem intellektuellen Stand des Kindes.

Beispiel: Die kleine Sabrina verschüttet beim Mittagessen ein Glas Orangensaft und die Mutter schimpft sie dafür. Am Nachmittag ist eine Freundin der Mutter zu Kaffee und Kuchen da und diese wirft die Kaffeekanne um. Sie zerbricht zwar nicht, aber ca. ein halber Liter Kaffee ergießt sich zunächst auf dem Tisch, um dann über zwei Stühle auf den Teppichboden zu tropfen. Die Mutter lacht bei diesem Malheur lediglich und beseitigt den Schaden. Was mag im Kopf der kleinen Tochter, die beide Situationen mitbekommen hat, wohl vorgehen?

5.6   Von der äußeren zur inneren Sicherheit

Das Wort Sicherheit ist ein positives, schillerndes Wort. **Selbstsicherheit** ist heute mehr denn je gefragt. Wir möchten ja auch gerne selbstbewusste Kinder erziehen. Da tritt jemand mit verblüffender Sicherheit auf, ist aber bei näherem Kennenlernen recht unsicher. Worauf baut die Sicherheit?

Ein Dozent begeistert seine Studenten, zu Hause hat er nichts zu sagen. Ein Psychologe hält glänzende Vorträge über Kindererziehung und in seinem eigenen Hause gelingt sie ihm nicht. Der Eheberater ist zweimal geschieden und streitet häufig mit der neuen Freundin. Ist Sicherheit auf Intelligenz gebaut, auf Geld, auf Einfluss?

Sicherheit geht noch in andere Richtungen: Wie sicher sind unsere Gesundheit, unsere Arbeitsplätze, unsere Renten; wie sicher sind wir wirklich im Straßenverkehr; wie sicher ist unsere Zukunft? Hier aber ist eine ganz andere Frage entscheidend: Wie sicher bin ich der Liebe eines geliebten Menschen? Wie sicher kann sich mein Kind meiner Liebe sein? Wie sicher kann sich ein Kind der **nicht ersetzbaren,** extrem wichtigen **Liebe beider Eltern** sein, wenn diese sich ständig streiten oder sich gar aus egoistischen Gründen getrennt haben? Wie sicher bin ich mir der Liebe meines Partners? Das drängt uns, dem Wort Sicherheit nachzuspüren. Die äußeren Sicherheiten sind wichtig, keine Frage. Aber sie sind noch nicht das Eigentliche. Der Kern der Sicherheit liegt in der Tiefe unseres Inneren. Dort wo ich ICH bin; wo die Mitte meiner Persönlichkeit liegt. Bin ich meiner selbst sicher? Wie sicher?

Wir können weiter fragen: Was ist es, was mich sicher macht, oder was ist es, was mich so hilflos macht? Bei diesen Fragen spüren wir unseren Wurzeln nach, den Erfahrungen unserer Kindheit. Und die haben mit den Wurzeln unserer Existenz zu tun.

Die **Sehnsucht nach Sicherheit,** das Streben nach ihr liegt im menschlichen Wesen. Sicherheit kann sich wunderbar entwickeln in einer Atmosphäre der Geborgenheit, der Verlässlichkeit und der immer dazu nötigen Treue auf allen Ebenen, also auch des wirklich offenen und ehrlichen Umgehens miteinander. Diese Atmosphäre hat einen tiefen Grund. Er reicht bis auf den Grund unserer Existenz: Ich bin erwartet, angenommen, anerkannt, geschätzt. Ich bin geliebt! Gott, was für ein schönes Gefühl – und wie enttäuschend, wenn es anders kommt; das haben wir wohl alle schon mal erlebt. Es wird mir Wertschätzung entgegengebracht. Schön, dass du da bist; wie gut, dass es dich gibt! Und sofort wird klar, was dann ist, wenn solche Gefühle fehlen oder tatsächlich unbekannt sind oder schon allzu oft enttäuscht wurden – bei Babys, Kindern und Jugendlichen genauso wie bei Erwachsenen; welche Konsequenz hat dies für die Sicherheit meines Lebens bzw. meines Kindes?

Wir sind an dem Punkt angekommen, an dem der Begriff **Moral** ins Spiel kommt. Wir definieren Moral einmal mit dem einfachen Begriff: „Moral ist, was die gute Sitte betrifft", denn das bringt uns weg vom lästigen Moralisieren und kann uns zum Eigentlichen führen. So dämlich der abgedroschene Spruch „Was du nicht willst, dass man dir tu, das füg auch keinem anderen zu" auch klingen mag, so sehr hat er mit Moral, mit Fairness, mit guten Umgangsformen zu tun. Gute Sitte, gute Art, gute Gewohnheit, guter Umgang – ist dies denkbar in einer Situation der Beliebigkeit? In einer Situation des JEIN, des Vielleicht? Und ist in einer solchen Situation Sicherheit denkbar?

Was bedeutet nun Moral – die gute Sitte –, wenn wir auf unsere Familien schauen? Wir müssen feststellen, dass Familie und all das, was damit untrennbar verbunden ist, in der aktuellen Gesellschaft, zumindest in der veröffentlichten

Meinung, immer mehr an Wert und Bedeutung verliert. Welchen Stellenwert hat menschliche Geschlechtlichkeit? Ist das noch die ‚gute' Sitte betreffend? Dient Geschlechtlichkeit der Liebe; ist sie Fundament der Familie oder ist sie angesiedelt im Bereich der Beliebigkeit, des Unzuverlässigen, wo es an erster Stelle um das Haben geht?

Sicherheit kann nur gedeihen – das scheint klar geworden –, wo die **Liebe als Schenken** gelebt wird. Wo im Schenken die Erfahrung des Empfangens gemacht wird: die gegenseitige Liebe. Und wo im Überfließen der gegenseitigen Liebe, im Kind, die Liebe einen Höhepunkt erreicht, der die Liebe vertiefen und reif machen kann. Denn nur dort erfährt der junge Mensch alles, was seinem Leben eine feste Sicherheit geben kann: Ich bin geliebt! Meine Eltern schätzen mich, so wie ich bin. Das hat mit Frieden zu tun, mit Freude. Das gibt Sicherheit. Und es liegt auf der Hand, dass nur so Sicherheit weitergeschenkt werden kann. Der Kreis schließt sich. Ich erfahre Sicherheit in der Familie als Geschenk und gebe dieses Geschenk in der Familie weiter. Dieses Glücks wird sich das liebeerfahrende Kind nicht bewusst, sondern erst später – oder eben wenn es anders kommt, es das Leben nicht so gut mit ihm meint.

Sicherheit und Liebe sind nicht beliebig austauschbar. Gerade bei Jugendlichen sollte, nein muss klar sein, dass wir Menschen sexuelle Wesen sind, aber dass Liebe und Sex nicht nur miteinander zu tun haben, sondern untrennbar miteinander verbunden sind. Niemand kann zu häufig körperliche Liebe an zu viele Menschen verteilen, irgendwann ist, wie man neudeutsch sagen würde, die Luft raus und man bewegt sich nur noch auf der sexuellen Schiene – der andere, weit wichtigere Zweig ist indes abgestorben. Das hat überhaupt nichts mit altbürgerlicher Moral zu tun, sondern liegt in der Natur der Sache. Dies den Jugendlichen zu vermitteln beginnen und dabei den moralischen Zeigefinger nicht heben ist eine besonders wichtige Aufgabe für Sie. Meine eigene Wertschätzung, mein eigenes Empfinden steigt, wenn ich weiß, dass ich und mein Körper etwas Besonderes sind. Nicht jeder hat das Recht, ihn zu berühren, zu benutzen. Er ist etwas Besonderes, Einzigartiges; und dieses Recht gebe ich nur ab und zu Menschen, zu denen ich Vertrauen habe. Weitgehend unabhängig, ob Bub oder Mädchen: Jeder soll sich seines Körpers bewusst sein. Wir geben nicht jedem Menschen freiwillig die Hand; wir setzen uns auch nicht zu jedem x-Beliebigen an den Tisch; ebenso wenig gehen wir jeder Einladung nach. Da sollte es doch selbstverständlich sein, dass wir auch nicht jedem unseren Körper zu dessen Vergnügen zur Verfügung stellen. Wie gesagt, dies gilt unabhängig vom Geschlecht. Vermitteln Sie ihrem pubertierenden Kind das bitte!

Ein Werbespruch will uns weismachen, dass **Geiz geil ist;** ein Sänger lallt selbstgefällig grinsend, wie geil es doch sei, ein Arschloch zu sein (Zitat!). Versuchen Sie Ihren Kindern beizubringen, dass das wirkliche Leben anders ist. Ganz anders. Geiz ist eben nicht geil, sondern moralisch verwerflich. Und ein Arschloch zu sein ist peinlich und abstoßend. Wer will schon mit geizigen Menschen befreundet sein, die auch noch voller Stolz von sich sagen, ein Arschloch zu sein? Sicherlich werden die meisten Jugendlichen den Unterschied zwischen diesem hohlen Werbespot bzw. dämlichen Liedtext und der Realität erkennen, manchen muss man es aber auch sagen.

Bitte vermitteln Sie, dass sich das Thema **Moral oder Sicherheit** (vor Schwangerschaft und/oder Aids) eben nicht mit einem Stück Kunststoff lösen lässt. Ein 2-Jähriger kann mehr mit den Händen und Beinen tun, als er versteht; deshalb schützen wir ihn vor der eigenen Unerfahrenheit. Gehen Sie grundlegend mit Ihrer 15-jährigen Tochter genauso um; grundlegend heißt: Sie können ihr jetzt nichts mehr **verbieten oder kontrollieren,** aber Sie können mit ihr Gespräche führen, Denkanstöße geben. Manchmal hat der Vater den besseren Draht, manchmal die Mutter oder eine andere Vertrauensperson (Freundin, Tante). Solche Gespräche können, nein sollen bzw. müssen Spaß machen, sie dürfen nicht mit dem moralischen Zeigefinger geführt werden und in Verboten enden. Vermitteln Sie, dass Lässigkeit und Spaß auch mit bürgerlichem Lebensstil möglich sind und dass man in der Clique nur dann wirkliche und dauerhafte Anerkennung bekommt, wenn man nicht gleich mit jedem geschlafen hat. Und Ihrem Sohn vermitteln Sie bitte, dass er auch ohne Gigolo-Wesen zum Mann werden kann; erklären Sie ihm, dass der Begriff **PLAYBOY** von einem Jungen stammt, der nicht erwachsen werden kann bzw. will (Boy, also Junge und kein wirklicher Mann) und der ständig spielen will (Play); das Leben für die Erwachsenen besteht aber nicht primär aus Spielen, das ist den Kindern vorbehalten. Und Männer wollen Männer sein, keine großen (Spiel-)Buben – denn das ist nicht wirklich lässig, sondern peinlich.

Lassen Sie den **Kontakt zu Ihren Kindern** nie abreißen, auch wenn es mal etwas deftiger zugeht. Erinnern Sie sich an Ihre Pubertät und die (aus Ihrer damaligen Sicht) Fehler Ihrer Eltern – vermeiden Sie, diese zu wiederholen. Wir sagen zwar immer, wir werden alles ganz anders machen als unsere Eltern, jedoch hat sich schon oft gezeigt, dass sich eben diese Fehler wiederholen, natürlich auch, weil wir es so erlebt haben, vorgelebt bekamen und selbst seit Jahren so leben. Und wenn Sie bedenken, wie alt Sie sind und wie lange sich bestimmte Muster festgesetzt haben, dann können Sie sich auch vorstellen, wie lange es dauern kann, bis Sie diese verändern und dauerhaft anwenden im täglichen Leben. Rücken Sie die Wertigkeiten der unterschiedlichen Lebensbereiche zurecht. Liebe und Sexualität sind nur ein (allerdings extrem wichtiger) Teil. Jedoch trägt dieser Bereich entschieden dazu bei, dass Sie ein **ausgeglichenes und harmonisches Leben** führen können und beeinflusst entscheidend die weiteren Bereiche wie Beruf, Freunde, Familie, Bildung, Sport und Ausbildung. Das mögen Jugendliche noch nicht so sehen, jedoch haben diese Bereiche für die Zukunft ein nachhaltig tragenderes, wichtigeres Wesen als das momentan schwärmerische Verliebtsein in Klaus, das Geilsein auf Brigitte oder die Party am nächsten Samstag. Womit wir diese Momentanbefriedigung sicher nicht abwerten möchten, sondern einfach zum Nachdenken anregen wollen. Und manch überlegter Moment rettet einen da vielleicht vor der einen oder anderen „Dummheit", die man später gerne rückgängig machen würde.

Es mag Situationen geben, in denen eine Abtreibung für alle, vor allem für das Kind, die Lösung ist, die man als die am wenigsten schlechte bezeichnen kann. Aber es muss auch bekannt gemacht werden, dass es einen zweistelligen Prozentsatz an Frauen gibt, die daraufhin **bleibende psychische** und/oder physische **Probleme** haben. Darüber hinaus gibt es die Gefahr, dass ein weiteres Kinderbekommen nach dem Eingriff nicht mehr möglich ist. Ebenso haben manche Frauen damit später Probleme, ihr ungeborenes Kind getötet zu haben – oft auch Frauen, die zuvor an diese Möglichkeit nie gedacht oder gar darüber gelacht haben. Dieses ist jedoch selbst heute noch, oder eben gerade heute, ein **gesellschaftliches Tabuthema**. Zu dieser Thematik gibt es keine offiziellen oder inoffiziellen Statistiken. Wer aber mit Frauenärzten oder chirurgischen Klinikärzten spricht, bekommt diese Informationen, oft hinter vorgehaltener

Hand, zugeflüstert: Die Leitung mancher Kliniken, wirtschaftlich orientiert, will nämlich nicht, dass dies bekannt wird.

Achten Sie bitte darauf, dass die grundlegenden Dinge im Leben Ihres Kindes stimmen, dass es eine gute Chance hat, das Leben gesund und glücklich zu meistern. Damit ist z. B. gemeint, wenn Sie Kinder möchten und diese gesund auf die Welt kommen, was ja schon ein kleines Wunder ist, dann kümmern Sie sich auch richtig um sie und tragen Verantwortung für Sie – auch wenn es in der Partnerschaft vielleicht nicht ideal läuft. Aber was meinen Sie, wie schön es ist, von zwei Erwachsenen in den ersten Lebensjahren bis **zur Selbstständigkeit begleitet** zu werden, die sich wirklich um einen kümmern – und wie wenig schön das Leben sein kann, wenn dem nicht so ist. Umso schöner, wenn die beiden dann auch noch die eigenen Eltern sind. Es gibt ja nicht nur fürs Leben viel zu lernen, sondern auch in sicherheitstechnischer Richtung viele tausend Dinge, die man wissen sollte. Vieles davon kann einem niemand so geduldig und gut beibringen wie liebende Eltern. Denken Sie, das uneheliche Kind des Prominenten aus Sport, Industrie, TV oder Politik wird wirklich gut auf das Leben vorbereitet, auf die Gefahren hingewiesen? Außer der monatlichen Überweisung und ein paar hämischen Kommentare der Schüler und in den Medien bekommt dieses Kind meist nichts vom Erzeuger mit. Wie wird dieser Mensch später fähig sein, Liebe und Verantwortung weiterzugeben? Wird er mit Menschen, Sexualität und Alkohol richtig umgehen? Wird er rücksichtsvoll sein, auch im Straßenverkehr?

Ein Gedanke liegt uns noch am Herzen: Auch wenn das Leben bisher sicher schien, kann es (z. B. bei partnerschaftlichen Enttäuschungen der ersten jugendlichen Sexualität) Situationen geben, wo diese Sicherheit bis in die Tiefe erschüttert wird. Natürlich hinterfragt man dann vieles. Gibt es eine Sicherheit jenseits von mir, über uns? Gibt es da eine total verlässliche Sicherheit, der ich mich in die Hand geben kann? Sicherheit ohne Moral – und ein Leben ohne Glauben? Wohl undenkbar!

Fazit: Versuchen Sie also bitte, Ihren Kindern Moral und alles, was dazugehört und was Sie darunter verstehen, als etwas typisch Menschliches, ja als etwas Notwendiges zu vermitteln und nicht als etwas Überholtes. Und erklären Sie ihnen, dass **christliches Verhalten** weder politisch gemeint ist noch mit katholischen Pfarrern zu tun haben muss – sondern mit unseren mitteleuropäischen Wurzeln.

6 Suchtproblematiken

Es gibt unwahrscheinlich **unterschiedliche Arten von Süchten**. Frei von Sucht bedeutet Selbstbestimmung über den eigenen Körper, über das eigene Leben. Ansonsten ist man unfrei, abhängig, hörig und zerstört sich und Angehörige dabei vielleicht sogar selber.

Kinder, Jugendliche und Erwachsene sollen, nein müssen versuchen, nicht süchtig zu werden: PC-Spiele, TV-Ratesendungen, Alkohol, Sex, Drogen, Medikamente, Nahrungsaufnahme (zu viel oder zu wenig), Internet-Chatrooms, Sekten und vieles mehr. Ein gesunder Menschenverstand, kritische Distanz, Wissen, Vertrauen zu bestimmten Personen (für Kinder die Eltern) und eine starke Persönlichkeit machen immun gegen Süchte.

Der ältere Begriff der „Sucht" wurde von der WHO durch den Begriff der „Abhängigkeit" ersetzt. **Psychische Abhängigkeit** ist definiert als übermächtiges, unwiderstehliches Verlangen, eine bestimmte Substanz/Droge wieder einzunehmen (Lusterzeugung und/oder Unlustvermeidung). Physische (körperliche) Abhängigkeit ist charakterisiert durch Toleranzentwicklung (Dosissteigerung) sowie das Auftreten von Entzugserscheinungen. Abusus oder Missbrauch beinhaltet den unangemessenen Gebrauch einer Substanz/Droge, d. h. überhöhte Dosierung und/oder Einnahme ohne medizinische Indikation. Wiederholtes Einnehmen führt zur **Gewöhnung,** psychisch durch Konditionierung, körperlich in der Regel mit der Folge der Dosissteigerung.

Aus psychiatrischer Sicht bezeichnet Sucht grundsätzlich pathologische Verhaltensweisen, die einer „süchtigen Fehlhaltung" entspringen. Abhängigkeit oder Sucht kann charakterisiert werden als dominierendes Verlangen oder zwanghaftes Bedürfnis und Angewiesensein auf bestimmte Substanzen. Sucht ist Ausdruck einer süchtigen Fehlentwicklung oder Fehlhaltung. Durch das Suchtverhalten bzw. Suchtmittel wird vorübergehend eine als unbefriedigend oder unerträglich gehaltene Situation scheinbar gebessert. Die sich anschließende „Ernüchterung" durch das Konfrontiertwerden mit der Realität lässt einen Circulus vitiosus entstehen, dessen Hauptelemente das unbezwingbare Verlangen nach Suchtmitteln („craving") und der Kontrollverlust sind. Süchtigem Verhalten wird eine selbstzerstörerische Komponente zugeschrieben.

Umgangssprachlich findet sich ein vielfältiger Gebrauch des Begriffes Sucht: Fernsehsucht, Naschsucht, Sammelsucht, Habsucht, Putzsucht etc., wobei diese süchtigen Fehlhaltungen in der Regel nicht Verhaltensweisen sind, die mit einem gravierenden Zerstörungspotential einhergehen bzw. zu eindeutiger Abhängigkeit führen.

Wachsende Bedeutung kommt den nicht stoffgebundenen Abhängigkeiten wie Glücksspiel mit gravierendem Zerstörungspotential oder Gameboy-, Handy- und Internetabhängigkeit zu.

Man unterscheidet somit stoffgebundene und nicht stoffgebundene Abhängigkeiten. **Stoffgebundene Abhängigkeiten** sind Genussmittel (Cola-Getränke, Nikotin, Koffein), Alkohol (z. B. die für Jugendliche gefährlichen Alkopops), Medikamente und Drogen. Nicht stoffgebundene Abhängigkeiten sind z. B. außer den bereits genannten noch Arbeitssucht („Workaholic"), Kleptomanie, Kaufsucht etc.

Der Anteil der Abhängigen beträgt ca. 5 bis 7 % der Bevölkerung, liegt also sehr hoch. Die bei weitem größte Bedeutung kommt der Alkoholabhängigkeit zu. Sie liegt in Deutschland bei 2,5 bis 3 Mio. und Männer sind häufiger betroffen als Frauen. Die Zahl der Drogenabhängigen liegt bei 150.000, die Zahl der Medikamentenabhängigen bei ca. 1 Mio. Menschen. Über 200.000 behandlungsbedürftige Glücksspieler leben in Deutschland.

Für die Entstehung und Entwicklung von Abhängigkeit besteht ein dreifaktorielles Bedingungsgefüge: Droge, Individuum, soziales Umfeld. Typische **Suchtmotive** sind:

• Schmerzlinderung
• Lösung von Verstimmungszuständen
• Leistungssteigerung
• Einsamkeit
• Reizhunger
• Langeweile
• Erlebnissuche
• Wunsch nach Betäubung

In der prämorbiden (IQ vor Erkrankung) Persönlichkeit finden sich häufig verminderte Frustrationstoleranz, erhöhter Reizhunger, Stimmungslabilität, „broken home", fehlende bzw. **falsche Leitbilder** (Idole anstatt Ideale), aber auch Verwöhnung als entwicklungsstörende Faktoren. Funktional kann eine Sucht als Partner- und Liebesersatz angesehen werden. Von Bedeutung sind Verfügbarkeit und Wirkungsspektrum der Droge, „Griffnähe", Werbeeinflüsse, Konsumsitten und gesetzliche Restriktionen. Psychische Symptome sind u. a.:

- Interessensverlust
- Stimmungsschwankungen
- Gleichgültigkeit
- Störung des Kritikvermögens

Körperliche Symptome umfassen:
- vegetative Störungen
- Gewichtsverlust
- Schlafstörungen
- Neurologische Ausfälle

Soziale Auswirkungen sind neben Dissozialität/Kriminalität auch der soziale und berufliche Abstieg und damit einhergehend eine erhöhte Suizidgefährdung. Die Lebenserwartung von Abhängigen ist deutlich reduziert, ca. 10 bis 15 % begehen Suizid! Ob ein Suchtmittel nach der aktuellen Rechtsprechung legal (z. B. Alkohol, Nikotin) oder illegal (z. B. Drogen) ist, sagt überhaupt nichts über deren Gefährlichkeit aus – das sind politisch-gesellschaftliche bzw. juristische Kriterien, keine medizinischen, physiologischen oder pädagogischen. (Teilweise zitiert aus Duale Reihe Psychiatrie, Möller, Laux, Deister, 1995, Hippokrates Verlag Suttgart)

6.1   Süchte erkennen und angehen

Wann ist eine Sucht eine Sucht? Beginnt das schon, wenn ich z. B. Spaß daran habe, meinen Freunden häufig eine SMS zu schreiben oder häufiger per E-Mail kommuniziere? Wird das allabendliche Biertrinken zur Gewohnheit? Und wie sieht es z. B. mit dem Rauchen oder noch härteren Drogen aus? Welche Essgewohnheiten haben wir? Lieben wir **Fast Food** zwischendurch oder sind wir schon daran gewöhnt, weil es schnell geht und wir ohnehin keine Zeit zum Essen haben? Dazu gibt es seit 2004 einen interessanten Dokumentarfilm vom New Yorker Filmemacher Spurlock mit dem Titel „Super Size Me". Morgan Spurlock, Mitte dreißig und topfit, hat sich 30 Tage lang ausschließlich von Fast Food ernährt und vermied jede zusätzliche Bewegung. Das Ganze geschah unter ärztlicher Aufsicht. Seine Leber- und Cholesterinwerte erhöhten sich sehr stark, sein Sexualleben litt darunter, er war zu müde für Sex, und psychische Veränderungen wie Depression, Aggression und Suchtverhalten stellten sich ein. Zugenommen hat er natürlich auch extrem in diesem Monat.

Es geht jetzt nicht darum, die Fast-Food-Produkte pauschal anzuprangern, sondern es geht um unser kulturelles Essverhalten und wie lehren wir unsere Kinder von klein auf, damit umzugehen, inwieweit können wir ein Vorbild dafür sein? Fast Food ab und zu ist sicher o. k. und heute nicht mehr wegzudenken, jedoch darf es nicht die primäre oder gar alleinige Nahrungskette darstellen. „Nichts ist Gift, alles ist Gift. Es kommt auf die Dosis an", wusste man schon vor einigen tausend Jahren. Wir haben im vorherigen Kapitel darüber geschrieben, wie man Sucht oder Abhängigkeit definiert, jetzt geht es darum, den Unterschied zu erkennen, ob man von etwas **abhängig** ist **oder** sich eben nur ab und zu einem **Genuss** hingibt und dann auch wieder ohne Probleme darauf verzichten kann. Grundsätzlich kann das der erwachsene und gesunde Mensch gut selbst erkennen und darauf Einfluss nehmen.

Gerät man jedoch durch irgendetwas aus dem Gleichgewicht, kann es leicht passieren, dass aus einem netten abendlichen Glas Wein mehr wird oder aus ein paar Zigaretten der Sprung zu Drogen nicht weit ist, weil man z. B. als Jugendlicher gerade Probleme mit dem Ausbilder hat und für kurze Zeit in eine Scheinwelt abtauchen will. Nach der Schule werden Jugendliche sehr schnell in die Welt der Erwachsenen geworfen und wir Erwachsene, die wir an unser Umfeld schon gewöhnt sind, denken oft nicht daran oder vergessen, dass dies für die Jugendlichen ein komplett neuer Lebensabschnitt ist, und damit ohne Probleme klarzukommen ist selten. Deshalb, sollten Sie Ausbilder/in sein und diese Zeilen lesen, denken Sie während des täglichen Arbeitsaufkommens trotzdem ein bisschen daran, dass Sie auch einmal in dieser Situation waren und sich über eine verständnisvolle Geste oder hilfreiche Hand sicher sehr gefreut haben.

Der junge Mensch, der da vor Ihnen steht, hat auf einmal einen anderen Rhythmus als während der Schulzeit, hat weniger Freizeit, sieht seine Freunde weniger häufig und ist mit einem neuen Lebensabschnitt konfrontiert, auf den er/sie sich erst einmal einstellen und den man akzeptieren muss.

Jugendliche müssen gut auf den **Übergang Schule – Berufsleben** vorbereitet werden, sofern das nicht schon in der Abschlussklasse genügend geschieht, dass er sich selbst auch Gedanken darüber macht, welche Erwartungen er an diese Ausbildungszeit hat und welche Pflichten er seinerseits sieht. Wenn man sich genügend mit einer noch fremden und vielleicht auch unangenehmen Situation auseinander gesetzt hat, sei es mit Freunden, der Familie oder eben Gleichgesinnten, dann verliert sich das Fremde und Unangenehme und man kann nach einer gewissen Zeit der Umstellung sogar Gefallen daran finden. Man muss sich nicht in Scheinwelten flüchten und auch nicht mehrere Bier oder Wein abkippen. Womit wir beim Übergang zum nächsten Kapitel „Alkohol" wären.

6.2   Der richtige Umgang mit Alkohol

Wir sind für unsere **Kinder Vorbilder** in allen Bereichen, denn wir sind die, die ihnen am nächsten stehen, mit denen sie in den ersten Jahren den engsten Kontakt haben, und dementsprechend stehen wir auch unter ständiger Beobachtung. Das geschieht nicht bewusst, aber es fällt uns ja auch am Partner tagtäglich einiges auf, das wir nicht bewusst wahrnehmen, sondern weil wir eben zusammenleben, und so kennen und nehmen wir Dinge wahr, die ein Arbeitskollege oder Freund nicht so zu Gesicht bekommt.

Ob uns diese nun gefallen oder nicht gefallen, wir sie ignorieren oder akzeptieren, bleibt uns selbst überlassen. Manche Eigenheiten findet man liebenswert, andere bringt man zur Sprache, weil sie vielleicht auf Dauer auf den Nerv gehen. Auch findet sich häufig ein Kompromiss, denn ohne geht es in einem großen Haushalt schon überhaupt nicht.

Wenn wir nun zum Kapitel Alkohol kommen und auch Alkohol vor unseren

Kindern konsumieren, sollten wir damit achtsam umgehen. Klingt ja ganz nett, aber was heißt das nun? Ganz einfach, wir sollten es vermeiden, sturzbetrunken und zusammenhanglos daherlallend vor unseren Kindern zu erscheinen. Wenn wir uns schon mal einen hinter die Binde kippen, was ja auch mal vorkommen kann und darf, dann sollten wir versuchen, uns zurückzuhalten und nicht in Achterbahnfahrt auf den Hauseingang und die Toilette zuzustürmen. Noch unangemessener ist es, sein Kind dann zurechtzuweisen, mit Kraftausdrücken um sich zu werfen, die Mutter sexuell zu bedrängen oder gar die Familie zu schlagen!

Alkohol lockert die **natürlich empfundenen Grenzen** und man ist dann zu Dingen fähig, die man als Mensch mit moralischen Ansprüchen an sich selbst hinterher sicher bereut. Kinder behalten Sie und solche Episoden ein Leben lang in Erinnerung, und mit Sicherheit nicht in positiver. Auch der Umgang mit Alkohol bei Tisch, z. B. beim Mittag- oder Abendessen, ist so zu halten, dass kein Saufgelage daraus wird, sondern ein gesundes Maß darstellt. Manchmal geht es dann nur darum, dass man neugierig ist und auch mal das probieren will, was Mama und Papa schmeckt, das kann doch nicht schlecht für mich sein. Oder eben das berühmte Mutprobentrinken in der Clique – traust du dich, trau ich mich auch, wenn ich nicht trinke, bin ich draußen, für einen Jugendlichen schwerer zu verkraften, als da mal eben mitzutrinken.

Die **Werbung** und auch der **Zeitgeist** wie die momentanen Alkopops machen uns und gerade eben den Jugendlichen, die noch mehr auf solche visuellen Anreize reagieren, den täglichen Umgang mit Alkohol nicht wirklich einfacher oder leichter. Es wird in der Werbung suggeriert, wenn du dieses tolle Mixgetränk trinkst, dann vermittelt dir genau das Getränk das besondere Lebensgefühl, welches dir bis jetzt immer gefehlt hat. Es werden natürlich auch nur junge, sportliche, fröhliche Menschen gefilmt, die einem wiederum suggerieren, dann hast du eine coole Clique, damit bekommst du die tolle Frau, die du schon immer wolltest, und bist der Superhecht vor deinen Freunden.

Das Ganze läuft sehr **subtil und unterbewusst** ab, aber von Kollegen in der Werbepsychologie sehr wohl durchdacht und als Werbestrategie eingesetzt. Jugendliche erkennen das nicht, es ist auch ein weiteres Mittel oder eine Möglichkeit, in eine Scheinwelt zu fliehen, je nachdem, in welcher Situation sie sich gerade befinden, ob sie ein Problem haben, sie etwas belastet, oder sie sind auch mal einsam, und lassen sich davon auch leicht beeinflussen.

Beispiel: Irene lernte in der Clique mit 14 ihren Freund und späteren Ehemann und Vater ihrer beden Kinder kennen. Bei den Jungs in der Clique kam es extrem gut an, dass sie praktisch alle unter den Tisch saufen konnte. 25 Jahre später war sie immer noch Alkoholikerin, zerstörte ihren Körper und das Leben ihres Mannes und der beiden pubertierenden Kinder.

Nun zu den Gefahren von Alkohol: Wenn Sie z. B. als Eltern gewohnt sind, abends ein Bier oder ein Glas Wein zu trinken, ist das sicher in Ordnung vor Ihrem Kind. Oder wenn Sie z. B. als Manager beim Geschäftsessen einen Aperitif und zwei Gläser Wein trinken und das Essensgericht zusätzlich mit Alkohol zubereitet ist, kann das einer ähnlichen Menge an Alkohol wie bei dem Biertrinker entsprechen. Wenn man dann weiter bedenkt, dass die Promillegrenze fürs Autofahren bei 0,5 ‰ liegt, wäre man schon darüber. Manche Berufsgruppen haben auch mehr Zugang zu Alkohol, z. B. Angestellte im Gastronomiegewerbe, Hotel- und Barangestellte oder auch Flugpersonal.

Generell kann aus der **gewohnheitsmäßigen Flasche Bier** oder dem gewohnheitsmäßigen Glas Wein leicht eine Abhängigkeit entstehen, ohne dass man das merkt. Das ist dann der Fall, wenn man ein unwiderstehliches Verlangen danach hat, Alkohol zu trinken, meist mit Kontrollverlust einhergehend; spätestens dann sollte man sich Gedanken darüber machen, seinen Alkoholkonsum zu reduzieren oder Hilfe beim Hausarzt zu suchen. Unter den 2,5 bis 3 Mio. alkoholkranken Bundesbürgern sind ca. 500.000 Kinder und Jugendliche im Alter von 12 bis 21 Jahren, Tendenz steigend. Das ist eine Katastrophe und man darf sich fragen, warum über Dosenpfand oder Schwulenehe so viel in der Politik diskutiert wird, während es doch auch echte, wirkliche Probleme gäbe. Ist es beispielsweise nicht eine wirkliche Schande, dass in Deutschland viele tausend Kinder in Heimen leben? Haben Sie über die schnelle, effektive und unbürokratische Beseitigung dieser Zustände schon mal einen Politiker reden hören?

Im Vergleich zur Bevölkerung ist die Lebenserwartung bei Alkoholkranken um ca. 15 % niedriger, was ca. zehn Jahre ausmacht. Alkoholkranke stellen in psychiatrischen Landeskrankenhäusern auch die größte Patientengruppe dar, und was viele in diesem Zusammenhang vergessen: dass es immer auch Mitbetroffene wie Partner, Kinder, Geschwister, Eltern oder Freunde gibt, d. h. die **psychosozialen Folgen** können sehr weitreichend sein, wie z. B. Probleme am Arbeitsplatz, Störungen in der Partnerschaft und zu den Kindern oder Gesetzeskonflikte, abgesehen von den selbstschädigenden Folgen; von den Kosten für die Allgemeinheit einmal ganz abgesehen.

Erkenntnisse aus der Hirnforschung weisen bei Alkoholkranken auf Schädigungen im Frontalhirn hin. Diese Schädigungen machen sich für den Einzelnen durch Aufmerksamkeits- und Konzentrationsstörungen sowie Gedächtnislücken bemerkbar. Angesichts des wachsenden Alkoholkonsums bei Frauen sei noch die Alkohol-Embryopathie, also Schädigung des Embryos durch die Alkohol trinkende Mutter während der Schwangerschaft, hingewiesen. Diese Frauen machen sich wahrscheinlich keine Vorstellung davon, was sie ihrem Kind damit antun. Es werden in Deutschland ca. 2500 Kinder pro Jahr damit geboren, und die schlimmsten Schädigungen machen sich bemerkbar durch einen kleineren Kopf, Minderwuchs, geistige Behinderung. Das Gesicht hat ein charakteristisches Aussehen, und meist geht ein angeborener Herzfehler damit einher. Manche Probleme werden erst im Kindergarten- oder Schulalter sichtbar, wie **reduzierte Denk- und Lernfähigkeit,** oder die Aufmerksamkeit und das Erinnerungsvermögen sind gestört. Während die Justiz physische, psychische und sexuelle Übergriffe auf Kinder ahndet, lässt sie solche asozialen Mütter ungestraft davonkommen.

Jeder Einzelne entscheidet für sich selbst, wie er oder sie mit Alkohol umgeht. Wichtig ist, dass wir ein gesundes Maß finden und Jugendlichen ein Vorbild sind. Die Jugendlichen, die später mal Erwachsene sind, werden dann für ihre Kinder ein Vorbild sein und auch sehen, dass es nicht immer leicht ist, Vorschriften zu machen, weil man sein Kind ja liebt und nur das Beste für es will. Manchmal steht man dann als Spielverderber da oder jemand da, der sowieso nichts von jungen Menschen versteht und sowieso nichts von dem, was eben gerade angesagt ist. Deshalb ist es unerlässlich, dass wir versuchen, uns gegenseitig anzunähern, und versuchen, die Bedürfnisse des anderen auch zu verstehen, uns damit auseinander setzen und viel miteinander reden.

6.3   Rauchen verbieten?

Natürlich lassen sich unsere Kinder, ebenso wenig wie wir damals, solche Verbote auferlegen. Oft mag es ins Gegenteil umschlagen, die Kinder rauchen dann erst recht. Nein, versuchen Sie zunächst, mit gutem Beispiel voranzugehen: **Rauchen Sie selber nicht,** und zwar aus Überzeugung. Haben Sie die Größe, die Stärke, die Standhaftigkeit, damit aufzuhören. Leichter gesagt als getan, aber möglich. Wie soll Ihr Kind denn nicht rauchen, wenn Sie es tun? Wir meinen das wirklich ernst: Hören Sie heute und nicht irgendwann mit dem Rauchen auf und versagen Sie dabei nicht.

Versuchen Sie Ihrem Kind die **Vorzüge des Nichtrauchens** zu vermitteln: Erstens (nicht unwichtig für junge Menschen) wird Rauchen immer teurer, zweitens leidet die Kondition, und wenn Ihr Kind Spaß an Sport hat, dann ist es ohnehin weit weniger anfällig fürs Rauchen. Drittens riechen Raucher unangenehm aus dem Mund und deren Kleidung ohnehin. Jeder kennt bestimmt den nicht unberechtigten Spruch: „Ich küsse nicht gerne einen Aschenbecher." Rauchen ist nicht cool oder lässig, Rauchen ist einfach daneben! Es hat auch wenig bis nichts mit tolerant sein zu tun. Sie schädigen sich selbst und andere mit jeder Zigarette, die Sie inhalieren, zahlen extrem viel Steuern an den Staat und Rauchen wird von denen in der Politik nur deshalb nicht verboten, weil sie hohe Steuern kassieren.

Kinder mit starken Persönlichkeiten müssen nicht rauchen, um **Anerkennung** zu bekommen. 16-Jährige, die z. B. bereits um 7.40 Uhr auf dem Weg zur Schule allein (also nicht in der Gruppe) rauchen müssen, sind abhängig. Verbringen Sie mehr Zeit mit Ihren Kindern, hören Sie ihnen zu, interessieren Sie sich für ihre Freunde und ihre Musik. Geben Sie Anreize, nicht zu rauchen, oder Ziele, es zu reduzieren und auf Dauer zu lassen: zehn Zigaretten am Tag, in einem Monat nur noch fünf und irgendwann einmal aufhören. Dieses Ziel ist so positiv und oft so schwer zu erreichen wie ein guter Schulabschluss.

Jugendliche werden viel schneller abhängig als Erwachsene, es reichen schon vier bis fünf Packungen, damit die meisten nach einigen Wochen nikotinsüchtig werden. Vor allem die Zusatzstoffe wie Kakao, Vanille oder Menthol in den Zigaretten sind da gefährlich. Der Mentholanteil ist in „milden" oder „leichten" **Zigaretten** besonders hoch. Man nimmt tiefere Züge, weil man denkt, man raucht eine leichtere Zigarette, doch solche Zigaretten erhöhen das Suchtpotential. Dabei überdeckt Menthol durch den Frischegeschmack die Reizung durch den Nikotinrauch.

Oft fängt es „nur" mit der ersten angeblich harmlosen Zigarette an und geht weiter mit härteren, illegalen Drogen. Mehr dazu erfahren Sie im Kapitel 8.10 (Drogen) des Buches. Neueste Studien zeigen, dass Jugendliche mehr rauchen, mehr Alkohol zu sich nehmen und weiterführend häufiger Cannabis konsumieren. Die Jugendlichen wissen meist überhaupt nicht, dass sie große Gefahr laufen, durch diesen Konsum eine Psychose auszulösen und einen langwierigen Leidensprozess damit zu durchlaufen. Gerade der Haschischkonsum nimmt an Schulen zu und ca. 25 % der Jugendlichen haben auch mindestens einmal Haschisch geraucht. Das stellt nicht nur für die Schulen ein großes Problem dar. Wir müssen uns selbst fragen, wieso es im Trend liegt, dass unsere Kinder immer mehr von diesen Giften an sich heranlassen, während sie andererseits sehr vernünftig sind und ihnen eine gute Schulbildung, Freundschaften und Partnerschaften sehr viel bedeuten. Natürlich, da gibt es die tollen Rockstars, die nur zugedröhnt geile Musik machen können, und lässige Idole wie Uschi Obermeier.

Viel Geld verdienen und sich fürs Image in **Designerdrogen** hüllen. Wie bei der Werbung lassen sich die Jugendlichen gerne davon anstecken, denken, sie haben mehr Chancen bei ihrer Flamme oder sind eben in der Gruppe eher angesehen als die „Normalos". Seit einiger Zeit gibt es auf den Zigarettenpackungen nicht mehr nur den Spruch: „Rauchen gefährdet Ihre Gesundheit", sondern Sprüche, die mehr als früher darauf aufmerksam machen, wie schädlich das Rauchen ist. Mehr Aufklärungskampagnen in diese Richtung könnten eine Reduzierung des Rauchens bewirken, vielleicht zusammen mit Bildern, die schwarze Lungen oder Raucherbeine abbilden. Bilder erreichen uns oft eher als Worte. Viele erinnern sich sicher noch an die schrecklichen, aber realen Bilder der Modefirma Benetton; u. a. zeigte der Fotograf in der Kampagne sterbende Aidskranke.

6.4   Essstörungen

Die Hochglanzmagazine mit ihren langbeinigen, **superschlanken Models** zeigen uns jeden Tag, wie unperfekt wir sind. Junge heranwachsende Mädchen, deren Körper teilweise eben noch unproportioniert ist, empfinden dies häufig als unerträglich. Sie wollen dieses vermeintlich perfekte Aussehen ebenfalls darstellen. Dazu gehört auch die extreme Gefährdung, seinen Körper zu sehr der Sonne oder **Sonnenstudio**lampen auszusetzen. Erste unkontrollierte Diäten werden ausprobiert und der tägliche Gang ins Fitnessstudio ist angesagt. Beides wird oft bis zum Exzess betrieben und endet nicht selten wegen Bulimie oder Anorexia nervosa (= Magersucht) in einer psychiatrischen Klinik.

Diese jungen Mädchen haben ein gestörtes Bild von ihrem eigenen Körper. In der Fachsprache nennt man diese krankhafte Unzufriedenheit mit dem eigenen Körper Körperdysmorphie. Sollte Ihnen an Ihrer Tochter ein verändertes Essverhalten auffallen, etwa dass sie nicht mehr mit Ihnen die Mahlzeiten einnimmt oder nach dem Essen gleich zur Toilette geht (meist stecken sich die Mädchen dann gleich den Finger in den Mund, um sich übergeben zu können und das Essen nicht zu verdauen), dann sprechen Sie sie bitte darauf an. Lassen Sie nicht locker, bis Sie sicher sind, dass keine mögliche Erkrankung dahinter steckt. Lange galten Essstörungen als Frauenproblem, jedoch scheinen nun auch immer mehr junge Männer davon betroffen zu sein. In Deutschland gibt es zurzeit 70.000 Männer mit Bulimie, die Dunkelziffer liegt wahrscheinlich weit höher. „Die Zahl der Männer, die offen über die Unzufriedenheit mit ihrem Aussehen reden, habe sich in den vergangenen zwei Jahrzehnten verdreifacht. Auch sei der Anteil der Männer, die wegen solcher Probleme einen Therapeuten aufsuchten, in den vergangenen zehn Jahren um 50 % gestiegen" (2004 MedCon Health Contents AG). Die Ursachen für die Zunahme liegen u. a. „an dem Gefühl einer bedrohten Männlichkeit, vom anderen Geschlecht abgelehnt zu werden, sodass sich Männer ins Fitnesscenter flüchten, wo sie sich als richtige Kerle fühlen können". Warnzeichen für gefährdete Männer sind:

- Sie finden sich selbst fett oder mickrig – andere Männer werden von ihnen jedoch als attraktiv, muskulös eingestuft.
- Sie treiben zu häufig und zu extrem Sport, meist auch Gewichtheben.

- Das normale Leben (Beziehungen, Job oder Schule) leidet unter dem sportlichen Training.
- Die jungen Männer nehmen Steroide (gefährlich!).
- Sie verletzen sich Gelenke oder Bänder durch das übermäßige Training.
- Manchmal werden sie auch ohnmächtig, weil sie zu wenig trinken.
- Ihr Selbstbewusstsein hängt allein vom Aussehen ab.

(Quelle: 2004 MedCon Health Contents AG)

Erklären Sie diesen jungen Erwachsenen, dass die Optik nur einen (allerdings nicht unwesentlichen) Aspekt des menschlichen Zusammenlebens darstellt. Und dass man nicht unbedingt zu den fünf besten, tollsten, intelligentesten, schönsten, braunsten, schlanksten, kräftigsten oder attraktivsten Menschen gehören muss – bei 80 Mio. Menschen in Deutschland ohnehin eine pathologische Illusion.

7 Gesundheitliche Risiken und medizinische Tipps

Für Gesundheit und Kindermedizin gibt es Lehrstühle und sicherlich Hunderte von Fachbüchern: Ernährung, Psychologie, Erziehungsmethoden usw. Intention dieses Buches ist es nicht gewesen, hierzu ein weiteres Buch zu liefern. Intention dieses Kapitels ist es jedoch, die fundamentalen, wichtigen **medizinischen Grundlagen** anzureißen, damit Kinder und Jugendliche die Chance erhalten, aus medizinischen Gründen nicht zu erkranken, zu sterben oder behindert zu werden. Denn falsche Ernährung, fehlende Vorsorgeuntersuchungen oder falsche bzw. fehlende Impfungen gefährden die Entwicklung und Gesundheit unserer kleinen Nachwuchs-Erwachsenen.

7.1 Allgemeine medizinische Tipps

Die **Haut** ist ein **lebensnotwendiges Organ** des Körpers und auch aus ästhetischen Gründen von großer Bedeutung. Sollte die Kleidung eines Kindes brennen oder gar die Haare, so ist das Leben akut bedroht, binnen weniger Sekunden können entstellende Verletzungen passieren und nach ca. 15 Sekunden kann bereits jede Hilfe zu spät kommen. Deshalb muss man (wie natürlich auch beim Erwachsenen) einem brennenden Kind sofort, ohne jegliche Verzögerung – z. B. um einen Eimer mit Wasser zu füllen – die brennende Kleidung löschen; dies ohne eine Sekunde Verzögerung, auch unter Einsatz der eigenen Gesundheit.

   Hautverbrennungen sind weitgehend ohne Rücksicht auf eventuell folgende Infektionen danach umgehend mit möglichst sauberem, kühlem (aber nicht zu kaltem) Leitungswasser ausreichend lange (je nach Verletzungsgrad 15 bis 60 Minuten) zu kühlen und eventuell festgeschmorte Kleidung darf nicht abgelöst werden. Wenn man die betroffenen Körperteile in einem Eimer oder in der Badewanne kühlt, dann darf man diesem Wasser keine Mittel wie z. B. Seife oder Alkohol beigeben. Dass man ebenso unverzüglich einen Notarzt hinzuruft, erklärt sich von selbst. Ebenso klar dürfte sein, dass man präventiv alles Menschenmögliche unternimmt, damit es zu so einer Situation überhaupt nie kommen wird (!).

Die **Notarztnummern** (1 92 22) gibt es in ganz Deutschland, oder man erreicht Notärzte auch über die Feuerwehr (112) oder die Polizei (110). Allerdings gibt es in einigen Gegenden Deutschlandes spezielle Kinder-Notärzte und auch Notarztnummern für Vergiftungen (sog. Gifttelefonnummern, in München 089-1 92 40) – z. B. wenn ein Kind ein Spülmittel oder eine andere Chemikalie verschluckt hat. Möglichst bevor eine solche Situation eingetreten ist, sollte man diese Nummern bereithalten. So gibt es z. B. auch bundesweit eine Telefonnummer für Schwerbrandverletzte (040-28 82 29 98); dort bekommt man schnelle und hochwertige Hilfe und Tipps, wie man sich in verschiedenen Situationen verhalten soll.

Da viele Kinder physische und psychische Probleme nach **Brandverletzungen** davontragen, gibt es auch eine Elterninitiative für brandverletzte Kinder, die unter der Telefonnummer (0911) 5 07 57 18 zu erreichen ist.

Eltern sollten – nein müssen – in Erster Hilfe fit sein, um bei Verletzungen ihrer Kinder aller Art sofort und vor allem richtig handeln können. Denn oft ist richtiges Handeln von einem Nicht-Arzt in den Sekunden und Minuten nach einer Verletzung wichtiger als das beste Ärzteteam nach 20 Minuten! Wer beispielsweise eine aggressive Flüssigkeit in die Augen bekommen hat, muss diese möglichst sofort und möglichst über mehrere Minuten ausspülen – das bringt viel mehr als die fachlich richtige Behandlung durch einen guten Augenarzt nach 30 Minuten. So sollten z. B. folgende Dinge möglichst immer im Haus sein:

• Unterschiedliches Verbandszeug
• Desinfektionssalbe bzw. Wundsalbe
• Salbe gegen Verbrennungen
• Wasserunlöslicher Sonnenschutz
• Mittel gegen Sonnenbrand
• Quecksilberfreies Fieberthermometer

Auch bzw. gerade bei Reisen in andere Länder sollte man solche Mittel und ggf. auch Medizin mitnehmen – nur die wenigsten Länder der Erde verfügen über ein so fantastisches (daher auch sehr teures) Schutzsystem durch Ärzte, Notarztwagen, Krankenhäuser oder auch Feuerwehren wie Deutschland. Etwas konservativer sollte man mit Medizin umgehen: Schmerzmittel, Schlafmittel, Beruhigungsmittel und andere Medizin sollte oder darf man Kindern nur nach fachärztlicher Anweisung geben. Ist beispielsweise das Fieber eines Kindes hoch, helfen harmlose (da nebenwirkungsfreie) **Hausmittel** wie Wadenwickel wesentlich besser als der evtl. gefährdende Einsatz von fiebersenkenden Mitteln – da das Fieber eine sinnvolle, positive Reaktion des Körpers ist, um Krankheitserreger im Organismus zu töten.

Besondere Verantwortung (weniger juristischer Art, aber moralisch gesehen) haben **werdende Mütter,** denn ihre Kinder sind dem Körper der Mutter voll ausgeliefert. Deshalb fällt dem Schutz des ungeborenen Kindes eine hohe, besondere Bedeutung zu, wie:

*   Besonders auf die ersten Tage/Wochen achten (wo man evtl. noch nicht ganz sicher ist, ob man schwanger ist): Alkohol meiden, Nikotin möglichst für immer absetzen (möglichst schon Monate vor der Schwangerschaft!) und Medikamente besonnen einnehmen (Beipackzettel gut lesen, Arzt/Apotheker fragen), belastenden Stress – so dies überhaupt in unserer hektischen Welt machbar ist – meiden, …
*   Regelmäßig zu einem Arzt Ihres Vertrauens gehen.
*   Keine gefährlichen bzw. gefährdenden Sportarten wie Reiten, Raften, Kampfsport usw. mehr betreiben.
*   Was das Rauchen betrifft und sicherlich auch Alkoholkonsum und andere Lebensgewohnheiten: Hier ist auch der werdende Vater gefordert, sich nun solidarisch bzw. fair zu verhalten: Wenn nicht jetzt, wann dann ist denn bitte der beste Moment, mit dem abhängig machenden Gift Nikotin aufzuhören?

Besonders bei kleinen Kindern, die schon krabbeln oder gehen können, wo aber der Verstand noch nicht so schnell wie der Körper gewachsen ist, treten häufiger Vergiftungen auf; diese sind unter allen Umständen zu vermeiden:

*   Entfernen bzw. Wegsperren von Dingen, die für Kinder gefährlich sind, z. B. auch der Hausapotheke.
*   Kindersicherungen an Schränken mit solchen Inhalten anbringen.

Allerdings ist zu beachten, dass verbotene Dinge meist besonders interessant sind. Erst wenn bestimmte Dinge weggesperrt sind, gewinnen manche Kinder das Interesse daran. Je nachdem, wie das Kind einzustufen ist, ist die eine oder andere Methode besser.

Gifte für Kinder sind z. B:

- Zigaretten (isst ein Kind den Tabak einer halben Zigarette, so kann das zu tödlichen Verletzungen führen!)
- Medizin und Medikamente jeglicher Art
- Putzmittel nahezu aller Art
- Spülmittel
- Spiritus und andere alkoholische Reinigungsmittel
- Alkohol
- Sprühdosen nahezu jeglicher Art u. a. m.

Erkundigen Sie sich auch, ob es giftige Zimmer- und Gartenpflanzen gibt, und wenn ja, so sind diese – so schön oder teuer sie auch sein mögen – vor der Geburt des Kindes zu verschenken oder wegzuwerfen. Da das doppeldeutige Wort **begreifen** auch anlangen oder anfassen bedeutet, wird klar, warum Kinder vieles anfassen: Um es im wahren Sinn des Worts zu begreifen. Dazu genügen oft die Finger nicht, kleine Kinder wollen mit dem Mund, mit der Zunge etwas fühlen, schmecken. Hier nutzt es wenig, Kinder zu schimpfen, denn Kinder müssen viele Dinge anfassen; viel sinnvoller ist es, gefährliche Gegenstände außerhalb ihres Greifradius aufzubewahren. Hat sich ein Kind doch mal vergiftet, entscheidet man nicht selber, ob das gefährlich oder harmlos ist, und es ist sicherlich besser, das Kind in bedrohlichen Situationen zu Hause zu halten und den Notarzt kommen zu lassen, als mit dem eigenen PKW in die nächste Klinik zu fahren (Gefahr einer Kollabierung im PKW). Giftstoffe wirken sich meist in der Speiseröhre und weniger stark im Magen-Darm-Trakt aus. Das bedeutet, dass das schnelle Schlucken in der Speiseröhre z. B. **Verätzungen** bewirken kann; bringt man das Kind nun zum Erbrechen, würgt der Körper durch die reziproke Peristaltik das Gift über eine viel längere Zeit nach oben. Somit ist der Kontakt mit der nicht durch Magenschleimhaut geschützten Speiseröhre wesentlich länger und damit auch die schädliche Wirkung. Es ist demzufolge wichtig, Kinder nach einer Vergiftung nicht zum Erbrechen zu bringen. Am besten gibt man ihnen eine kleine Menge Flüssigkeit, um den schlechten Geschmack bzw. den Würgereiz loszuwerden; hier wäre Wasser, Eistee, Cola, lauwarmer Tee oder ein Saft ohne Kohlensäure ideal. Man kann auch Milch oder eine andere nichtalkoholische Flüssigkeit geben. Wichtig ist, dass man etwas Flüssigkeit zu sich nimmt, weil damit das Gift verdünnt wird und die Speiseröhre sozusagen geputzt wird.

Das nächste Kapitel geht auf die wichtigen (und im übrigen völlig kostenfreien) Kinderuntersuchungen ein. Diese **U-Untersuchungen** (U1 bis U9) sowie die Jugend-Untersuchung lassen in Deutschland erschreckenderweise nur weniger als 65 % der Eltern (!) an ihren Kindern durchführen – und gerade hier würden viele Krankheiten, Abweichungen, Abnormalitäten sehr früh auffallen und man könnte in vielen Situationen noch gegensteuern; so etwas ist oftmals später nicht mehr möglich. Bitte vergessen Sie nicht, dass Sie die moralische Verantwortung für die Gesundheit Ihrer Kinder allein tragen!

Kinder werden in Deutschland trotz der diskussions- bzw. verbesserungswürdigen Gesundheitspolitik der aktuellen Regierung kostenlos untersucht und auch alle Rezepte und Impfungen sind kostenfrei (selbst wenn dem nicht so wäre, so sind diese relativ geringen Kosten sicherlich für niemanden ein Argument, diese Dinge dem eigenen Kind vorzuenthalten – das über sich ja noch nicht eigenverantwortlich entscheiden kann).

Medizinische Pauschaltipps aus reißerischen Zeitungen oder billigen Hausfrauen- oder TV-Zeitungen sollte man übrigens nur sehr bedingt umsetzen. Vertrauen sollte man vielmehr auf die qualifizierte Aussage des Kinderarztes – der das Kind im Idealfall seit Jahren kennt – und auf seinen eigenen gesunden Menschenverstand.

Besonders bei Kindern soll man überlegt mit Medizin umgehen: Antibiotika sind sicher bei einer Mittelohrentzündung dringend nötig (und genauso wichtig ist es auch, sie nicht selbstständig vorzeitig abzusetzen), aber Psychopharmaka sind bei Schulstress meist nicht wirklich die Lösung! Kinder sollen lernen, allein Erfolg zu haben und nicht unbedingt mit dieser Hilfe – die streng genommen ja keine wirkliche Hilfe ist (vgl. das Kapitel über Sucht). Der menschliche Körper macht sich sehr häufig selbst gesund, wenn man sich darauf besinnt und ihm die Chance dazu gibt; Medizin und Ärzte können unseren Körper lediglich dabei unterstützen. So sollte die Wahl eines Medikamentes ausführlich mit dem behandelnden Arzt besprochen werden. Lassen Sie sich nicht nur sagen, das Medikament hilft, sondern seien Sie kritisch und konstruktiv. Fragen Sie genau nach: Warum dieses oder jenes Medikament, welche Alternativen gibt es, welche Wirkungen hat es und wie sieht es mit **möglichen Nebenwirkungen** aus? Es muss nicht sein, dass eine der auf dem Beipackzettel beschriebenen Nebenwirkungen eintritt, jedoch kann es sein, dass welche vorkommen, und zur beiderseitigen Sicherheit sollten Sie genauestens informiert sein. Ein Medikament wird sehr lange geprüft, bis es auf dem Markt zugelassen wird, und durchläuft mehrere Phasen sowie eine sehr strenge Ethikkommission. Mit jedem neu zugelassenen Medikament hoffen auch viele Menschen auf weitere Hilfe, doch „es ist nicht für alles ein Kraut gewachsen", und deshalb sollten wir uns auch immer nach Alternativen umschauen und offen sein.

Vom medizinischen Standpunkt betrachtet gibt es ja nicht die goldenen Ratschläge, einen einzigen Weg zur besten medizinischen Versorgung unserer Kinder; sie alle sind Individuen, nicht nur ihrem Wesen nach, sondern auch von ihrer physischen Konstitution her. Schon in der Schwangerschaft stellen sich die Eltern die Frage nach der **Geburtsform**: Hausgeburt, ambulante Geburt in der Klinik, im Kreißsaal oder im Entbindungszimmer, sitzend, hockend oder liegend (oder gar unter Wasser)? Wie man sich letztlich auch entscheiden mag, wichtig ist die rechtzeitige Wahl einer Geburtshelferin, einer Hebamme und eines Kinderarztes, Personen, denen man Vertrauen entgegenbringen will und muss. Die Auswahl des richtigen Kinderarztes hängt nicht nur von seinem medizinischem Angebot ab, sondern auch die räumliche Erreichbarkeit muss eine wichtige Rolle spielen: Was nutzt einem der beste Arzt, wenn er im akuten Stadium nicht zu erreichen ist? Auch die Bereitschaft zu so genannten Hausbesuchen spielt eine erhebliche Rolle, denn wer möchte seinem Kind schon mit hohem Fieber eine lange Fahrt zum Arzt zumuten? Auch telefonische Erreichbarkeit in Notfällen und das Angebot einer Notfallsprechstunde am Wochenende sind Faktoren, die eine erhebliche Rolle bei der Versorgung Ihres Kindes spielen können.

Fieber, Magen-Darm-Infekte und Bauchschmerzen stellen sich bei Kindern immer wieder ein; es ist jedoch darauf hinzuweisen, dass die folgenden Ratschläge hier nur sehr allgemeiner Natur sein können. Es ist im konkreten Fall wohl immer besser, einen qualifizierten Kinderarzt aufzusuchen. Nachfolgend soll auf diese drei häufigsten Krankheitssymptome von Kindern kurz eingegangen werden:

Fieber: Fieber ist primär eine wichtige natürliche Abwehrreaktion des Körpers gegen viele Infekte. Kinder fiebern unterschiedlich hoch und empfinden das Krankheitsgefühl ebenfalls ganz unterschiedlich. Wenn das Kind sich sehr elend fühlt, Schmerzen hat und/oder zusätzliche Symptome dazu kommen wie z. B. Trinkverweigerung, Bauchschmerzen, Apathie, sollte umgehend ein Kinderarzt aufgesucht werden. Bei leichtem Fieber können die Eltern vorerst abwarten, ihrem Kind die für den Körper und dessen Genesung wichtige Ruhe gönnen.

Bauchschmerzen: Bauchschmerzen haben alle Kinder mal, sie können viele Ursachen haben: Wachstumsbauchschmerzen, Magen-Darm-Infekte und vieles mehr. Da es für die Eltern oft schwer ist, die Ursache zu erkennen, und Bauchschmerzen auch auf schwerwiegende Erkrankungen hinweisen können, sollte grundsätzlich der Kinderarzt aufgesucht werden. Bauchweh in Kombination mit Erbrechen und ohne Durchfall ist immer ein Grund, das Kind vom Kinderarzt anschauen zu lassen.

Magen-Darm-Infekt: Oft lassen sich Magen-Darm-Infekte mit den bewährten Tipps der Großmütter in den Griff bekommen: Salzstangen, löffelweise gerührte Cola (warm, nicht kühlschrankkalt), dünner Schwarztee mit Traubenzucker – und eine Wärmflasche auf den Bauch. Auch hier gilt: Sollte sich das Befinden des Kindes verschlechtern, Fieber auftreten, schwere Krämpfe oder Brechdurchfall anhalten, muss der Kinderarzt konsultiert werden.

Vergessen Sie bei allen Krankheiten nie das Alter und das Gewicht Ihres Kindes: Ein muskulöser Erwachsener mit 85 kg Körpergewicht hat mehr Substanz, kann mehr wegstecken als ein filigranes Kind mit 8 oder 15 kg Gewicht. Beachten Sie das Gewicht auch bei der quantitativen Verabreichung von Arzneimitteln.

7.2   Wichtige Untersuchungen

Versuchen Sie grundlegend, möglichst bei einem Kinderarzt zu bleiben; er kennt Sie und Ihr Kind dann über Jahre und kann es psychisch und physisch einstufen. Ihr Kinderarzt wird Sie ab der Geburt Ihres Kindes mit den so genannten Vorsorgeuntersuchungen begleiten: **U1 bis U9** und abschließend eine Jugenduntersuchung (J1).

U1: Direkt nach der Geburt heißt es erst mal, das Baby zu versorgen. Es wird in vorgewärmte Tücher gehüllt und abgetrocknet. Die Hebamme oder der Arzt untersuchen das Neugeborene, überprüfen die Vitalfunktionen. Wichtige Informationen geben die Nabelschnur, der ph-Wert und die Bestimmung des sog. Apgar-Wertes (= **A**tmung, **P**uls, **G**rundhaltung, **A**ussehen der Haut, **R**eflexe nach 5 und 10 Minuten). Eine **genaue Untersuchung** folgt, es werden das Gewicht, der Kopfumfang und die Körperlänge gemessen und alle Ergebnisse der U1 werden ins gelbe Untersuchungsheft eingetragen.

U2: Zwischen dem 3. und dem 10. Lebenstag findet Babys zweiter großer Check-up statt, nämlich die Neugeborenen-Basisuntersuchung. Messen und wiegen, umfassende Untersuchung aller Organe, Test der Neugeborenenreflexe wie Saug- und Greifreflex. Auch ein Stoffwechseltest steht auf dem Programm. Die Hebamme oder der Arzt entnimmt aus der Ferse etwas Blut, das auf Stoffwechselerkrankungen (z. B. Schilddrüsenunterfunktion) getestet wird. Wie bei der U1 bekommt das Baby **Vitamin-K-Tropfen** zum Schutz vor Blutgerinnungsstörungen. Mütter, die nicht mehr in der Klinik sind, sollten besonders darauf achten, diesen zweiten Termin nicht zu versäumen, und Kontakt mit einem Kinderarzt aufnehmen, der diese Untersuchung auch zu Hause durchführt.

U3: Babys dritter Check-up, für die meisten Eltern der erste Besuch in der Kinderarztpraxis und eine gute Gelegenheit, viele Frage loszuwerden. Wie schon bei der U1 und U2 werden Größe, Kopfumfang und Gewicht bestimmt, der Arzt prüft Reflexe und Organe. Die besondere Aufmerksamkeit gilt jetzt auch der Hüfte: Mit dem für den Körper unschädlichen **Ultraschall** kann nämlich eine Fehlstellung rechtzeitig erkannt und sofort behandelt werden. Um sicherzugehen, dass ein Baby gut hört, bieten viele Ärzte ein Hörscreening an mittels einer apparativen Methode (Otoakustische Emissionen). Damit kann eine ein-

oder beidseitige Schwerhörigkeit frühzeitig erkannt und eine effektive Behandlung eingeleitet werden. Der Kinderarzt versorgt die Eltern mit Impfinformationen, da im Alter von 3 Monaten bereits die wichtigsten Impfungen anstehen. Bei der U3 bekommt das Baby zum letzten Mal Vitamin-K-Tropfen zum Schutz vor Blutgerinnungsstörungen.

Der Kinderarzt begleitet die weiteren **Entwicklungsabschnitte** Ihres Kindes mit einer Reihe von Vorsorgeuntersuchungen, die im gelben Vorsorgeheft vorgegeben sind. Zwischen der letzten Vorsorgeuntersuchung U9 im Alter von fünf Jahren und der Einschulung haben die gesetzlichen Krankenkassen leider keine Vorsorge mehr vorgesehen. Deshalb ist die Vorsorgeuntersuchung der 5-Jährigen besonders wichtig, da in diesem Alter Sprachstörungen manifest werden und grob- sowie feinmotorische Störungen vor der Einschulung behandelt werden sollten.

Jugendvorsorgeuntersuchung J1: Viele Jugendliche fühlen sich lange gesund (und sind es sicher bzw. hoffentlich auch) und waren deshalb schon lange nicht mehr beim Arzt, und es kann sein, dass Erkrankungen dadurch nicht erkannt werden. Eine Jugendvorsorgeuntersuchung zwischen dem 13. und 15. Lebensjahr wurde deshalb vor wenigen Jahren gesetzlich eingeführt. Es ist leider festzustellen, dass diese wirklich wichtige Jugenduntersuchung oft nicht durchgeführt wird. Aus der Sicht von Jugendlichen sehr verständlich, da sie nicht mehr zum „Kinder"-Arzt gehen wollen. Deswegen spielt es oft eine nicht unerhebliche Rolle, dass Ihr Kinderarzt einen gesonderten Termin für die Jugenduntersuchung zur Verfügung stellt – bei diesem Termin sind eben ausschließlich pubertierende Jugendliche und keine Kinder anwesend.

Der Gesundheits-Check für Jugendliche beinhaltet eine Blutabnahme, u. a. eine **Cholesterinbestimmung**; ein hohes Cholesterin ist nämlich schon im Jugendalter ein Risikofaktor beim Herzinfarkt. Eine Überprüfung der Schilddrüse ist notwendig, da wir in Europa in einem Jodmangelgebiet leben. Fehlbelastungen der Gelenke und Wirbelsäule müssen rechtzeitig erkannt und behandelt werden. Darüber hinaus gilt: Die Pubertät führt zu extrem vielen Veränderungen im Körper und an der Seele und viele Fragen tauchen auf, die eventuell bei der Vorsorgeuntersuchung besser als anderswo besprochen werden können. Bitte tragen Sie Ihren Teil dazu bei, dass Ihre Kinder an dieser Untersuchung teilnehmen, und bereiten Sie sie darauf vor, dass es etwas Wichtiges, Sinnvolles und Positives ist.

7.3 Schutzimpfungen: Pro und Kontra

Zur Sicherheit eines Kindes gehört mit an erster Stelle die eben erwähnte medizinische Vorsorge. Spätestens bei näherer Betrachtung der Krankheiten, die es bei uns gibt, wird jeder den Grund der Routineuntersuchungen U1 bis J1 verstehen und vor allem die dringende Notwendigkeit von Impfungen. Wer nicht impfen lässt, hat vergessen, sich über die Krankheit genauer zu informieren, oder unterliegt einseitig-ideologischen Informationen. Die Hauptwirkung ist immer relevanter als die oft überzogenen gefürchteten Nebenwirkungen. Zum besseren Verständnis hier einige Fakten:

Bei Erkrankung an *Diphtherie*, die sich mit Kehlkopf- und Atembeschwerden zeigt, stirbt statistisch einer von 15 Infizierten. Regelmäßige Impfungen hiergegen, auch bei Erwachsenen, sind demnach unumgänglich.

Tetanus zeigt sich in schlimmen Muskelkrämpfen. Unbehandelt sterben neun von zehn Menschen, mit medizinischer Hilfe immer noch jeder fünfte.

Bei diesen beiden Impfungen kommt es derzeit in Deutschland zu einer sichtbaren Impfmüdigkeit, da bei uns schon länger keine Fälle mehr bekannt geworden sind. Es steht zu befürchten, dass dadurch erneute Ausbrüche auftreten werden, denn in anderen Ländern sind beide Krankheiten noch deutlich verbreitet und können daher auch wieder eingeschleppt werden.

Masern halten viele für harmlos. Fieber, Husten, Hautausschlag, das ist doch nicht so schlimm, oder? „Nur" 4 % bekommen zusätzlich eine Lungenentzündung, 0,05 % eine Hirnentzündung. Aber davon sterben 10 % der Kinder und 40 % erleiden bleibende Hirnschäden. Diese Zahlen sollten logisch denkende Eltern dazu bewegen, ihre Kinder impfen zu lassen.

Bei **Mumps** sieht die Meinung der Nichtmediziner ähnlich aus, wieder zu Unrecht. Hier entsteht bei 0,5 % der Erkrankten eine Hirnentzündung, die bis zur Taubheit führen kann. 20 % der befallenen Buben bekommen eine Hodenentzündung, die sogar in Sterilität enden kann. Ebenfalls gibt es auch hier nur eine verantwortungsvolle Entscheidung, nämlich die Schutzimpfung.

Gegen **Keuchhusten**, auch **Pertussis** genannt, wird seit der Entwicklung des neuen Impfstoffes wieder vermehrt geimpft. Die Krankheit ist für Kinder und Eltern eine Qual: Ständiger keuchender Husten und Brechreiz, der bis zu drei

Monaten anhalten kann, verhindert fast jeglichen Schlaf. In der gesamten Zeit stoppt die Entwicklung des Kindes vollständig. Bei Säuglingen bis zu sechs Monaten sterben 0,5 % der Infizierten an Lungenentzündung oder Gehirnschlag. Übrigens starben vor dem Zweiten Weltkrieg in Deutschland über 10.000 Kinder jährlich an Masern, Pertussis oder Diphtherie!

Röteln verursachen besonders bei den Ungeborenen von infizierten Müttern schwere Anomalien, von Taubheit über Erblindung bis zu Gehirn- oder Herzschäden. Die Krankheit ist zum Glück deutlich rückläufig: 1964 gab es jährlich 20.000 Fälle, heute unter 7.

Kinderlähmung oder **Poliomyelitis** ist dank Impfungen bei uns sehr selten geworden. Laut Statistik sterben 5 % der behandelten Patienten, 50 % bleiben dauerhaft gelähmt.

Erwähnt werden muss noch die **Hib** (Haemophilus influenzae b), die vielleicht weniger bekannt ist. Sie verursacht u. a. Hirnhautentzündung, an der 5 % der Erkrankten sterben, weitere 25 % behalten bleibende Hirnschäden.

Wenn man nun die Nebenwirkungen von Impfungen betrachtet, die dank immer besserer Impfstoffe ständig geringer werden, wird man doch gerne eine leichte Rötung oder Schmerzen an der Impfstelle oder vorübergehendes Fieber in Kauf nehmen. Nebenwirkungen sind niemals schlimmer als die Gefahr, die in der jeweiligen Krankheit steckt. Sonst wären eben diese gefährlichen Impfstoffe sicherlich nicht von der STIKO (Abkürzung für ständige Impfkommission, Berlin) empfohlen. Trotzdem hört und liest man immer mal wieder von ernsten Impfschäden, die in Deutschland übrigens erstmals 2002 von den Behörden publiziert wurden. Dazu folgende Fakten: Bei 30 Mio. verimpften Dosen in Deutschland wurden 9 Fälle mit bleibenden Schäden gemeldet. Nach genauester Untersuchung ergab sich in keinem davon laut WHO-Kriterien ein garantierter Zusammenhang mit der jeweiligen Impfung.

Vergleichbar mag sein: Aus Angst, dass einem ein Wagen auf der Autobahn hinten auffährt, wird man ständig zum Geisterfahrer.

Gesetzlich anerkannte **Impfkomplikationen** insgesamt sanken von 0,09/100.000 Einwohnern im Jahre 1991 auf heute unter 0,03. Fast alle Meldungen führen also leider nur zur Verunsicherung der Eltern, basieren aber nicht auf Tatsachen.

Die verbleibenden Risiken sind vielleicht mit dem Nichtangurten im PKW zu vergleichen: Es mag Unfälle geben, wo das Nichtanlegen des Gurts sich für die Insassen positiv ausgewirkt hat – doch für diese Ausnahmefälle sollte man die 99,9997 % der anderen Fälle (wo der Gurt Positives erreicht hat) natürlich nicht außer Acht lassen.

Für **ungeimpfte Erwachsene gilt**, dass es bei Infektionen meist einen schwereren Krankheitsverlauf gibt mit mehr Komplikationen. Unsere Empfehlung: Nehmen Sie Ihren Impfpass beim nächsten Arztbesuch zur Kontrolle und ggf. zum Nachimpfen mit. Dank der Richtlinien der STIKO sind die Ärzte über alle nötigen und sinnvollen Impfungen gut informiert.

In individuellen Ausnahmefällen wird der Kinderarzt berechtigt von Impfungen abraten. Dazu gehören u. a. akute behandlungsbedürftige Krankheiten oder Allergien gegen einen Bestandteil der Impfung. Bei angeborener Störung des Immunsystems sollte man nur von Lebend-Impfstoffen Abstand halten, alle anderen bleiben notwendig. Bitte lassen Sie sich auch bei Reisen in bestimmte Länder von Ihrem Arzt oder dem Tropeninstitut beraten: Diese kennen die aktuellen Daten und können helfen, die Gesundheit Ihrer Familie zu erhalten. Und bestimmte Urlaubsregionen sollte man mit noch zu kleinen Kindern nicht bereisen – und sei es schon allein wegen des weiten Fluges. Nehmen Sie hier bitte Rücksicht auf die Kinder und setzen Sie nicht aus profanen bzw. egoistischen Gründen die Gesundheit oder gar das Leben Ihrer Kinder aufs Spiel.

7.4 Sensibilisieren im Umgang mit Tabletten

Im **Umgang mit** allen **Medikamenten** gibt es eine wirklich wichtige Regel: Nicht ohne Absprache mit dem Kinderarzt geben und sich immer genau an die individuell vorgegebene Dosierung halten (weder mehr noch weniger oder zu früh absetzen – und auch nicht zu lange geben)! Interpolieren Sie Dosen nicht linear von Ihrem Gewicht auf das Ihrer Kinder herunter, ohne mit einem Kinderarzt gesprochen zu haben. Es hat schon seinen berechtigten Grund, warum die Medizin den wissenschaftlichen Teilbereich „Kindermedizin" geschaffen hat. Kinder sind nämlich weder psychisch noch physisch kleine Erwachsene.

Oft ist man als Eltern in Versuchung, seinem Kind das zu geben, was bei einem anderen Kind oder gar einem Erwachsenen doch so gut geholfen hat und auch so gut verträglich war. Hier gilt, was eingangs schon erwähnt wurde: Jedes Kind, jeder Erwachsene ist ein Individuum mit ganz eigener körperlicher Konstitution – und kein Versuchskaninchen für die oft zu gut bestückten Hausapotheken. Allgemein kann man wohl sagen: Weniger ist oft mehr. Seien Sie wie auch in allen anderen Bereichen Ihrem Kind ein Vorbild, denn es lernt fast alles durch **Nachahmung**. Wollen Sie Ihr Kind zu einem sensiblen und wohl dosiertem Umgang mit Medikamenten erziehen, so müssen Sie selbst diesen Weg einschlagen. Wenn Sie beim kleinsten Wehwehchen zur Tablette greifen, wird Ihr Kind diese Angewohnheit sicher übernehmen und dem Körper selbstheilende Kräfte nicht zutrauen.

Am Anfang wird immer das Gespräch stehen, reden Sie mit Ihrem Kind darüber, warum es jetzt gerade diese – oft scheußlich schmeckende – Medizin nehmen muss. Versuchen Sie vor allem nicht, bei Verweigerung die Medizin zu verharmlosen, bieten sie sie nicht als wohl schmeckende Bonbons an. Ein Medikament ist und bleibt der Ausnahmefall für das Kind, auch wenn es als bunte, süß schmeckende Tablette daherkommt. Bei absoluten Tablettenverweigerern hilft es, eine Belohnung anzubieten, wie z. B. eine schöne Geschichte vorzulesen oder einen Spielplatzbesuch zu unternehmen o. Ä.; jeder wird wissen, wie er sein Kind belohnen kann. Erklären Sie dem Kind, dass die scheußlich schmeckende Medizin nur kurz, wenige Sekunden scheußlich schmeckt, die damit verhinderte Krankheit einem aber wochenlang Schmerzen und Unbehagen zufügen kann. Nur eines wird es bitte nie geben: dass das Kind die nötige Medizin nicht einnimmt.

Beispiel: Christian verunglückte mit fünf Jahren in der Schwimmbadrutsche so sehr, dass er eine Platzwunde unterhalb des Auges bekam. Im Krankenhaus sollte er zur Vermeidung einer bleibenden Narbe genäht werden. Christian bekam einen derart hysterischen Anfall, dass die psychische Verletzung eventuell schlimmer gewesen wäre als die physische Verletzung. Die Ärzte entschlossen sich deshalb, auf die Naht zu verzichten, und klebten die Wunde.

Wenn Medizin besonders scheußlich schmeckt, hilft vielleicht die (sicherlich nicht grundlegend falsche) Geschichte, dass Medizin ja primär helfen und nicht schmecken muss, und je scheußlicher eine Medizin schmeckt, umso besser und schneller hilft sie; insofern ist sie das kleinere Übel.

Die Aufbewahrung von Medikamenten muss so erfolgen, dass sie dem Kind keinesfalls zugänglich ist, denn hier gilt: Vorbeugung ist besser als Schaden! Vergessen Sie nicht, dass scheinbar harmlose Medikamente in einer **Überdosis** nicht nur für Kinder schnell tödlich sein können!

7.5   Vergiftungen

Viele Dinge schaden dem erwachsenen Körper nicht, weniger oder erst nach längerer Einwirkungszeit; dem ist bei Kindern häufig nicht so. Bereits ein Rausch durch Alkohol kann bei einem kleinen Kind bleibende Behinderungen bewirken oder gar den Tod! Wer seinem Kleinkind – auf dessen dringenden Wunsch – einmal einen (wirklich nur einen!) Tropfen hochprozentigen Alkohol auf die Zunge tut, wird damit zwei Dinge auslösen – und dem Kind sicherlich keinen bleibenden Schaden zufügen: Erstens wird das Kind daran (noch) keinen Gefallen finden, sondern Schmerzen. Damit ist zweitens der Reiz für längere Zeit weg – ein sehr großer Vorteil und wesentlich besser/effektiver als Verbote oder Wegräumen von Alkoholflaschen.

Eltern und Großeltern sollen bevorzugt **Putzmittel** kaufen, die mit Kindersicherungen versehen sind; das sind Verschlüsse, die man nur mit großer Geschicklichkeit bzw. Kraft aufbekommt, nicht aber als kleines Kind. Zudem sollen die Flaschen durch die Aufdrucke nicht allzu leicht mit Getränkeflaschen verwechselt werden können (z. B. mag eine aufgedruckte Zitrone den Inhalt als Limonade erscheinen lassen).

Aber auch Sprühdosen und Spraydosen nahezu jeglicher Art (z. B. **Schuh-Imprägnierungen**) sind als Giftstoffe einzustufen, denn sie können im Gesicht (Nase, Augen, Mund, Ohren) und auch im Körperinneren Verletzungen bewirken. „Nichts ist Gift, alles ist Gift. Es kommt auf die Menge an." Mit diesem richtigen Satz wurde schon vor über 2000 Jahren dokumentiert, was wahr ist. Viele Medikamente wirken bei Kindern anders, ggf. auch gefährlich, und wenn Kinder Medikamente wie Smarties zu sich nehmen, können auch grundsätzlich harmlose Tabletten giftige Folgen für Kinder haben. Hier hilft nur eines: Wegräumen, und zwar gut!

Wenn ein vergiftetes Kind ins Krankenhaus kommt, dann soll man es dringend begleiten und auch das Gift mitnehmen, damit die Ärzte sehen können oder sich informieren können, was für Giftstoffe enthalten sind. Allein der Hinweis „Reiniger" reicht dem Arzt hier natürlich nicht aus, um effektiv und schnell das Richtige einzuleiten.

So trivial es klingen mag: **Gifte** darf man nie **in Trinkflaschen** aufbewahren. Täglich werden Menschen (primär Kinder) in Krankenhäuser eingeliefert, nur weil ein Erwachsener (und damit ein verantwortlicher Mensch) Spülmittel in Fantaflaschen oder Spiritus in der Bier-Bügelflasche abgefüllt hat! Bestimmte schädliche Ereignisse kann man eben mit einfachen, trivialen Vorbeugemaßnahmen verhindern.

Auch hier gilt: Vorbeugung ist besser als Schaden! Die Erfahrung hat gezeigt, dass sich Kinder vor allem mit im Haushalt vorkommenden Substanzen vergiften: seien es Waschmittel, Spülmittel, Nikotin, Alkohol, Farben – alles Dinge, die leider in den meisten Haushalten frei zugänglich sind.

Es gibt einen Giftnotruf in jeder großen Stadt, dessen Nummer man immer griffbereit am Telefon oder noch besser schon ins Telefon eingespeichert haben sollte. Dem Notdienst sollte detailliert geschildert werden, von welcher Substanz, wie viel, wann das Kind etwas zu sich genommen hat. Bis Hilfe eintrifft, können folgende Erste-Hilfe-Maßnahmen beachtet werden:

Ätzende Substanzen (wie z. B. Laugen, Geschirrspülmaschinenpulver): Das Kind darf nicht zum Erbrechen gebracht werden, die Speiseröhre würde sonst noch mal verätzt werden; der Magen, eigentlich ein chemisches Wunderwerk, hält mit seiner Schleimhaut die chemischen Angriffe nämlich wesentlich besser aus bzw. ab als die Speiseröhre, die über solchen Schutz nicht verfügt. Zudem kann Erbrechen zur Schaumbildung und damit zum Ersticken führen.

Nikotin (Tabakreste gegessen): Das Kind kann zum Erbrechen gebracht werden. Sollte dies nicht möglich sein, muss wegen einer Magenspülung umgehend eine Klinik aufgesucht werden.

Tabletten, Medikamente: Die Medikamentenflut ist so enorm, dass hier nicht auf einzelne Substanzen eingegangen werden kann. Es empfiehlt sich bei

Medikamentenvergiftungen immer, den Giftnotruf anzurufen und möglichst genaue Informationen zu liefern über Substanz, Menge und Zeitpunkt der Einnahme. Darüber hinaus sind, neben dem aktuellen Zustand, noch Alter und Gewicht des Kindes zu nennen.

Knopfzellenbatterien: Haben Kinder solche kleinen Batterien verschluckt, sollten sie keinesfalls erbrechen (Gefahr des Erstickens). Der Gang zur Klinik ist unvermeidlich, die Knopfbatterien werden dort endoskopisch entfernt.

7.6 Das Einmaleins der Ersten Hilfe für Kinder

Wieder gilt: Erste Hilfe für Kinder erübrigt sich, wenn man vorab die Gefahrenquellen beseitigt – vergleiche die übrigen Kapitel dieses Buches. Die wohl am häufigsten vorkommenden Probleme bei Kindern sind Schürfwunden, Beulen, blaue Flecken, Schnitte, Platzwunden, Prellungen, Verbrennungen und Sonnenbrand.

Schürfwunden: Vorsichtig säubern mit klarem Wasser, desinfizieren mit z. B. Hansamed-Wundspray oder mit Octenisept-Lösung. Evtl. mit einem Pflaster oder Verband schützen und eher mit Wundpuder trockenlegen als mit Salbe feucht halten. Nachts möglichst Luft an die Wunde lassen zum schnelleren Heilen.

Beulen, Hämatome: Kühlen; falls zur Hand, kann z. B. Arnica D 30 gegeben werden.

Schnitte/Platzwunden: Klaffende Schnitte gehören innerhalb von sechs Stunden bei Ihrem Kinderarzt oder in einer chirurgischen Klinik chirurgisch versorgt.

Verstauchungen/Prellungen: Die beste Erstversorgung besteht immer aus Kühlen (um Blutergüsse zu minimieren) – sei es mit Gelkissen, Eis(Beuteln) oder Ähnlichem. Salben wie z. B. Mobilat sind anfänglich bei Schwellungen kontraproduktiv, so etwas erst später auftragen.

Zu dem folgenden Punkt **Verbrennung** ein wirklich sehr wichtiger Tipp: In den Fachgeschäften gibt es Herdgitter, die um jeden Herd platziert werden können. Schiebt man beim Kochen dann auch noch die Griffe von Pfannen und Töpfen nach innen, kann eigentlich nichts mehr passieren. Denn meistens passiert dort etwas: Also Gefäße mit heißem Inhalt auch auf dem Tisch immer außerhalb der Griffnähe der Kinder stellen, auch Wasserkocher; hier Achtung, dass das Kind nicht am Stromkabel ziehen kann. Vergessen Sie bitte nicht, dass bereits 65 °C heißes Wasser lebenslänglich bleibende Entstellungen bei Kindern bewirken können.

Verbrennung: Blitzschnell muss lange gekühlt werden, da sonst auch das Hautgewebe in der Tiefe betroffen wird. Bei Blasenbildung muss man umgehend zum Kinderarzt gehen. Bitte keine alten Hausmittel verwenden, die helfen nicht bei Verbrennungen.

Sonnenbrand: Wer sein Kind gut eincremt, ihm immer – zur Vermeidung eines Sonnenstiches – eine Kopfbedeckung und ein schulterbedeckendes T-Shirt anzieht und es nie der prallen Mittagshitze aussetzt, muss eigentlich nichts befürchten. Die Haut eines Kindes ist sehr viel empfindlicher als die Haut eines Erwachsenen und jeder Sonnenbrand schädigt bleibend die Haut – und zwar tatsächlich ein ganzes Leben lang, die Haut „merkt" sich nämlich jeden einzelnen Sonnenbrand. Sollte es doch einmal zu einem Sonnenbrand kommen, die betroffenen Hautflächen kühlen und z. B. Bepanthen-Salbe verwenden. Auch wenn Sie der Meinung sind, selber attraktiver zu wirken, wenn Ihre Haut sonnenbraun ist: Achten Sie darauf, dass Ihr Kind niemals einen Sonnenbrand bekommt, und Sie legen den Grundstein für ein (haut)krebsfreies Leben. Sehen Sie sich mal stark gebräunte Menschen an, die z. B. 50 Jahre alt sind und aufgrund der jahrzehntelangen Sonnenbelastung bereits eine Lederhaut haben wie ein 70-jähriger Mensch – und entscheiden Sie sich dann, welchen Weg Sie gehen wollen: ein paar Tage pro Jahr lang beneidenswert braun sein und den Rest des Lebens wie ein Schrumpfapfel aussehen.

Bienenstiche: Bei starken Schwellungen, Schmerzen, Übelkeit, Atemnot, Beeinträchtigung in der Bewegung nach einem Stich bitte immer sofort zum Kinderarzt gehen oder eine Klinik aufsuchen. Eventuell liegt eine gefährliche allergische Reaktion vor und bei jedem weiteren Stich muss mit einer bedrohlichen Kreislaufreaktion gerechnet werden.

7.7   Haustiere für Kinder

Zur Freude von Kindern, aber auch aus pädagogischen Gründen, um die jungen Menschen zur Übernahme von Pflichten zur **Betreuung von Hausgenossen** zu erziehen, schaffen sich viele Eltern Heimtiere an. Am häufigsten sind wohl Hunde, Katzen, Hasen, Meerschweinchen oder Vögel zu nennen. Bei Hase, Meerschweinchen, Vogel oder auch bei Aquarien oder Terrarien ist ein gewisses Alter zum Verständnis der Betreuung Voraussetzung. Der Umgang von Kindern mit Hunden nimmt die mögliche Scheu oder Angst vor Tieren. Dabei ist es jedoch wichtig, dass das Kind lernt, dass nicht alle Hunde so lieb sind wie der eigene und dass das bedenkenlose Streicheln fremder Tiere zu unangenehmen und gefährlichen Situationen führen kann. Interessant ist in diesem Zusammenhang, dass sich bei Kindern, die mit Tieren aufwachsen, deutlich weniger Allergien zeigen, wie eine aktuelle Studie aus den USA berichtet.

Die vierbeinigen Familienmitglieder bringen aber auch vor allem für Kinder gesundheitliche Gefahren mit sich, die jedoch durch relativ einfache Maßnahmen minimiert werden können.

Zuerst zu einigen wichtigen **Verhaltensmaßregeln bei der Anschaffung von Heimtieren:** Legen Sie großen Wert darauf, dass der Neuankömmling aus einer einwandfreien Herkunft stammt, parasitenfrei, wenn nötig geimpft und kein ängstlicher, handscheuer Typ ist, da solche sich zu sog. Angstbeißern entwickeln können. Nehmen Sie das ausgewählte Tier hoch, kontrollieren Sie den ganzen Körper, die Augen, welche nicht verklebt sein oder Tränenfluss zeigen dürfen, und den Gehörgang, der keine Beläge oder Krusten aufweisen darf (Ohrmilben). Die Zähne müssen aufeinander passen, (kein Vor- oder Überbiss), Verdickungen am Hals deuten auf eine Kropfanlage. Tasten Sie ab, ob ein Nabelbruch vorliegt; die Aftergegend darf nicht verschmiert und Haut bzw. Haare sollen sauber und schuppenfrei sein. Dies ist wichtig im Interesse Ihrer Kinder, denn auch ein krankes Tier kann neben einer **Infektionsübertragung** auf Ihre Kleinen viele Tränen – und nebenbei Ihr Geld kosten. Denken Sie deshalb an die nötigen zukünftigen Impfungen Ihrer Heimtiere, um Krankheiten vorzubeugen.

Bevor das Tier ins Haus kommt, muss ein sicherer Schlafplatz hergerichtet werden, um von Anfang an klare Verhältnisse in der neuen Gemeinschaft zu schaffen. Mögen die Welpen oder Kätzchen noch so niedlich sein, das Kinderbett ist aus hygienischen Gründen kein Nachtlager für sie. Wichtig ist in den ersten Tagen, dass der Neuankömmling nicht ohne Aufsicht mit den im Umgang unerfahrenen Kindern belassen wird. Wir müssen erst den Charakter des Tieres kennen lernen und dürfen es anfangs nicht überfordern. Solange ein Baby sich noch nicht wehren kann, besteht die Gefahr, dass sich die Katze im warmen Kinderbettchen auf das Gesicht des Säuglings legt und dadurch die Atmung behindert oder der Hund aus Konkurrenzgründen das Kind attackiert. Solche, wenn auch selten, tödlich endenden Fälle sind durchaus bekannt.

Leider muss hier noch ein völlig andersartiges Problem angesprochen werden. Nicht wenige Menschen sind sich nämlich der humanitären Verantwortung gegenüber Tieren nicht bewusst. In der Sommer- und Urlaubszeit wird so manches Tier, das man Kindern vorschnell zu Weihnachten geschenkt hat, lästig. Dann werden die Tiere einfach irgendwo ausgesetzt oder gar getötet. Was meinen Sie, welches Ansehen solche Eltern bei ihren Kinder ab dem Tag genießen, an dem sie den wahren Grund für das Verschwinden ihres geliebten Tieres (Hase, Hund, Katze, Vogel, Meerschweinchen) erfahren.

Normalerweise gibt es keine Probleme, wenn der Welpe oder das Kätzchen bereits in eine Familie mit Kindern kommt, denn dann ist die Rangordnung vorgegeben und Positionskämpfe finden nicht statt. Der Neuzugang ordnet sich wie selbstverständlich in den Familienverband ein. Dem Jungtier wird man das Baby zeigen und dabei den Hund oder die Katze loben und streicheln, damit sozusagen eine behutsame Bekanntschaft ohne Rivalität geschlossen wird. Dabei ist es ein Gebot der Hygiene, dass vorerst kein intensiver Körperkontakt der beiden durch Berühren oder Belecken geschieht. **Händewaschen nach Tierkontakt** ist für alle Menschen bitte obligatorisch. Denken Sie aber auch daran, dass in der Katze ihre wilden Vorfahren schlummern und der Hund vom Wolf abstammt. Von der Psychologie her sind beide durchaus verschieden. Der Hund ist ein Rudeltier, das sich eventuell nach Positionskämpfen ein- oder unterordnet, die Katze dagegen ein individueller Einzelgänger, der sich zu nichts zwingen lässt, also nur spielerisch zu freiwilligen Leistungen erzogen werden kann. Bald wird sich aber ein herzliches Verhältnis zwischen Tier und Kind entwickeln, beim Hund als Beschützerinstinkt, der Fremde abwehrt, wenn er dem Kind zu nahe kommt; die Katze wird vermutlich ihren Lieblingsplatz neben dem Kind suchen.

Schwieriger ist es, wenn das ausgewachsene Tier schon in der Wohnung heimisch war. Das Kind wird dann möglicherweise als Eindringling in das gewohnte Revier und somit als Konkurrenz in der häuslichen Rangordnung gesehen. Für die Eltern ist es selbstverständlich, dass dem Baby größere Beachtung geschenkt wird. Das führt beim Tier zu Konflikten und zur Eifersucht und kann dann zu Bemühungen führen, den Neuankömmling zu verdrängen; Katzen laufen manchmal einfach davon. Machen Sie also beide in diesem Fall besonders behutsam bekannt, loben und streicheln Sie den Vierbeiner und belohnen Sie ihn mit einem Leckerbissen. Lassen Sie aber beide, wie anfangs schon erwähnt, nicht ohne Aufsicht.

Die Angst der Kinder vor Hunden ist erlernt, z. B. durch einen Biss in früher Jugend. Hier ist besondere Behutsamkeit durch schrittweises Aneinandergewöhnen geboten. Der Hund wittert die Angst des Kindes. Man soll dem Tier nicht direkt in die Augen schauen und nicht davonrennen, sondern ruhig weitergehen bei einem Zusammentreffen.

Bei Katzen sei auf die Gefahr hingewiesen, dass sie die Wärme des Babybetts mögen und die Nähe zu dem kleinen Kind oft suchen; setzen sie sich jedoch zu dicht an bzw. auf das Kleinkind, kann dieses unter der Katze ersticken – so etwas passiert selten, aber regelmäßig. Weit harmloser, aber auch wichtig zu erwähnen ist die mangelhafte Hygiene hierbei.

Ein eigener Abschnitt soll der oft **übertriebenen Angst** vor Wurminfektionen gewidmet sein. Klare und konsequente Therapie- und Hygienemaßnahmen nehmen dieser Bedrohung weitgehend den Schrecken. Es gibt eine Vielzahl von **Darmparasiten**, die auf unterschiedlichen Wegen ins Tier und in den Menschen gelangen bzw. vom Tier auf den Menschen übertragen werden und umgekehrt. Die bei Jungtieren (Hund und Katze) häufig vorkommende Art dieser Schmarotzer ist der Spulwurm (bei Nagern und Vögeln die Coccidien). Obwohl Spulwürmer artspezifisch sind, wie Hundespulwurm, Katzenspulwurm, Menschenspulwurm, können bei sehr starkem Befall und unhygienischer Haltung vereinzelt Tierspulwürmer bei geschwächten Kindern festgestellt werden.

Ein **Wurmbefall** der Welpen kann schon im Mutterleib der Hündin erfolgen. Üblicherweise gelangen die durch den Kot ausgeschiedenen Wurmeier durch Schmutz oder Staub beim Schnüffeln oder Belecken des Afters über den Magen in den Darm und entwickeln sich im Körper zu geschlechtsreifen Würmern, deren Eier wiederum durch den Stuhl ausgeschieden werden. Dieser Kreislauf kann durch Hygiene unterbrochen werden. Dazu gehört die sorgfältige Entfernung des Kots, Reinigung des Afters von Hund und Katze mit feuchtem Papier. Wichtig ist die regelmäßige Säuberung der Katzentoilette, denn das Tier lehnt ein verschmutztes Klo ab und entleert sich an einer anderen Stelle in der Wohnung. Vergessen Sie danach nie das Händewaschen mit warmem Wasser und Seife! Logische Voraussetzung ist selbstverständlich eine gezielte Wurmkur, die noch einmal nach kurzer Zeit wiederholt werden soll. Doch weil eine Wurmkur den Körper anstrengt, macht man so etwas bitte nie grundlos.

Haken- und Peitschenwürmer sind in den letzten Jahrzehnten aus südlichen Ländern nach Mitteleuropa eingeschleust worden. Seien Sie deshalb besonders vorsichtig, wenn Sie nach Ferienreisen ein fremdes Tier mit nach Hause bringen, und veranlassen Sie sofort eine Stuhluntersuchung auf Wurmeier. Diese werden sowohl durch den Mund als auch durch die Haut, in die sich die Larven einbohren, aufgenommen. Beim Menschen verkapseln sie sich und befallen nicht den ganzen Körper.

Bandwürmer der verschiedenen Arten brauchen bis zur Entwicklung des ausgereiften Individuums ein bis zwei Zwischenwirte. Nur durch den Genuss eines damit infizierten Zwischenwirts (rohes Fleisch und Fisch, aber auch ein Floh oder eine Maus) können sich Mensch und Tier anstecken. Eine Sonderstellung nimmt der **Fuchsbandwurm** ein, bei dem auch der Mensch Zwischenwirt sein kann. Dieser Parasit wird nur wenige Zentimeter lang und hat nur drei Glieder. Die Infektionsübertragung erfolgt durch Verzehr von rohen Beeren, Pilzen, Fallobst, Salaten oder Gemüsen, die mit infizierter Fuchslosung in Kontakt gekommen sind. Die Fuchsbandwurmfinnen dringen bevorzugt in die Leber, aber auch in andere Körperorgane wie Hirn oder Auge ein und rufen schwere Krankheitserscheinungen auch bei erwachsenen Menschen hervor. In den vom Fuchsbandwurm befallenen Gebieten (z. B. europäische Alpen) ist es deshalb dringend geboten, die besagten Lebensmittel sorgfältig zu waschen bzw. abzukochen (über 60 °C). Denken Sie daran, dass die Füchse sich vermehrt im Stadtbereich aufhalten, also evt. auch in Ihrem Garten, selbst wenn Sie diese scheuen Tiere nicht sehen.

Coccidien sind einzellige Darmparasiten, die neben Hund und Katze auch Nager und Vögel befallen können. Es kommt dabei meist zu blutigen Durchfällen, die Infektion kann aber auch symptomlos verlaufen. Die Übertragung erfolgt über den Boden, der mit coccidienhaltigem Kot infiziert ist, und der Erregernachweis wird durch Stuhluntersuchung diagnostiziert. Mit Sulfonamidgaben und sorgfältiger Käfigreinigung lassen sich die Erreger beseitigen.

Die Toxoplasmose wird durch einen sichelförmigen Keim (Toxoplasma gondii) hervorgerufen und kommt auf der ganzen Welt vor. Befallen werden Menschen und Tiere, also auch Reptilien und Vögel. Die Ansteckung erfolgt durch Kot oder Urin akut erkrankter Tiere, z. B. Katzen (nicht jedoch beim Hund nachgewiesen) sowie durch Verzehr von rohen Tierprodukten wie Eiern, Milch, Schweinefleisch (bis zu 80 %), Rindfleisch, aber auch durch Geflügel- und Kaninchenfleisch. Blutuntersuchungen haben nachgewiesen, dass die Hälfte der Menschen schon mit Toxoplasmose in Berührung gekommen sind, wobei nicht immer Krankheitserscheinungen auftreten. Bei Ungeborenen oder Babys kann es dabei jedoch zu Totgeburten oder Missbildungen kommen, wenn die Mutter in der ersten Zeit der Schwangerschaft frisch infiziert wird und vorher noch nie mit den Erregern in Berührung gekommen ist. Sorgfältige Entfernung des Katzenkots, Händewaschen nach der Berührung der oben genannten Nahrungsmittel und vor dem Kontakt mit dem Baby verhindern eine Aufnahme des Erregers.

Die auch für Menschen und besonders für Kinder gefährliche **Hasenpest** (Bact. Tularensis) ist durch veterinärpolizeiliche Maßnahmen praktisch ausgerottet.

Alle diese Darmparasiten lassen sich durch moderne Medikamente beseitigen. In Illustrierten oder Merkblättern liest man öfter, dass mehrmals im Jahr Wurmmittel verabreicht werden sollen. Es gilt jedoch der Lehrsatz: Keine Therapie ohne Diagnose! Man gibt ja auch nicht in gewissen Abständen Antibiotika, um eine evtl. vorhandene Infektion zu eliminieren. Jedes **Wurmmittel ist ein Gift**, sonst würde der Parasit nicht abgetötet werden. Ein guter Tierarzt kann durch eine exakte Stuhluntersuchung feststellen, ob und welche Würmer vorhanden sind, und bei erkannter Infektion genau gegen diesen Parasiten wirksame Mittel einsetzen. Die beschriebenen Hygienemaßnahmen sind hierbei selbstverständlich auch zu beachten. Nicht verhindern kann man Verunreinigungen von Spielplätzen und Sandkästen durch Hunde verantwortungsloser Hundebesitzer. Viele Gemeinden bieten spezielle Beutel aus Spendern oder Automaten an, womit man die Exkremente aufnehmen und beseitigen kann, und belegen Unbelehrbare mit hohen Geldbußen. Leider lassen sich streunende Katzen – vor allem nachts – nicht fernhalten.

Infektionen durch Pilze (Mykosen), die vom Tier auf den Menschen übertragbar sind, können sowohl die Haut als auch innere Organe befallen. So gelangt die Aspergillose durch Einatmung pilzhaltiger Luft in die Lunge und wird vor allem von Vögeln auf das abwehrschwache Kind übertragen. Es kommt dann zu Nasenausfluss und Durchfall. Die Glatzflechte (Trichophytie, Mikrosporie) ist eine ansteckende Hauterkrankung aller Tiere und des Menschen. Die Übertragung erfolgt durch direkten Hautkontakt, aber auch durch infizierte Zwischenträger wie Decken oder Putzzeug. Die klinischen Erscheinungen zeigen meist rundliche Hautveränderungen. Die Diagnose kann durch besondere UV-Lampen und Erregerzüchtung gesichert werden. Zur Behandlung eignen sich lokale Antimykotika und Tabletten. Auch hier ist beim Kauf von z. B. Hasen oder Meerschweinchen die Beachtung der Haare und Haut als Vorbeugung wichtig.

Der bei Ziervögeln seltene Kammgrind ist eine Pilzerkrankung, die auch auf Hunde und Katzen übergehen kann. Dabei treten die Hautveränderungen an den unbefiederten und unbehaarten Körperstellen auf. Eine weitere Pilzinfektion ist der Wabengrind (Favus), der sich bei Hund, Katze und Nagern durch gelbe Borken auf der Haut zeigt und wie alle anderen genannten Pilzerkrankungen auch auf Kinder übertragbar ist. Häufiger findet man jedoch bei Säuglingen den ebenfalls vom Tier auf das Baby übertragbaren Soor: eine Pilzerkrankung, die gelbliche Beläge auf der Mundschleimhaut, aber auch im gesamten Verdauungstrakt zeigt. Diese Pilzinfektionen befallen auch Finger- und Fußnägel. Weisen Sie bei entsprechenden Verdachtsmomenten den Kinderarzt auf die vorhandenen Haustiere hin.

Eine von Vögeln auf Menschen übertragbare Virusinfektion ist die **Papageien-krankheit** (Psittakose), die durch unmittelbaren Kontakt zum kranken Tier und durch Einatmen virushaltigen Staubs weitergegeben wird. Dabei kennt man auch gesund erscheinende Dauerausscheider. Beim Kind wird sie im Anfangsstadium leicht mit einer Grippe verwechselt. Hier greifen strenge veterinärpolizeiliche Vorschriften, denn alle befallenen Tiere müssen eingeschläfert werden. Durch Kotuntersuchungen in staatlichen Veterinäranstalten kann diese Infektion ausgeschlossen werden. Im monatlichen Tierseuchenbericht der Veterinärbehörden werden deutschlandweit jedoch nur wenige Fälle aufgezeigt.

Ebenso selten wird dort von **Tollwutfällen** berichtet. Diese Statistik schließt neben befallenen Haustieren auch wild lebende Tiere wie z. B. Füchse, Dachse und Fledermäuse ein. Der Erreger der Tollwut wandert von der Eintrittsstelle durch Biss, Kratzer oder Verletzungen anderer Art langsam über die Nervenbahnen zum Gehirn, sodass zwischen Infektion und Ausbruch mehrere Monate vergehen können. Hauptansteckungsquelle sind jedoch die Füchse, da sie durch die Gehirnschäden ihre Scheu vor Menschen und den angeborenen Fluchtreflex verlieren und damit Kinder zum Kontakt mit dem scheinbar zahmen Tier verleiten. Hier ist eine oftmalige und intensive Aufklärung nötig.

Beispiel: Eine Lehrerin erklärt ihren Schulkindern die lebensgefährliche Krankheit Tollwut und warnt vor Berührung toter Tiere im Wald. Am nächsten Tag wurde voll Stolz von einem Kind als Sensation ein abgetrennter, im Wald gefundener Fuchsschwanz in den Unterricht mitgebracht! Dieses Negativbeispiel zeigt auch, wie wenig Kinder oft von dem Gelernten aufnehmen, weil die Emotionen und die Freude überwiegen.

In Tollwutgebieten mit frischen Fällen ist eine monatelange Hundesperre sowie Beißkorb und Leinenzwang vorgeschrieben. Bei Reisen ins Ausland braucht man oft ein Gesundheitszeugnis und es besteht Impfpflicht der Hunde; vergessen Sie also dabei nicht, ihr internationales Impfbüchlein (mittlerweile in der EU einheitlich) mitzunehmen, sich rechtzeitig über die nötigen Impfungen zu informieren und eventuell ein Gesundheitsattest zu besorgen. Manche Impfungen wirken nämlich erst nach einiger Zeit, andere dürfen nicht zu weit zurückliegen.

Durch intensive seuchenpolizeiliche und therapeutische Maßnahmen schien die Tuberkulose bei uns in Deutschland erloschen zu sein. Doch werden durch die offenen Grenzen vermehrt solche Erreger vor allem aus Ostgebieten eingeschleppt. Die Ansteckung erfolgt vom Tier auf den Menschen und umgekehrt durch Auswurf beim Niesen und Husten oder durch Kot und Urin, aber auch durch direkten Kontakt. Alle Tiere, also auch Vögel, Reptilien und Fische, sind als Infektionsträger bekannt. Ansteckung durch verseuchte Milch ist durch strikte Vorbeugung (Stallsperre) und Pasteurisierung praktisch nicht möglich.

Eine echte Gefahr für Kinder geht von den an Haustieren lebenden Ungezieferarten (Flöhe, Läuse, Haarlinge) nicht aus, da diese Plagegeister wirtsspezifisch sind. Ein Hundefloh wird also nicht beim Kind bleiben, sondern zum Hund zurückkehren. Die üblichen hygienischen Maßnahmen und Bekämpfungsmethoden auch des Lagers und der Teppiche schaffen schnell Abhilfe. Flohkot kann man als kleine schwarze Partikelchen auf der Tierhaut feststellen.

Einer besonderen Erwähnung bedürfen die durch einen **Biss von Zecken** übertragbaren Krankheiten. Die Infektionsquote dieser Parasiten steigt jährlich an. Mensch und Tier können Zecken beim Spazierengehen durch hohes Gras oder niedrige Büsche aufnehmen. Der Hund schleppt sie nach dem Herumtollen im Freien auch in die Wohnung ein. Untersuchen Sie deshalb die Haut von Kind und Hund (Haare evtl. durchkämmen) und entfernen Sie einen gefundenen Parasiten mit einer speziellen Zeckenzange (Apotheke) oder Pinzette. Quetschen Sie die Zecken dabei nicht, verwenden Sie kein Öl oder Nagellack, denn dadurch wird noch mehr infektiöser Speichel oder Magensaft abgesondert. Ein bewährtes Vorbeugemittel sind mücken- und zeckenabwehrende Produkte (wie z. B. Autan) zum Auftragen oder Besprühen. Beobachten Sie die Bissstelle noch einige Tage auf Rötung und konsultieren Sie in einem solchen Fall den Arzt.

In Deutschland werden zwei Erreger übertragen: die **Borreliose** und die Frühsommer-Meningoenzephalitis (**FSME**). Untersuchungen zeigen, dass zwischen 30 und 50 % dieser Parasiten davon befallen sind. Bei der Borreliose kommt es an der Bissstelle zu Hautrötungen, Schmerzen und Fieber. Rechtzeitige Antibiotikagaben führen zur vollständigen Ausheilung. Im Gegensatz dazu kann das FSME-Virus schwere Gehirn- und Nervenstörungen hervorrufen. Diese Art von Infektion lässt sich medikamentös nicht behandeln. Eine vorbeugende, auch für Kinder geeignete Impfung kann auch beim Hund angewendet werden und gibt Schutz. Als Risikogebiete sind mehrere Landkreise in Bayern, Baden-Württemberg, Hessen und Thüringen genannt. Freie Gebiete gibt es bis jetzt noch in Teilen von Österreich, Tschechien, der Slowakei und im Baltikum.

Von Urlaubreisen in Mittelmeerländer werden weitere durch Zecken übertragbare Krankheiten eingeschleppt, wie die Babesiose, die Ehrlichiose, die Leishmaniose und die Dirofilariose. Sorgen Sie also für optimalen Ungezieferschutz bei Ihren Auslandsreisen. Besten Erfolg geben die sog. Spot-on-Produkte, sie werden direkt auf die Haut der Tiere aufgetragen, und zwar an solchen Stellen, die nicht beleckt werden können. Deren Wirkdauer beträgt etwa vier Wochen. Die Ungezieferhalsbänder sind deutlich weniger wirksam, weil die parasitenabtötenden Stoffe vom Hals aus nicht alle Körperstellen erreichen.

Um der ganzen Familie und den mitreisenden Heimtieren bei Auslandsfahrten an den Grenzen unangenehme und zeitraubende Probleme zu ersparen, halten Sie sich an die z. Zt. gültigen Reisevorschriften: Seit Oktober 2003 sind die **EU-Heimtierausweise** mit Fotos und persönlichen Daten sowie die verabreichten Impfungen für Hund, Katze und Frettchen vorgeschrieben. Die Tollwutimpfung ist dabei absolut notwendig. Für Irland, Schweden und England ist für fünf Jahre noch ein Nachweis über die Wirksamkeit des Impfmittels durch ein anerkanntes Labor Vorschrift. Setzen Sie sich also vor der Auslandreise rechtzeitig mit Ihrem Tierarzt in Verbindung. Bei Ferien- und Reisefragen hat der Deutsche Tierschutzbund eine Beratungsstelle eingerichtet, die Sie montags bis donnerstags unter der Telefonnummer (0228) 6 04 96 27 zu den üblichen Geschäftszeiten erreichen können.

Einen für Kinder gefährlichen Einfluss haben die oft **dümmlichen Tierfilme**, die zeigen, dass alle Tiere, Hunde, Katzen oder Löwen ganz liebe, rücksichtsvolle, hilfsbereite, soziale und intelligente Spielgefährten sind. So wird das Kind selbstverständlich jeden Hund oder jede Katze streicheln und im Zirkus oder Zoo zwischen die Gitterstäbe der Käfige greifen wollen. Die Folgen sind Biss- und Kratzwunden mit gefährlichen Infektionen oder gar abgetrennte Glieder!

Denken Sie bei **Autofahrten** auch an die gesetzlich geforderte **Sicherung Ihres Hundes** durch ein TÜV-geprüftes Brustgeschirr, das im Fachhandel erhältlich ist, oder an ein Hundeschutzgitter: Bei einem starken Bremsvorgang wirkt das freie Tier nämlich wie eine Rakete; kleinere Hunde wird man selbstverständlich weiterhin ungeschützt auf den Autoboden setzen dürfen. In Deutschland ist diese Hundeanschnallpflicht vorgeschrieben, bei Nichtbeachtung drohen bis zu 25 € Bußgeld und bei einem Unfall lebensgefährliche Verletzungen für die Menschen im Wagen; dies gilt übrigens auch für ungesichertes Gepäck.

Eine nur mittelbar von Tieren ausgehende Gefahr sind die Allergien auf Haare, Speichel oder auf Milcheiweiß und deren Produkte. Das Kind reagiert mit Nesselsucht, Ausschlag oder Durchfall mit Blähungen.

Um auch Infektionen durch infizierte Lebensmittel zu verhindern, haben die EU-Agrarminister zwei Rechtstexte verabschiedet, in denen die Untersuchung von Lebens- und Futtermitteln, z. B. Eier, auf Zoonosen vorgeschrieben werden.

Zusammenfassend sei gesagt, dass eine nicht übertriebene, aber konsequente Hygiene, die vom selbstverständlichen Händewaschen nach Tierkontakten bis zur Pflege der Tiere selbst und der mit ihnen in Berührung kommenden Geräte reicht, eine Gefahr für Kinder minimiert.

7.8 Zahnmedizin für Kinder

Gehen Sie mit Ihrem Nachwuchs dann zum Zahnarzt, wenn die ersten Zähne durchgebrochen sind und diesen noch nichts fehlt. Das ist medizinisch und pädagogisch sinnvoll und das Kind gewöhnt sich daran, dass dies etwas ganz Normales ist und wird später bei Zahnarztbesuchen wohl keine Probleme haben bzw. machen.

Völlig falsch ist es, wenn Sie dem Kind erzählen, welche Leidensprozesse andere durchleben mussten, sei es bei der Vorbereitung zu Hause („ich habe selbst schon Angst, mein armer kleiner Schatz"), oder wenn Sie Schreckensgeschichten erzählen, was Sie schon alles Schlimmes bei Zahnärzten erleben mussten. In so einem Fall wäre es besser, jemand anderes das Kind begleiten zu lassen – etwa den Partner, eine Freundin oder die Großeltern.

Grundsätzlich sollte Ihr Kind ab diesem ersten Besuch halbjährlich zahnärztlich untersucht werden; zur Kontrolle (je früher ein zahnmedizinisches Problem erkannt wird, umso besser sind die Heilmöglichkeiten) – aber auch, damit es sich daran gewöhnt. Bei solchen Besuchen wird dann auch die richtige Mundhygiene vermittelt und der Zahnarzt kann dann insbesondere feststellen, ob z. B. eine kieferorthopädische Behandlung nötig ist, oder eine entstehende Karies frühzeitig erkennen. Bei gravierenderen Gebissfehlstellungen ist eine kieferorthopädische Behandlung nämlich unbedingt rechtzeitig nötig.

In der Regel reicht es bei harmloseren Zahnfehlstellungen aus, wenn Sie Ihr Kind erst beim Durchbruch der bleibenden seitlichen Schneidezähne beim Kieferorthopäden vorstellen; diese Beurteilung sollten Sie aber bitte dem Zahnarzt Ihres Vertrauens überlassen und nicht selbst treffen. Sollte sich Ihr Kind jedoch aus irgendwelchen Gründen gar nicht zu einem Zahnarztbesuch überreden lassen, sollten Sie sich an pädagogisch speziell ausgebildete Kinderzahnärzte wenden.

Manchmal stellt man fest, dass einfache Zahnfehlstellungen sich von selbst auswachsen, wenn man die richtigen Impulse in der Zahnmedizin für Kinder setzt. Dies gilt insbesondere für das Diasthema (Lippenbändchen). Dies kann mit Hilfe des Lasers schonend und schmerzarm entfernt werden.

Schon die Gesunderhaltung des Milchzahngebisses stellt die Weichen für die Zahngesundheit des späteren bleibenden Gebisses, denn:

- Die seitlichen Milchzähne haben eine Platzhalterfunktion für die bleibenden Zähne, d. h. wenn ein Milchbackenzahn zu früh verloren geht, verschwindet der nötige Platz für den Nachfolger; es entstehen Engstellungen und Fehlstellungen der bleibenden Zähne
- Karies wird von Bakterien verursacht und ist ansteckend

Wenn schon die Milchzähne kariös sind, so ist dieses Schicksal für das bleibende Gebiss vorprogrammiert und man möge berücksichtigen, dass viele Krankheiten und physische, aber auch psychische, Probleme von nicht gesunden Zähnen ausgehen.

Auch Milchzahnkaries muss unbedingt vom Zahnarzt versorgt werden; bei Milchzähnen stößt die Karies sogar schneller zum Zahn vor als bei den bleibenden Zähnen! Deshalb sollten die Milchzähne schon gleich nach dem Durchbruch gesäubert werden, z. B. schonend mit Wattestäbchen. Sobald das Kind dann dazu in der Lage ist, sollte es seine Zähne selbst putzen. Nutzen Sie dazu den natürlichen Nachahmungstrieb der Kinder und lassen sie es spielerisch ihre eigenen – bitte vorbildlichen – Zahnpflegegewohnheiten imitieren. Zur Erinnerung: „Von Rot nach Weiß" in kreisenden Bewegungen putzen, dabei ein wenig Druck ausüben und keinen Zahn vergessen (vor allem nicht die hinteren Backenzähne). Jeder Zahn hat eine Außen- und Innenfläche sowie eine Schneide- bzw. Kaufläche! Die Zwischenräume sollte man ab und zu mit Zahnseide und/oder auch einer kleinen Zahn-Zwischenraumbürste reinigen.

Wenn Sie wissen wollen, ob Sie Ihr Kind bereits angesteckt haben, weil Sie selbst kariöse Zähne haben, so können Sie bei Ihrem Zahnarzt einen Kariesrisikobestimmungstest machen.

Auch Fluortabletten helfen nicht, Putzfehler auszugleichen. Da es zu dieser Thematik unterschiedliche Meinungen gibt, hier ein paar Tatsachen: Eine der Nebenwirkungen ist, dass Fluor in zu großen Mengen giftig ist und somit eine im späteren Lebensalter erhöhte Knochenbrüchigkeit und eine Wandverhärtung der Blutgefäße festgestellt werden kann. Deshalb wird empfohlen, nur so lange Fluor zu geben, so lange ein Säugling die Kombinationsgabe mit Vitaminen zur Vermeidung von Rachitis benötigt. Anschließend ist es viel wirksamer, den Körper über entsprechende homöopathische Gaben zur eigenen Fluorsynthese anzuregen – das reicht vollkommen aus. Außerdem unterbleiben dann bei Ihrem Kind die unschönen weißlichen Verfärbungen, die häufig auf eine Fluorid-Überdosierung zurückzuführen sind (nicht zu verwechseln mit den Verfärbungen durch Antibiotikagabe bei Kleinkindern).

Leider ist es immer noch nicht zu allen Familien durchgedrungen, dass es sowohl zahnmedizinisch wie auch allgemeinmedizinisch ein absolutes Vergehen an seinen Kindern ist – wenngleich es auch der bequemere Weg ist –, die Kinder mit Zucker zu „verwöhnen". Damit werden vor allem Honig und Zucker in Tees oder vergleichbare Dinge zum Nuckeln angesprochen. Dann wird Ihr Kind die wirklich nicht harmlose Krankheit Karies mit absoluter Sicherheit bekommen! Genauso schlimm ist es, wenn Sie zum Nuckeln Fruchtsäfte geben, denn diese entkalken wegen der darin enthaltenen Säuren den Zahnschmelz: Die Zähne werden förmlich angefressen.

Der Schnuller (ohne Zuckerbad und ohne in Honig getaucht zu werden) ist auf jeden Fall besser als der Finger (Daumen), welcher nämlich den Zahnbogen verformt. Außerdem sollte der Schnuller aus Silikon und kiefergerecht sowie der wachsenden Gaumengröße entsprechend angepasst bzw. geformt sein. Die unverständlicherweise häufig angebotenen und gekauften Latexschnuller führen oft zur später auftretenden Latexallergie (z. B. auf Handschuhe von Ärzten), die sehr problematisch sein kann. Der Schnuller kommt zunächst den angeborenen Bedürfnissen der Kinder nach Saugen entgegen. Ab einem gewissen Alter, so mit ca. 3–4 Jahren, sollte das Kind jedoch entwöhnt werden. Dies gelingt oft nur sehr schwierig; manchmal helfen Tricks, wie z. B. den Schnuller zu verstecken, oder die gute Fee holt den Schnuller in der Nacht ab und lässt stattdessen etwas anderes da. Ihrer Fantasie sind dabei keine Grenzen gesetzt. Manche Kinder begreifen, dass sie schon groß sind (weil gleichaltrige Kinder sie deshalb auslachen) und werfen ihn stolz selber in die Mülltonne!

Wenn Ihr Kind einen Unfall erleidet, bei dem die Zähne betroffen sind, handelt es sich meistens um die oberen mittleren Schneidezähne. Grundsätzlich gilt, dass Sie so schnell wie möglich zum Zahnarzt gehen müssen, und an Feiertagen in die nächste Zahnklinik. Wenn der Zahn gelockert oder leicht herausgedrängt wurde, so unternehmen Sie bitte nichts besonderes (außer eventuell eine Blutstillung). Sollte der Zahn ganz ausgeschlagen sein, sollte das Kind ihn im Mund behalten. Den Zahn bitte nicht säubern, damit die Wurzelhaut erhalten bleibt. Eilen Sie schnell zum nächsten (guten) Zahnarzt und vergessen Sie das Impfbuch Ihres Kinds nicht, denn bei solchen Unternehmungen muss das Kind einen Tetanus-Impfschutz haben oder bekommen. Der Zahnarzt wird den – auch angebrochenen – Zahn wieder einpflanzen. Die besten Chancen zum Anwachsen hat ein Zahn dann, wenn dessen Wurzelhaut noch erhalten ist.

Zur Vorbeugung bei solchen Unfällen empfiehlt es sich, in der Apotheke einen sog. „Dent-o-safe" zu kaufen; dies ist ein Behälter, in dem ein Antibiotikumpulver enthalten ist, das mit einer Flüssigkeit gemischt wird. Dort ist der herausgefallene Zahn am besten und saubersten aufgehoben und kann sicher zum Arzt transportiert werden. Allerdings ist die Zeit sehr wichtig, denn die Chancen, dass der Zahn wieder anwächst, sinken, je länger man mit dem Zahnarztbesuch wartet.

Sollte nur eine Ecke des Zahnes abgebrochen sein, so kann der Zahnarzt diesen Zahn in ein bis zwei Sitzungen wieder optisch und funktionsgerecht hinbekommen. Dazu wird er mit Kunststoff aufgebaut werden und einige Jahre später erneut versorgt.

Wenn Sie dafür sorgen, dass Ihre Kinder gesunde Milchzähne und damit auch beste Voraussetzungen für gesunde bleibende Zähne haben, werden Ihre Kinder Ihnen sicher sehr dankbar dafür sein – sobald sie gesunde und optisch ansprechende Zähne schätzen können. Angenehmer Nebeneffekt: Ihre Kinder sparen sich viele Ausgaben für Zahnersatz in der Zukunft! Und vergessen Sie bitte nie: Nicht zuletzt sind funktionstüchtige Zähne auch für die Gesamtgesundheit des Menschen wichtig.

Im übrigen gilt: Das Magen Darm-System bleibt häufiger gesund, wenn die Nahrung gut vorgekaut und zerkleinert wird. Auch die Ästhetik, bzw. das gute Aussehen und das strahlende Lächeln sei nicht vergessen: Stellen Sie sich mal eine junge, attraktive Dame oder einen ebensolchen Herren vor, deren Aura verschwindet, wenn der Mund geöffnet wird …

8 Unkalkulierbare Gefahren

Unkalkulierbare Gefahren lassen sich nie absolut sicher ausschalten und deren Ein- bzw. Auswirkung auf den Körper nie zu 100 % voraussagen. Zu den unkalkulierbaren Gefahren zählen alle Energien, die von außen auf den Körper einwirken können, wie z. B.:

- Thermische Energie (Hitze – Wasserkochtopf, Flammen, heiße Oberflächen; Kälte – **Erfrierungen** wie z. B. Babys im Skirucksack)
- Potentielle Energie, Kinetik (Straßenverkehr; Herunterfallen)
- Gifte (Lack, Medizin, Reinigungsmittel)
- Mechanische Energie (Schneiden mit Messer; Bohrmaschine; Säge; Rasenmäher)
- Wärmestrahlen (gemessen in Watt pro m²; primär hier: Sonnenstrahlen)

Allein wenn man diese Energien bzw. Gefährdungen analysiert, so wird man bereits gefährliche Situationen erkennen und ggf. effektive Gegenmaßnahmen einleiten können.

8.1 Schutz vor Gefahren in Haushalt, Garten und Spielplatz

Viele Städte und Gemeinden versenden im Abstand von einigen Monaten sog. *Elternbriefe,* und zwar immer für Kinder im entsprechenden Alter. Aus diesen geht hervor, wie man sich mit dem eigenen Kind nun verhalten soll, was man ihm beibringen soll, was es jetzt schon wissen sollte, wie man es vor Gefahren schützt, usw. Diese Broschüren sind aus der Praxis und für die Praxis und als sehr gut zu bewerten: nicht ideologisch und nicht wirtschaftlich ausgerichtet. Allein mit dem Lesen und Umsetzen dieser Tipps für Eltern erreicht man eine wesentliche Verbesserung der Sicherheit für die Kinder. Und es führt dazu, dass Kinder verstehen, dass sie durch ihr richtiges Verhalten am meisten selber dazu beitragen, dass ihnen nichts passieren wird.

Vergiftungen gilt es zu **vermeiden**, indem Gifte entweder nicht vorhanden sind – doch das gibt es praktisch nicht, denn vieles ist für Kinder Gift, oft kommt es lediglich auf die Mengen an. Ein alternatives Verhalten wäre, diese Gifte in sicheren Behältern aufzubewahren und somit zugleich unerreichbar für Kinder zu machen. Gifte für Kinder sind z. B. Medizin, Zigaretten, Putzmittel, Spülmittel, Spiritus, Alkohol u. a. m. Aber auch Zimmer- und Gartenpflanzen können giftig sein; auch Pflanzenschutz-Sprühdosen enthalten Gifte, die gefährlich sind, wenn die Kinder dies einatmen oder in den Mund bekommen, und deshalb sollte man darauf entweder gänzlich verzichten (lieber eine welke Pflanze mehr als ein vergiftetes Kind!) oder diese Sachen gut wegsperren. Aber auch andere Sprühdosen bzw. Spraydosen (z. B. Schuhimprägnierungen) können im Gesicht (Nase, Augen, Mund) Verletzungen bewirken und deshalb sind auch solche – scheinbar harmlosen – Gegenstände vor Kindern zu sichern, da sie aufgrund ihres Alters noch nicht verstehen, dass diese Dinge gefährlich sein können.

Sturzunfälle sind häufig bei Kindern, deutschlandweit sterben mehr Menschen durch Treppenstürze als durch Feuer. Während Stürze auf ebener Fläche meist zu reversiblen Verletzungen führen, können sie bei größeren Höhen, etwa auf Treppen, zu bleibenden oder gar tödlichen Verletzungen führen. Deshalb sind unbedingt Schutzgitter an Treppenaufgängen und auch an den -abgängen anzubringen, besonders bei agilen Kindern unter drei Jahren. Denn es ist klar, dass man Kinder nicht permanent beobachten kann, und das „Wegsperren" der Kinder in Laufställe ist wohl eher ein Relikt aus den frühen 60er Jahren.

Bei den **Küchengeräten** sind neben der Hitze des Herds und den Gefahren durch heißes Wasser und Fett Elektrogeräte wie Mixer und Rührer besonders gefährlich für Verletzungen, nun aber primär an den Fingern. Diese schnell rotierenden Geräte faszinieren Kinder, und ohne sich der Gefahr bewusst zu sein, zerfetzen sich regelmäßig Kleinkinder die Fingerchen. Auch sollte man bei rotierenden Geräten besonders auf herabhängende lange Kopfhaare der Kinder achten. Diese können schnell in einen Mixer oder Rührer eingewickelt werden und sind nur sehr schmerzhaft wieder zu entfernen, von schlimmeren Verletzungen wie ausgerissenen Haaren samt Kopfhaut ganz zu schweigen. Diese Verletzungen sind behindernd und irreversibel – und wenn man von Schuld sprechen will, dann findet man die sicherlich nicht bei den Kindern.

Manche Geräte wurden vom Gesetzgeber erst aus dem Verkehr gezogen, nachdem eine Reihe von Unfällen eingetreten ist; dies betrifft Kühlschränke, die von innen nicht zu öffnen sind (hier sind Anfang der 60er Jahre Kinder gestorben), oder auch die erste Generation der Wäscheschleudern: **Alte Wäscheschleudern** nämlich aus den frühen 70er Jahren können geöffnet werden, wenn sich die Wäsche noch dreht. Hier ist die Gefahr, dass man hineingreift, und durch die große Masse und den großen Schwung der feuchten Kleidung, die sich um die Hand/den Finger wickelt, kann sogar der Arm abgedreht werden (auch das ist mehrfach passiert). Auf solche Geräte soll man verzichten; besser ist es, sie eher heute als morgen wegzuwerfen, denn es sind äußerst gefährdende Geräte, besonders wenn man Kinder hat.

Offene Fenster können kleine Kinder dazu animieren, hinaufzuklettern und hinunterzusehen – und dann evtl. auch hinunterzufallen. Die Klettermöglichkeiten an solchen Fenstern sollten deshalb überprüft bzw. beseitigt werden, oder diese Fenster dürfen eben nicht aufgemacht werden. Übrigens ist besonders in Hotels fremder Länder darauf zu achten, dass die Fensterflügel manchmal nach außen aufgehen – wer sich dort anlehnt, kann leicht aus dem Fenster fallen.

Besonders für ganz kleine Kinder, die eben schon etwas gehen können, sind **Kanten von Tischen** besonders gefährlich. Die Welt wird nun für die Kinder besonders aufregend – und „Welt" ist für die Kinder erst einmal die eigene Wohnung, die sie nun erstmals auf eigene Faust erforschen können. Glastischkanten sind deshalb unbedingt zu entschärfen, z. B. mit runden Kunststoffecken, die angeklebt werden. Zu groß wäre die Gefahr, dass die Kinder bei einem Sturz im Gesicht bleibende Entstellungen bekommen.

So trivial es klingen mag: Nicht nur Kinder, auch Erwachsene stolpern häufig allein deshalb, weil die **Beleuchtung nicht ausreichend** ist; deshalb empfiehlt es sich, alle Bereiche – auch bzw. gerade Flure und Treppen – ausreichend zu beleuchten, wenn sie benutzt werden. Gleichzeitig gilt, Treppen immer leer zu halten, nie – auch nicht kurzfristig – dort etwas abzustellen und dort eventuell vorhandene Teppichbeläge besonders gut zu befestigen; diese lindern auch die Verletzungen bei einem Treppensturz auf einer Steintreppe.

Gerade in der Küche sind viele Messer und es ist sicherlich falsch, den alten Kinderspruch zu zitieren, dass solche Gegenstände nichts für Kinder sind. Besser ist es, wenn Kinder unter Aufsicht ihre eigenen Erfahrungen mit Messern und anderen Gefahren machen. Jedoch darf man besonders gefährliche Messer, wie z. B. das Fleischmesser in der Küche, nicht den Kindern zugänglich machen oder auch besonders scharfe und besonders spitze Messer – hier wäre die Gefahr zu groß, dass die Kinder sich oder andere ernsthaft und schwer verletzen.

In der Küche gilt noch die Regel, dass man **elektrische Geräte** ausstecken soll, wenn man sie gerade nicht braucht; auch Brotschneidemaschinen sind besonders gefährlich, da für Kinder faszinierend. Und wir wissen ja bereits, dass verstehen von begreifen (anfassen) hergeleitet wird.

Sollte in der Küche die Pfanne oder Friteuse doch mal brennen: Brennendes Fett immer mit einem Deckel oder Tuch ersticken, nicht mit Wasser versuchen zu löschen, sonst kann es zu lebensgefährlicher Wasserdampfbildung oder gar einer noch gefährlicheren Fettexplosion kommen.

Mikrowellen bergen auch **Gefahren** für Kinder: Brei oder Getränke aus der Mikrowelle können punktuell extrem heiß sein und an anderen Stellen wiederum kälter; deshalb sind die so erwärmten Lebensmittel oder Getränke, bevor sie dem Kind gegeben werden, immer gut umzurühren und ggf. auch selbst zu probieren. Auch dürfen nur geeignete Behälter in die Mikrowelle gestellt werden, denn bestimmte Kunststoffe werden in der Mikrowelle extrem heiß und verhindern weitgehend die Wärmeleitung an die Lebensmittel!

Gehen wir nun von der Küche ins Badezimmer: Kinder bis zu fünf Jahren können **in Badewannen** auch dann **ertrinken**, wenn wenig Wasser drin ist; d. h. Kinder dieser Altersstufe darf man in Badewannen nie unbeaufsichtigt lassen, auch nicht für kurze Zeit.

Föhnkabel sollen, gerade in kleinen Badezimmern, so abgekürzt werden (von einem Elektriker), dass der Föhn auch im eingeschalteten Zustand nicht in das Wasser der Wanne fallen kann; dies schützt Menschen in der Badewanne vor fahrlässigem Verhalten anderer Personen, die sich außerhalb gerade föhnen. Man kann auch einen einfachen Knoten zum Verkürzen des Kabels machen. Übrigens sollte man sich (oder seinem Kind) auch nicht die Haare föhnen, wenn der Boden nass ist und man barfuß auf den Kacheln steht.

Im Badezimmer gilt: Das Badewasser für die Kinder am besten immer selber gut kontrollieren und berücksichtigen, dass Kinder empfindlicher sind als Erwachsene. Das Badewannenwasser soll warm, aber nie nur heiß einlaufen.

Auch muss man mit Radios, die am Netzstrom hängen, in Bädern vorsichtig sein, sie dürfen nicht ins Wasser fallen können. Es empfiehlt sich, hier im Badezimmer lediglich batteriestrombetriebene Radios bereitzustellen, um diese todbringende Gefahr zu beseitigen.

Pauschal in allen Zimmern gibt es eine weitere Gefahr: Kinder sperren sich nämlich ab und zu im Zimmer ein, wenn dort in den Schlössern Schlüssel stecken; es ist durchaus aufregend für Kinder, so Macht oder Privatsphäre zu demonstrieren. Kleine Kinder jedoch können oft danach aufgrund fehlender Kraft bzw. Geschicklichkeit nicht mehr die Tür aufschließen; auch wenn dies nicht unbedingt lebensgefährlich ist, so ist es dennoch ärgerlich, wenn man schließlich die Tür eintreten oder von einem Schlosser teuer Hilfe einkaufen muss. Abhilfe wäre hier sehr einfach: Vorher alle **Schlüssel entfernen**. Dies ist durchaus realisierbar, denn wer muss schon in seiner eigenen Wohnung Türen absperren? Das wäre ein völlig unnötiger Akt des Misstrauens; selbst am Klo ist dies eigentlich – zumindest innerhalb einer Familie – nicht nötig, dort kann man ja ggf. einen Verschluss anbringen, den man von außen mit Schraubendreher/Geldstück öffnen kann oder wo man mit einem Hinweisschild anzeigen kann, ob der Raum gerade besetzt oder frei ist.

Ein Verletzungsgrund sind auch **unergonomische Möbel**. Kindgerechte Möbel sind relativ teuer und aufgrund des schnellen Wachstums der Kinder oft noch zu groß oder schon zu klein. Aber für den Essplatz benötigt ein Kleinkind einen kippsicheren Stuhl und für später auch entsprechend geeignete Kleinkindstühle; diese kann man oft auch zum Basteln und Malen verwenden. Diese Spiel-, Mal- und Bastelsachen hebt man am besten in Holzkisten auf, die mit nicht gefährdenden Farben angestrichen sind – und nie in Plastiktüten, da hier die Erstickungsgefahr zu groß ist. Manche Kaufhäuser haben deshalb bereits unten in die Plastiktüten Löcher machen lassen, damit sie juristisch nicht für den Erstickungstod von Kleinkindern verantwortlich gemacht werden können! Denn Kinder finden es oft lustig, sich etwas über den Kopf zu ziehen, z. B. eine Plastiktüte – in der sie dann jämmerlich ersticken können.

Man soll, wenn Kleinkinder in der Familie sind, nur Möbel, Spielsachen und andere Sachen kaufen, die nachweislich **ungiftig** sind. Hier ist besonders auf die Beschichtung (**Lacke**) zu achten. Eine besondere Vorsicht muss auch allen elektrischen Spielsachen gelten, die nicht mit Batterien/Akkus funktionieren, sondern die 230-Volt-Wechselstrom benötigen. Hier müssen die Kinder schon eine bestimmte Reife haben, um mit diesem gefährlichen Strom richtig umgehen zu können. Achten Sie darauf, dass Nagetiere wie z. B. Hasen diese Kabel nicht beschädigen.

Auf dem Spielplatz darf man nie zu ängstlich sein, aber man muss dem Kind die Geräte erklären und auch die damit verbundenen möglichen Gefahren. Wenn mal was passiert (meist ohnehin harmlos bzw. reversibel/heilbar), darf man nicht überreagieren; viel besser ist es, wenn man das Kind ablenkt und nicht verängstigt oder noch zum Weinen animiert (hier sind nun primär Mütter und Großmütter angesprochen)!

Bei der **Gartenarbeit** ist darauf zu achten, dass Gerätschaften wie Rasenmäher oder motorisierte Heckenscheren eine besondere Faszination für Kinder haben, dass diese jedoch auch tödlich sein können, zumindest aber schreckliche Verletzungen bewirken können. Deshalb ist es hier nicht damit getan, die Kinder damit ihre eigenen Erfahrungen machen zu lassen.

Im Garten gilt weiter, dass man die Gerätschaften, den gesamten Garten, Schuppen usw. immer gut aufräumen sollte und nichts Gefährdendes herumliegen lassen darf, wie Sägen, Axt/Beil usw.

Kellergitterroste von Kellerschächten sind zu sichern; dies nicht nur, um Einbrüche zu erschweren, sondern auch, damit Kinder nicht die Gitter leichtfertig oder aus Übermut abheben und selber oder ein anderer hinunterfällt.

Sowohl im Haushalt als auch im Garten soll bzw. darf man nur auf standsichere Alu-Leitern steigen, nicht auf Drehstühle oder auf durchtrittsgefährliche Stühle; das Vorbild (positiv oder negativ) ist immer noch das, woran sich Kinder in vielen Lebensbereichen halten. Wenn die eigene Mutter auf den **Drehstuhl** steigt, um die Glühbirne auszutauschen, oder sich lebensgefährlich aus dem Fenster hängt, um die Scheibe zu putzen, dann machen das die Kinder mit höherer Wahrscheinlichkeit auch mal nach.

Im **Hobbykeller** müssen primär die Väter darauf achten, dass die Werkstatt aufgeräumt ist, Gerätschaften wie Flex oder Bohrmaschine nicht eingesteckt sind, Spiritus oder Reinigungsbenzin nicht zu viele explosionsfähige Dämpfe (die schwerer als Luft sind und sich am Boden sammeln) freisetzen und Kreissägen natürlich auch nicht einfach aktiviert werden können. Aber auch Sprühdosen, Pinselreiniger und andere gefährliche Chemikalien dürfen dort nicht so einfach für kleine Kinder zugänglich sein.

Allgemein gilt für alle Erwachsenen, primär jedoch die Eltern: Versuchen Sie, ein möglichst **gutes Vorbild** zu sein, ausgeglichen zu sein/werden, sich (sicherheitstechnisch, gesellschaftlich und ggf. auch politisch) korrekt zu benehmen, d. h. nicht zu rauchen, bei bestimmten Arbeiten wie Metallbearbeitung usw. eine Schutzbrille zu tragen, das Fenster korrekt und standsicher zu putzen, (intakte) Leitern zu benutzen, distanzierte Höflichkeit gegenüber Fremden zu wahren usw.

Feuchte und nasse Böden (z. B. Küche, Bad) bedeuten eine große Rutschgefahr und das wiederum kann Stürze mit monatelangen Folgen verursachen. Sind die Steinböden feucht, so wird eben nicht gelaufen, und auf Treppen ohnehin nicht – weder aufwärts noch hinab.

Es macht Sinn, eine Forderung der Arbeitsstättenverordnung und der Berufsgenossenschaften auch im privaten Leben (freiwillig) umzusetzen: Konventionelles **Glas in** und neben **Türen** in der Wohnung sollte aus Gründen des Personenschutzes gegen Kunststoffgläser oder sog. Safety-Gläser ausgetauscht werden (z. B. Einscheiben-Sicherheitsglas = ESG oder Verbundsicherheitsglas = VSG); konventionelle Glasscheiben können zu schwersten Schnittverletzungen führen, wenn man in sie hineinfällt – und diese Opfer sind primär Kinder beim Spielen. Solche verletzungssicheren Scheiben sind in Deutschland lediglich an Arbeitsstätten und nicht im privaten Wohnbereich vorgeschrieben! Preiswerter und ähnlich effektiv ist das Bekleben der Glasscheibe mit einer Kunststoff-Folie; hier ist allerdings die Optik oft nicht dauerhaft auf hohem Niveau und man muss vor allem beim Reinigen besonders vorsichtig vorgehen.

In Küchen sollten keine **Tauchsieder** mehr verwendet werden, da hier die Verletzungsgefahr (nicht nur für Kinder), aber auch die Brandgefahr zu groß ist. Beim Bügeln ist besonders auf die Stromleitung und das Bügeleisen selber zu achten, damit sich Kinder daran nicht verletzen; nachdem die Eltern das Bügeleisen in der Hand halten, hat dies eben für Kinder einen verständlichen Reiz, es ihnen nachzumachen. Heiße, benutzte Bügeleisen sind so aufzustellen, dass keine Gefahr für Kinder besteht.

Wärmflaschen sind eine manchmal sinnvolle, effektive und harmlose Behandlungsmethode; allerdings müssen sie so **fest verschlossen** sein, dass das Kind sie nicht selber aufbekommt – ansonsten besteht die Gefahr der gefährlichen Verbrühung. Auch deshalb soll in Wärmflaschen nie heißeres Wasser als max. 50 °C eingefüllt werden. Inhalieren dürfen Kinder nur unter Aufsicht und nur Stoffe, die der Kinderarzt freigegeben hat; sonst besteht die Gefahr, dass sie sich die Schüssel über den Schoß schütten oder für Kinder nicht harmlose Dämpfe einatmen.

8.2   Straßenverkehr

Es ist gesetzliche Pflicht, Autositze je nach dem Alter anzuschaffen, und zwar für jedes Kind. Ganz kleine Kinder gehören in einen Sitz, der gegen die Fahrtrichtung gerichtet ist. Oft ist das auf dem Beifahrersitz nicht möglich, denn der **Airbag** könnte Kinder in diesen Sitzen verletzen. Kinder gehören immer auf die Rücksitzbank. Bei großer Hitze im Auto reagieren Kinderkörper anders als Erwachsene, deshalb ist ein Auto mit Klimaanlage kein unnötiger Luxus, sondern sinnvoll. Hilflose Lebewesen wie kleine Kinder oder Haustiere können in einem unter praller Sonne geparkten Wagen aufgrund der großen Hitzeentwicklung schnell sterben – was schrecklicherweise regelmäßig auch passiert!

Sorgen Sie dafür, dass Ihre Kinder **nicht zu früh Fahrrad fahren lernen**, und dies immer mit Helm, möglichst auch mit Handschuhen tun sowie auch vernünftiger Kleidung: geschlossene Schuhe und Hosen, die über die Knie gehen. Ideal ist ein Alter, in dem sie keine Stützräder mehr benötigen, denn mit Stützrad-Rädern passieren besonders viele Unfälle. Kinder dürfen nicht nur auf dem Gehweg radeln, bis zum zehnten Lebensjahr müssen sie es sogar tun. Demonstrieren Sie Ihren Kindern die Gefährlichkeit des Straßenverkehrs, z. B. indem Sie mit dem PKW-Reifen über einen Apfel oder eine leere Getränkedose fahren und diese Teile dem Kind zuvor in die Hand geben. Dann wird es begreifen, welche Kraft ein Auto hat und wie eben der Körper nach einer Kollision aussieht: nämlich platt. Kleine Kinder fahren gern mit Rädern, an denen lange, flexible Stangen mit einem Fähnchen angebracht sind. Das ist sinnvoll und positiv, aber leider finden größere Kinder diesen Schutz „uncool".

Viele kleine Kinder verletzen sich ernsthaft und bleibend behindernd die Zehen, weil sie mit offenen Schuhen oder gar barfuß (!) von den Eltern in Kindersitzen auf dem Fahrrad (vorn oder hinten) mitgenommen werden. Sorgen Sie dafür, dass Ihre Kinder die **Zehen** niemals **in** die **Speichen** bekommen können. Übrigens sind Fahrradanhänger lt. einer wissenschaftlichen Untersuchung im Ismaninger Allianz Zentrum für Technik wesentlich sicherer für Kinder als das (legale) Mitnehmen von Kindern bis sechs Jahren auf dem Fahrrad in speziellen Kindersitzen. Dies gilt auch, obwohl im Sommer 2004 erstmals ein Kind (durch ein motorisiertes Zweirad) in einem Fahrradanhänger getötet wurde. Ein gutes Beispiel, wie sehr die Medien auf spektakuläre Unfälle scharf sind. Gab es in den billigen Straßenzeitungen doch glatt deshalb Schlagzeilen – obwohl die Gefahr durch Mitfahren im Anhänger nachweislich verschwindend gering ist und viel mehr Kinder beim Mitfahren auf dem Rad verletzt und getötet werden.

Doch auch die Bundesregierung tut etwas gegen Verkehrsunfälle mit Beteiligung von Kindern: Es gibt in Deutschland mittlerweile ca. 15.000 Radwege entlang der Bundesstraßen. Der Bundeshaushalt gibt jährlich ca. 11 Mio. € für Verkehrserziehung aus, es werden über 6000 Veranstaltungen in Kindergärten diesbezüglich durchgeführt.

Setzen Sie Ihren Kindern immer **Helme** auf (obwohl die Quote stetig steigt, ist sie immer noch zu niedrig); sehr viele ernste Verletzungen, auch bei Kollisionen mit PKWs, werden dadurch gemindert oder ganz vermieden.

Man sieht viele junge Menschen auf motorisierten Zweirädern, die im Sommer neben lässiger Strandbekleidung lediglich mit Helm fahren. Das mag cool oder auch sexy wirken, doch bei einem Sturz – bereits bei 20 km/h – können lebenslängliche Entstellungen durch Hautabschürfungen (Arm, Bein, Hand) bis hin zu bleibenden Behinderungen durch Gelenkverletzungen (Knie, Fuß, Hand) entstehen: Verletzungen, Entstellungen und Behinderungen, die bei korrekter Motorradbekleidung mit stabilen Schuhen, langer Hose, Handschuhen und Lederjacke nicht passiert wären. Vermitteln Sie Ihren Kindern, wenn sie **Motorrad fahren** wollen, was ein sehr schöner Sport ist, den Sie vielleicht selbst betreiben, dass es wichtig ist, auf die richtige Sicherheitskleidung zu achten. Erklären Sie Ihnen bitte, dass Unterkühlungen der Nieren mit 15 Jahren noch wenig auffallen – dass dies aber nach 20 und mehr Jahren zu nicht mehr behebbaren gesundheitlichen Problemen führen kann!

Warum verunglücken Kinder im Straßenverkehr? Oft fehlt die körperliche Reife; die geistigen Fähigkeiten wie **Gefahrenwahrnehmung**, Konzentration, Aufmerksamkeit sind ebenfalls noch nicht weit genug entwickelt. Kinder sind kürzer und treten beim Überqueren der Straße oft hinter Fahrzeugen plötzlich auf die Fahrbahn, hinter denen man sie als Fahrzeuglenker nicht sehen kann, und dies führt dann häufig zu Unfällen. Doch auch Defizite in der Verkehrserziehung (hier tragen die Eltern die Schuld) führen zu Unfällen, wie die Unkenntnis der Verkehrsregeln und leider auch das rücksichtslose Verhalten anderer (erwachsener) Verkehrsteilnehmer. Es ist erschreckend, aber selbst Erwachsene mit Kindern fallen vor Schulen bei Radarmessungen auf und begründen dies mit Zeitdruck und sie würden schon aufpassen (!!!). Dass dennoch die Zahl der im Straßenverkehr getöteten Kinder in den letzten Jahren um über 50 % zurückgegangen ist, liegt also nicht an unserem Verhalten, sondern an verbesserten Schutztechniken passiver und aktiver Art. „Passiv" bedeutet, dass Fahrzeuge heute so konzipiert werden, dass Verletzungen an Menschen geringer ausfallen, und „aktiv" bedeutet, dass die Menschen durch Kleidung, Gurt und Helm besser geschützt werden.

Kindern aus Gründen der Angst ganz das **Fahrradfahren zu verbieten**, wird mittelfristig exakt den gegenteiligen Erfolg bringen: Haben sie dann nämlich mal die Möglichkeit zu radeln, werden sie alles nachholen, und aufgrund fehlender Fahrpraxis passieren dann Unfälle mit höherer Wahrscheinlichkeit.

Und nun haben Sie Ihre Kinder so weit gebracht, dass sie selber **Verantwortung übernehmen**, und mit 16 kaufen sie sich dann ein Kleinkraftrad mit vielen PS und über 100 km Stundenleistung. **Selbstüberschätzung**, typisch männliches Verhalten, und Spaß am Fahren führen dann dazu, dass die Haupttodesursache für junge Männer zwischen 18 und 25 eben der Straßenverkehr ist. Sicherlich können Sie Ihrem Sohn das Motorradfahren nicht verbieten, aber vielleicht erklären Sie ihm, dass er auch dann cool und lässig ist, wenn er nicht mit 140 km/h durch die Innenstadt brettert, und dass „rechts vor –links" nicht nur eine Regel für Weicheier ist. Die Knautschzone des Motorradfahrers ist nun mal sein Nasenbein. Vielleicht können Sie Ihren Sohn vom Motorrad abbringen, indem Sie ihm Geld zugeben für den Kauf eines (vernünftigen) Wagens. So ein Fahrzeug hat den Vorteil, dass es zwölf Monate im Jahr zu gebrauchen ist und nicht nur bei schönen Tagen. Ein Ferrari-Händler aus Nordrhein-Westfalen hat seinen Sohn erst mit reifen 24 Jahren das erste Mal einen Ferrari fahren lassen mit der Begründung: „Lieber habe ich einen beleidigten Sohn als einen toten Sohn."

Allein über **Straßenverkehr** könnte man ein ganzes Buch schreiben. Sie kennen Ihr Kind am besten und wissen, wer (Sie, der Partner, evtl. auch eine andere Person Ihres Vertrauens) dem Kind oder später dem jungen Erwachsenen am besten erklären kann, wie man sich verhalten sollte – und warum. Permanentes Einreden bringt ebenso wenig wie absolutes Schwarzmalen.

8.3   Sicherheit auf dem Schulweg und in der Schule

Sobald unsere Kinder das Haus in Richtung Schule verlassen, stehen viele Gefahren an. **Gefahren**, die unsere Kinder jetzt **allein bewältigen** müssen, um jeweils richtig zu reagieren. Die nachfolgende Tabelle zeigt die Risiken des Schulwegs und wie man damit umgehen kann.

Risiken auf dem Schulweg	Gefahren/ Grund	Risikobereitschaft	Prävention	Verantwortung
Missachten von Verkehrsvorschriften	Angefahren werden; falsches Einschätzen von Geschwindigkeiten	Groß bei Unkenntnis oder wenn es andere auch machen; bei Verspätung größere Gefahr	Rechtzeitig das Haus verlassen; ggf. begleiten; engagierte Vorbereitung	GUV-versichert bei direktem Schulweg; meist hat der Autofahrer Schuld
Angefahren werden von einem PKW, LKW, Fahrrad etc.	Übersehen werden durch z. B. dunkle Kleidung oder Unachtsamkeit des Fahrers	Risikobewusstsein oft wenig vorhanden, hieraus resultiert erhöhte Risikobereitschaft	Gute theoretische und praktische Vorbereitung	Nach heutiger Rechtsprechung meist Schuld des Fahrzeugführers

Risiken auf dem Schulweg	Gefahren/ Grund	Risikobereitschaft	Prävention	Verantwortung
Verunglücken mit dem Rad, Rollerblades, Skateboard	Selbstüberschätzung oder Mutproben	Groß aufgrund von Selbstüberschätzung und falscher Einschätzung von Fahrzeugen	Strecke mehrfach mitradeln, Kinder erst ab 10 Jahre allein radeln lassen und nicht bei schlechtem Wetter; vernünftige Kleidung/Schuhe, Helm	Je nach Alter kann Kind Teilschuld erhalten
Straftaten	Entführung, sexueller Missbrauch, Klauen in Geschäften	Gegeben primär bei unsicheren und infantilen, nicht auf die Gefahren vorbereiteten Kindern	Offen darüber sprechen, was passieren kann und wie man sich verhalten sollte: Fremden nie auf Fragen (z. B. nach Weg) antworten	StGB
Verunglücken mit Motorrad oder Auto	Auf dem Schulweg wesentlich geringer als in der Freizeit	Bei Jungen, vor allem um bei anderen in Peergroups Eindruck zu machen	Keine PS-starken Fahrzeuge geben; vermitteln, dass Lässigkeit nichts mit Risikobereitschaft zu tun hat	Häufig die Schuld des Motorradfahrers
Verunglücken in einem PKW	Eltern fahren Kind zur Schule	Der Fahrzeugführer hat dafür zu sorgen, dass das Kind angegurtet ist und ggf. ein Kindersitz vorhanden ist	Kinder sitzen hinten, haben zum Alter passende Sitze und sind angegurtet	Fahrzeugführer

Risiken auf dem Schulweg	Gefahren/ Grund	Risikobereit-schaft	Prävention	Verant-wortung
Rauchen	Zufügen von gesundheit-lichen Schäden	Groß, zuneh-mend auch bei labilen Kin-dern, jungen Kindern und Mädchen	Selbst nicht rauchen; vor allem auf die langfristigen Gefahren hin-weisen	Meist Fehler in der Erziehung bzw. falsches Vorbild
Verunglücken oder Erkran-ken aufgrund falscher Klei-dung	Ausrutschen, nass werden oder sich eine Erkältung zuziehen	Keine; liegt meist nicht im Zuständig-keitsbereich der Kinder	Gutes Schuh-werk, der Jahreszeit an-gemessen; helle Schutzkleidung gegen Regen und Kälte; Schal und Handschuhe	Schuld liegt bei den Eltern

Kinder brauchen einen täglichen **körperlichen Ausgleich** zu dem stundenlan-gen Sitzen in der Schule und zu Hause. Dies sorgt bei Ihren Kindern auch für größeren Erfolg, größere Ausgeglichenheit und schließlich für Zufrieden-heit bei allen. Wer Aggressionen auf dem Fußballfeld ausleben kann, zeigt sich friedlicher und ausgeglichener bei sonstigen Aktivitäten. Suchen Sie sich aus der Vielzahl der Angebote und der Veranlagung Ihrer Kinder den Sport bzw. die Sportarten heraus, die für das Kind (nicht für die Eltern!) passend sind: Zar-te Kinder werden lieber Tischtennis als Hockey spielen, kräftige Kinder lieber Judo machen als Gymnastik. Sportunfälle sind bei Kindern meistens harmlos und reversibel, sie sollten nicht dazu führen, Kinder keinen Sport machen zu las-sen, auch deshalb nicht, weil man vielleicht seine eigene Angst davor oder eigene negative Erlebnisse damit auf die Kinder projiziert. Es gibt auch Jungen, die gerne so genannte Mädchensportarten wie Ballett lernen möchten, oder Mäd-chen, die gerne Fußball spielen wollen. Manche Väter oder Mütter verstehen das vielleicht nicht und wollen ihre Kinder mit **abwertenden Kommentaren** davon abhalten, weil ihnen diese Sportart zu „unmännlich" oder „unweiblich" für sie selbst vorkommen mag. Wenn man aber an Filme wie „Billy Elliot" oder „Kick it like Beckham" denkt, haben diese Vorlieben Ihrer Kinder durchaus ihre Berechtigung und sind unterstützenswert.

Auf dem Weg in die Schule ist es in der kalten Jahreszeit besonders gefährlich, weil die **Witterungsverhältnisse** (Regen, Schnee, Glatteis) oft schlecht sind, vor allem aber die Helligkeit noch nicht ausreichend ist. Helle, **reflektierende Kleidung** kann man bis zu fünfmal so weit sehen und sie ist deshalb eine unabdingbare Voraussetzung für die Sicherheit Ihrer Kinder und beruhigend für Sie. Sorgen Sie bitte dafür, dass Ihre Kinder sich die Kleidung selber aussuchen, dass sie ihnen gefällt und von ihnen akzeptiert wird. Anders stellt sich die Problematik auf dem Heimweg dar: Verständlich bzw. wünschenswert, dass Kinder nach der Schule auf dem Nachhauseweg gut gelaunt sind und diese Stimmung auch zeigen: sich unterhalten, rennen, schubsen und dabei auf die Freunde mehr achten als auf den Verkehr. Auch hier ist eine Mindestreife nötig, um Kinder ohne Beaufsichtigung gehen zu lassen. Schülerlotsen sind lediglich im direkten Bereich der Schulen vorhanden und sie erwecken oft eine **Scheinsicherheit**, die bei manchen Kindern ihr eigenverantwortliches Denken und Handeln in den Hintergrund treten lässt.

Weitgehend unabhängig von der Tages- und Jahreszeit ist die Gefahr, dass kleine Kinder hinter Fahrzeugen die Straße überqueren. Anders als in Zeichentrickfilmen stehen Menschen eben nicht mehr auf, wenn sie von Häusern fallen oder von Autos überfahren werden. Kinder müssen wissen, dass Autos lange Bremswege haben, die Fahrer oft zu schnell fahren und dass man Kinder, die hinter Fahrzeugen auf die Fahrbahn treten, oft erst in diesem Moment sieht; besonders kritisch sind Vans und Kleinbusse – bringen Sie Ihren Kindern bei, niemals hinter solchen Fahrzeugen eine Straße zu überqueren, immer nur an Ampeln, auch wenn sie andere sehen, die das nicht tun. Aber selbst an Ampeln blickt man nicht lediglich auf das eigene Grün, sondern vergewissert sich, dass die Fahrzeuge auch anhalten. Doch nicht nur auf dem Schulweg, auch in der Schule gibt es Gefahren, wie die nachfolgende Tabelle aufzeigt.

Risiken in der Schule	Gefahren	Risikobereitschaft	Prävention	Verantwortung
Lehrkraft nicht im Raum	Verletzungen, Sachbeschädigungen	Hoch durch Übermut, Mutproben	Durch Erfolge und Ausgleich (Sport) den Energie-überschuss abbauen	Grundlegend bei der Schule; Verletzung der Aufsichtpflicht des Lehrers, je nach Tat auch beim Schüler
Verunglücken beim Sportunterricht	Verletzungen von Knochen, Bändern, Muskeln oder schlimmere Verletzungen wie Halswirbel etc.	Hoch durch Unkenntnis der Gefahren und wenn Kinder vor anderen angeben wollen	Liegt primär im Zuständigkeitsbereich der Lehrkraft; Kinder sollen sich warm machen und lediglich Dinge tun, die sie sich zutrauen	Der Lehrer hat die Aufsichtspflicht, Verletzungen werden vom GUV beglichen
Verunglücken beim Schwimmunterricht	Ausrutschen, erkälten, ertrinken, sich am Beckenrand anschlagen	Hoch durch Übermut	Kinder müssen vor dem 6. Lebensjahr schwimmen können und die Gefahren im Wasser kennen und ernst nehmen	Die Schwimmlehrer haben die Verantwortung, auf alle Kinder aufzupassen
Verletzung beim Werkunterricht	Verletzungen mit Säge, Stechen bei Linoleumarbeiten usw.	Hoch	Tetanus-Impfungen und frühzeitiges Lernen im Umgang mit Werkzeug	Der Werklehrer hat die Verantwortung, je nach Alter und Tat aber auch die Kinder

Risiken in der Schule	Gefahren	Risiko-bereitschaft	Prävention	Verant-wortung
Gefahren beim Wandertag	Verletzung durch Toben; Abhanden-kommen; Opfer eines Verbrechens	Hoch durch Übermut und dynamische Gruppen-zwänge	Kinder bleiben immer in Gruppen zusammen; die Schule schickt mindestens 2 (besser 3) von den Schülern akzeptierte Lehrer mit	Unterliegt dem GUV, grundlegend haben die Lehrer die Verantwortung
Schulfest	Verletzungen durch Spiele	Gegeben, weil man nachmachen und zeigen will, was andere auch geschafft haben	Alle Spiele (vor allem Kletterwände, Hüpfburgen und Seilziehen) nur unter Aufsicht	Als schulische Veranstaltung über GUV versichert
Pausenhof	Verletzungen durch Rangeleien; Drogenkonsum, Alkohol, auch die jetzigen Alkopops	Meist geringe Verletzungen; strafrechtlich relevant	Ausreichend viele Lehrer als Pausenaufsicht; keine „dunklen Ecken"	Die Verantwortung liegt grundlegend bei der Schule
Museums-besuch	Entfernen von der Klasse; Schubsen, Beschädigung der Gegenstände, Gemälde etc.	Eher gering Hoch	Klare Regeln aufstellen; evtl. „Rabauken" nicht mitnehmen	Schulische Pflichtveranstaltung, somit GUV-versichert
Chemieunterricht	Verletzungen durch Chemikalien, Brände	Verätzungen und andere Verletzungen	Klare Regeln werden aufgestellt, Verstöße entsprechend geahndet	Der Lehrer darf seine Aufsichtspflicht nicht verletzen
Physikunterricht	Verletzungen durch elektrischen Strom	Störungen des Herzrhythmus	Lediglich die Lehrkraft führt gefährliche Versuche vor	Der Lehrer muss Gefahren effektiv abwenden

Risiken in der Schule	Gefahren	Risiko-bereitschaft	Prävention	Verant-wortung
Schlägerei	Körperverletzung	Bei manchen Kindern extrem groß	Gewaltfreie Erziehung ohne Drohungen	Auf dem Pausenhof ggf. die Aufsicht, auf dem Schulweg privatrechtlich

8.4   Brandschutz-Erziehung

Die meisten Kinder, die durch Brände sterben, sind jünger als drei Jahre. Daraus ist der Schluss zu ziehen, dass man schon bei Kindern mit ein oder zwei Jahren anfangen muss, ihnen zu erklären bzw. zu demonstrieren, dass Feuer nicht nur schön, sondern auch heiß, gefährlich ist. Man kann selber in eine Flamme langen, und wenn das Kind das dann nachmacht, wird es schnell merken, welche Folgen das hat – und die Hand dann selber wegziehen. Deshalb verbieten Sie dem Kind nicht, in die Flamme zu langen, ziehen Sie den Arm des Kindes nicht zurück. Dieses Kind hat danach Achtung und **Respekt vor Feuer** und der Reiz, selber heimlich ein Feuerzeug anzumachen, ist verschwunden. Ähnliches gilt für Zündhölzer: Wenn sich ein Kind die Finger damit verbrannt hat, wird es wohl keinen Reiz mehr darin sehen, dies zu tun, ggf. heimlich.

Im Zusammenhang mit Brandtoten muss man auch wissen, dass Menschen bei Bränden nicht durch Hitze oder Flammen, sondern durch den Rauch und die damit verbundene Sauerstoffverdrängung sterben. Das muss man den Kindern auch verständlich mitteilen: Brennt es in einem Raum, muss man diesen unbedingt verlassen, sogar die Wohnung. Selbst wenn der Teddy verbrennt oder das Bett, muss dem Kind klar sein: Diese Dinge sind ersetzbar. Auch klar muss dem Kind sein, dass Papa nicht schimpfen oder gar schlagen (!!!) wird, wenn das Kind das Feuer ausgelöst hat – und sich deshalb eventuell im Haus verstecken will und am Rauch sterben wird.

In Deutschland gibt es jährlich ca. 700 Brandtote, ca. 70 % davon im privaten Bereich und davon jährlich über 50 Kinder (!). Das zeigt, dass man Kinder schon sehr frühzeitig auf die große **Gefahr „Feuer"** vorbereiten muss, und zwar präventiv und auch kurativ, im Falle eines Brands: Kleine Kinder verstecken sich

im Brandfall – vor allem, wenn sie wissen, dass sie selber für die Brandentste-
hung „verantwortlich" sind – nämlich häufig dort, wo sie meinen, sicher zu sein
(Schrank, Bett); dort werden sie dann häufig zu spät gefunden.

Die Haupt-Brandgefahr geht von offenem Feuer (z. B. **Kerzen**) aus. Kerzen
können durch das Herunterbrennen Zweige oder Tischtücher entzünden; ein
kleiner Adventskranz kann bereits derart viel Rauchgase freisetzen, dass das
ganze Wohnzimmer unbewohnbar wird, zudem kann sich der Brand vom Adventskranz ausgehend ausbreiten, und zwar auf den Raum und die Wohnung.
Deshalb darf man offenes Feuer nie, auch nicht kurzfristig (z. B. um auf die
Toilette zu gehen, um sich Kaffe zu machen oder weil es an der Haustür geläutet
hat) unbeaufsichtigt lassen – und mit kleinen Kindern schon überhaupt nicht.
Besonders in der Adventszeit ist die Brandgefahr groß, aber auch im Januar:
Dann nämlich sind die Zweige am Weihnachtsbaum, vom Adventskranz oder
von Gestecken trockener und die Kerzen schon ziemlich heruntergebrannt, d. h.
die Flammen kommen immer näher an die immer trockeneren Zweige – insofern brennt es besonders schnell und leichter als noch drei Wochen zuvor.

Kerzen können aus der Halterung kippen, vom Baum fallen, schief werden,
von einem Haustier (z. B. Katze) umgestoßen werden usw. und so binnen Sekunden einen Brand auslösen; so ein Brand kann dann binnen Sekunden so groß
werden, dass in kürzester Zeit ein ganzes Zimmer brennt und dort ein Aufenthalt
nicht mehr möglich ist. Deshalb sollte man zum Löschen im Wohnzimmer einen **Handfeuerlöscher** haben; das ist gesetzlich oder versicherungsrechtlich zwar
nicht gefordert, aber äußerst sinnvoll. Empfehlenswert sind die etwas teureren
Aufladelöscher (und nicht die Dauerdrucklöscher von der Tankstelle oder aus dem
Baumarkt), und als Löschmittel sollte man Wasser (mit Zusatzmittel – damit ist
es frostgeschützt und effektiver beim Löschen; ggf. ist es damit auch für Fett-
brände in der Küche geeignet) oder Schaum wählen; diese Löscher sind nur dann
einsatzbereit, wenn man sie regelmäßig von einer Fachkraft überprüfen lässt (alle
zwei Jahre) und auch dorthin gibt, wenn man sie nur kurz benutzt hat. Im übrigen
sind auch einige (nicht jedoch alle) der sog. Löschsprays empfehlenswert und für
viele Bereiche einsetzbar.

Hat es dann doch mal gezündet, nützt ein Eimer mit Wasser meist überhaupt
nichts, wenn z. B. der Weihnachtsbaum brennt – das ist ein alter Irrglaube, den

man nicht ausrotten kann. Jeder sollte deshalb einen Handfeuerlöscher in der Wohnung haben, z. B. mit Wasser, Schaum, Kohlendioxid, oder einen Fettbrandlöscher, im Keller an der Heizung evtl. Schaum oder einen ABC-Pulverlöscher. Aber Achtung: Löschpulver bewirkt meist immense Löschmittelschäden an Einrichtungsgegenständen und Elektronik in allen Räumen der Wohnung (!) und sollte deshalb nicht vorgehalten werden. Der Löschmittelschaden kann größer als der Feuerschaden sein!

Ein preiswerter und gleichzeitig effektiver Feuerlöscher ist auch ein handelsübliches Gerät zum Bekämpfen von Blattläusen: In den Behälter füllt man Wasser, mittels Handpumpe baut man einen Druck auf und über den Sprühknopf kann man fein verteiltes Wasser ausbringen: Das löscht optimal und hinterlässt praktisch keine Wasserspuren.

Wenn man als letzte Person ein Zimmer verlässt, in dem eine Kerze brennt, soll bzw. muss man alle **Kerzen löschen;** wer nur zur Toilette geht oder in die Küche, handelt bereits grob fahrlässig und riskiert nicht nur das Leben von Kleinkindern in diesem Raum, sondern bei einem Brand auch seinen Versicherungsschutz!

Adventskränze sollen **auf Metallteller** oder nicht brennbare Tabletts gestellt werden; damit ist gewährleistet, dass ein Brand sich nicht bzw. nicht schnell ausbreiten kann und dass man den Adventskranz noch ohne Eigengefährdung nach draußen bringen kann, wenn er zu brennen beginnt – oder man wirft ihn in die Dusche oder Badewanne, um ihn dort mit Wasser zu löschen. Ein dickes massives Holzbrett bzw. Tablett wäre aufgrund seiner schweren Entflammbarkeit und der geringen Wärmeleitung (d. h. man kann es ohne Handschuhe anfassen) vielleicht sogar noch besser geeignet.

Den Weihnachtsbaum sollte man in einen Ständer stellen, in den man Wasser füllen kann; somit bleibt der Baum länger feucht und wird nicht ganz so schnell entzündlich wie ein völlig ausgetrockneter Baum. Man darf nie **Wunderkerzen an den Weihnachtsbaum** hängen, die Brandgefahr wird dadurch unkalkulierbar groß: Es können Temperaturen von über 1000 °C entstehen und davon reicht ein Bruchteil, um den Baum anzuzünden. Wer am Baum Wachskerzen hat, sollte den Baum vor dem Anzünden der Kerzen befeuchten, z. B. mit einem Wasserzerstäuber. Aber an einen Weihnachtsbaum gehören heute elektrische

Lichter und keine Wachskerzen; optisch ansprechende Niedervoltlämpchen können wesentlich öfter eingesetzt werden als Wachskerzen, und wenn sie über das CE- und GS-Zeichen verfügen, ist die Brandgefahr auch wesentlich geringer als bei Wachskerzen. Es ist darauf zu achten, dass man keine unsicheren Billigprodukte kauft, sondern Qualitätsware. Doch auch diese Teile und deren Transformatoren beherbergen noch eine bestimmte Brandgefährdung, deshalb niemals ohne Aufsicht brennen lassen. Bei Kerzen muss man noch darauf aufpassen, dass keine brennbaren Gegenstände (z. B. Girlanden, Luftschlangen, Mobile, Weihnachtsschmuck usw.) im Gefahrenbereich oberhalb der Kerzen hängen.

Hochprozentige Alkoholflaschen sind immer zu schließen (z. B. bei einer Feuerzangenbowle), denn auch 40%iger Alkohol kann brennen oder, wenn die Flasche versehentlich umgestoßen wird, einen Brand verursachen; auch das Verdampfen von Alkohol kann gefährlich werden, z. B. wenn direkt über der offenen Flasche eine Niedervolt-Halogenlampe brennt; 80%iger Rum kann explosionsartig verbrennen und damit Menschenleben gefährden.

Man darf **Zigarettenglut** nicht achtlos in Papierkörbe oder den Küchenmülleimer werfen, sondern in Metallbehälter, die geschlossen sind. Am nächsten Tag ist dieser Abfall dann über die Mülltonne zu entsorgen.

Unachtsamkeit, Sorglosigkeit, Ausgelassenheit und zunehmender Alkoholkonsum sind besondere Gefahren (nicht nur für Kinder), und dies verstärkt zu Silvester. Kindern und (vor allem männlichen) Jugendlichen macht es immer besonderen Spaß, Raketen und Kracher anzuzünden und damit herumzuexperimentieren. Diesen offensichtlich natürlichen Spieltrieb kann man mit Verboten nicht verharmlosen. Da ist es schon besser, die Kinder bei derartigen Aktivitäten unter Aufsicht zu haben, sozusagen an der langen Leine zu lassen. Und wenn sich ein Kind dabei mal die Finger verbrennt – umso besser, denn dieses relativ harmlose Ereignis führt normalerweise aufgrund der selbst gemachten Erfahrung zu größerer Vorsicht.

An Silvester ist noch darauf zu achten, dass Raketen korrekt gehandhabt werden. Sie dürfen nicht in die Erde gedrückt werden, um sie zu starten; dazu sind sie ausschließlich in große Flaschen, die standsicher und umfallsicher aufgestellt werden (z. B. in Kunststoffträger stellen oder in den Schnee drücken), zu stecken und von dort zu starten. Wenn ein Vater meint, seine Gäste damit beeindrucken zu müssen, Raketen aus der Hand starten zu lassen, sind wohl vergleichbare „coole" Aktivitäten der Kinder vorprogrammiert und damit auch Unfälle. Es kann dabei passieren, dass die Verbrennungen auf der Hand nach 20 und mehr Jahren noch sichtbar sind und sie können sogar zu bleibenden Behinderungen und Entstellungen führen – da sie mit mehreren 1000 °C verbrennen! Auch hier gilt, mit gutem Vorbild voranzugehen und Lässigkeit nicht mit Fahrlässigkeit zu verwechseln.

Vor allem **Böller oder Raketen**, die nicht gezündet haben, stellen für Kinder und Jugendliche eine immense, unkalkulierbare Gefahr dar – wenn sie versuchen sollten, die Zündung doch noch zu bewirken. Bei solchen Aktionen sind primär die Augen, die Finger und pauschal die gesamte Haut gefährdet, hier gibt es die meisten Verletzungen und Behinderungen.

Feuerräder und Funkenwerfer, die man an eine Latte nagelt oder auf den Boden stellt, müssen immer so aufgestellt werden, dass sie nichts entzünden können, auch wenn sie umfallen (z. B. in das Wohnzimmer sprühen). Besondere Vorsicht ist immer dann geboten, wenn mehrere Gäste gleichzeitig und unkontrolliert Böller und Raketen entzünden und dazwischen noch Kinder unkontrolliert umherlaufen und versuchen, alles zu sehen.

Beispiel: Am Münchner Friedensengel werden jährlich am 31.12. öffentliche Silvesterfeiern abgehalten. Es kommen mehrere hundert Leute, primär junge und alkoholisierte Menschen. Regelmäßig schießen ein paar mit Raketen auf andere oder werfen Böller in Menschengruppen. Versuchen Sie, sich und Ihre Lieben von solch gemeingefährlichen Kriminellen fern zu halten.

Viele lernen das Folgende oft erst nach Unfällen: Verbrennungen (sogar solche mit „nur" heißem Wasserdampf) sind extrem lange schmerzhaft und auch nach Jahrzehnten noch sichtbar und ebenso hässlich bzw. entstellend wie am ersten Tag! Deshalb sind solche **Unfälle** mit allen Mitteln – bei Kindern wie Erwachsenen – zu **vermeiden**.

Es ist korrekt, im Brandfall immer sofort die zuständige Feuerwehr zu rufen und nicht erst, wenn die eigenen Löschversuche nichts mehr bringen. Solche Einsätze sind im Übrigen kostenfrei für die Betroffenen. Wenn es brennt und man die betroffenen Bereiche (die Wohnung) verlässt, möglichst alle Türen in der Wohnung zumachen (nicht abschließen), evtl. noch mobile Brandlasten und Geräte entfernen (ohne Eigengefährdung) und die Fenster öffnen (öffnen, nicht schließen!). Die Wohnungseingangstür ist auch zu schließen, um das Treppenhaus nicht zu verrauchen; evtl. steckt man außen den Schlüssel ins Schloss oder gibt ihn der Feuerwehr in die Hand. Man soll nicht glauben, dass man ein Feuer ersticken kann durch geschlossene Fenster. Die Fenstergläser würden bei der Temperaturbeaufschlagung schnell platzen und somit würde ohnehin frische Luft eindringen können, die Rauch- und Hitzegefahren für Menschen sind größer und auch die Brandausbreitung.

Aus Gründen der Fairness und der Gesundheit der Kinder (und der eigenen Gesundheit) gilt heutzutage: **In der Wohnung soll niemand rauchen;** es ist im Übrigen auch schon sehr schädlich, wenn man nur in einem Raum einer Wohnung raucht, das bringt nichts für die übrigen Räume. Und man ist natürlich ein besseres Vorbild, wenn man Kindern zeigt, dass man das Leben auch ohne suchterzeugende Genussmittel meistern kann. Auch wenn es zu Zeiten Erich Odes (TV-Krimi: Der Kommissar) üblich war, ständig zu rauchen, diese Zeiten sind vorbei, die Menschheit hat sich weiterentwickelt. Sie hoffentlich auch …?

In den Wohn- und Schlafbereichen soll es automatisch ansprechende **Rauchmelder** geben. Für die Küche sind Wärmemelder geeignet (hier würde Wasserdampf die sensiblen Rauchmelder unberechtigt und oft auslösen) und für alle anderen Wohn- und Schlafräume sind das Rauchmelder. Solche Melder kosten teilweise unter 5 € pro Stück und werden mittels verdübelter Schraube an der Decke des Raums befestigt. Klebeband ist nicht empfehlenswert, weil sich dies früher oder später ablöst. Je nach Fabrikat muss man jedes Jahr, alle zwei Jahre oder erst nach zehn Jahren die eingebaute Stromversorgung (Batterien halten wesentlich länger als Akkus) wechseln. In den kleinen Gehäusen der Rauchmelder (empfohlen: VdS-Anerkennung) sind die Alarmsirene, die Stromversorgung und auch der Detektionsmechanismus eingebaut.

Sinn von Rauchmeldern ist es, schlafende Menschen zu alarmieren und zu wecken. Dies gelingt mit der extrem lauten Sirene gut und zuverlässig. Rauchmelder haben nicht den Sinn, Sachwerte zu schützen oder wache, aktive Menschen: Die bekommen Brände über die Körpersinne schnell mit und können sich im Wohnbereich noch retten. Schlafende Menschen indes können Rauch nicht riechen und würden durch ein Feuer und die dabei entstehenden Giftgase CO und CO_2 schnell getötet werden – und nicht durch Zyanide, Furane oder andere frei werdende Giftstoffe. Deshalb braucht man Rauchmelder in allen Räumen, in denen Menschen schlafen, und möglichst auch davor (falls das Feuer von außerhalb kommt). Es reicht nicht aus, lediglich die Flure zu überwachen, in den Kinderschlafzimmern aber keine Rauchmelder installiert zu haben: In diesem Fall würde die Alarmmeldung bei einem Brand, der im Kinderzimmer beginnt, nämlich erst lange nach dem Tod des Kindes erfolgen! Erst Hessen, Rheinland-Pfalz, Schleswig-Holstein, Hamburg, Mecklenburg-Vorpommern und das Saarland haben die Rauchmelderpflicht eingeführt (Stand: Juni 2007); diese gilt für Neubauten und innerhalb bestimmter Übergangsfristen auch für bereits bestehende Gebäude.

Wer seine Wohnung mit Elektroöfen heizt, muss diese Speicheröfen frei halten von brennbaren Gegenständen wie aufgelegtes Papier, feuchte Textilien, Staub oder Vorhänge. Hierauf sind auch die Kinder hinzuweisen, damit der Ofen keinen **Wärmestau** erfährt und diese Gegenstände entzündet oder zum Rauchen bringt – das allein kann schon für Tote sorgen! Aber auch andere Wärme erzeugende Geräte wie Fernseher dürfen nicht abgedeckt werden (Zeitung, Tischdecke), damit es nicht zu einem Hitzestau kommt. Diese wichtigen Verhaltensregeln müssen Kinder ebenso wie Erwachsene kennen und einhalten.

Beim Umgang mit Klebstoffen und Lösemitteln ist darauf zu achten, dass diese brennbare/explosive Dämpfe freisetzen können. Deshalb sind solche Bastelräume gut zu belüften und offenes Feuer ist hierbei möglichst zu vermeiden.

8.5   Stromgefahren verdeutlichen

Strom ist lebensgefährlich, vor allem für Kinder: 400-Volt-Steckdosen haben größere Öffnungen als **230-Volt-Steckdosen,** in diese können Kinder ihre Fingerchen oder Metallgegenstände wie Stricknadeln leichter hineinbekommen; dieser Strom ist sofort tödlich. Deshalb müssen alle vorhandenen 400-Volt-Drehstrom-Steckdosen immer am Sicherungskasten abzuschalten sein, und nur wenn man ein Gerät anschließt, dürfen sie angeschaltet sein. Bei 230-Volt-

Steckdosen sind so lange gute **Kinderschutzsicherungen** zu installieren, solange die Kinder noch nicht in der Lage sind zu begreifen, wie gefährlich Strom ist. „Gut" bedeutet in diesem Zusammenhang meist, dass sie auch teuer sind. Billige Produkte sehen zwar ähnlich aus, sind aber meist minderwertig; dies zeigt sich z. B. dadurch, dass sie sich mittels Stecker einfach herausziehen lassen. Je nach dem intellektuellen Stand des Kindes können diese Schutzvorrichtungen deshalb früher oder erst später entfernt werden.

Bei allen **Elektrogeräten** gilt: Immer die Betriebsanleitung studieren und Gerätschaften weisungsbestimmt einsetzen; bestimmungsgemäßes Verwenden ist nämlich eine unbedingte Voraussetzung, um Unfälle zu vermeiden. So müssen z. B. Strom-Verlängerungskabel auf einer Rolle ganz abgerollt werden, wenn Geräte betrieben werden, die viel Strom verbrauchen – ansonsten kann es zu einer Erwärmung der Kabelrolle und zu einem Verschmoren bis hin zu einem Brand kommen!

Manche Geräte, die besonders gefährlich sind (nicht nur für Kinder, auch für Erwachsene), sollte man am besten überhaupt nicht verwenden (z. B. Flex, Hächsler).

Verwenden Sie ausschließlich intakte, moderne Elektrogeräte. Passen Sie auf, dass kleine Kinder keine Stromleitungen durchbeißen oder anschneiden. Die Körper von sehr heiß werdenden Elektro- oder Warmwasserheizungen und Wasserrohre sind durch Dämm-Materialien zu sichern; bei Stromleitungen, die bestimmte Temperaturen überschreiten, ist die Hilfe eines Elektrikers hinzuzuziehen. Generelle Vorsicht ist immer geboten bei Elektrogeräten, die in der Nähe von Wasser betrieben werden.

Wir Erwachsenen **benutzen** Elektrogeräte **weisungsbestimmt**; diese Vernunft dürfen wir von Kindern nicht erwarten. Achten Sie darauf, dass Kinder Elektrogeräte, insbesondere den Föhn, nicht an oder in die Badewanne bringen. So trivial dies klingen mag, es gibt regelmäßig Tote durch solche immer fahrlässigen Aktionen. Bringen Sie den Föhn, wenn das Kabel zu lang ist und er in die Wanne fallen kann, zu einem Elektriker: Der soll das Kabel kürzen; so lang lassen, dass man sich noch föhnen kann, aber so kurz, dass der Föhn nicht mehr in die Badewanne fallen kann.

Achten Sie bei Elektrogeräten auch immer darauf, dass die **Abwärme** auch wirklich abgeleitet werden kann und nicht durch Einbauten, Aufstellorte, Kleidung oder sonst was die Abluftöffnungen zugestellt werden: Früher oder später würde es dann zu brennen beginnen.

Demonstrieren Sie Ihren Kindern die Stromgefahr mit einer bereits entleerten Bügel-Batterie; sicherlich kennen Sie dieses Experiment noch aus Ihrer eigenen Kindheit: Man hält die beiden Pole an die feuchte Zunge und spürt ein unangenehmes Kribbeln. Erklären Sie den Kindern, dass das Kribbeln vom Strom aus der Steckdose das Herz so beeinflussen kann, dass es nicht mehr richtig schlagen kann und dass man daran sterben kann. Übrigens nicht nur kleine Kinder, sondern auch muskelbepackte Rambos sterben am Steckdosenstrom! Oder zeigen Sie Ihren Kindern, dass man mit einer konventionellen 9-Volt-Blockbatterie einfache Stahlwolle entzünden kann.

Übrigens gehören alte Batterien sowohl aus Gründen des Umweltschutzes als auch des Brandschutzes nicht in den Hausmüll: Man kann (bzw. muss) sie (kostenlos) bei Elektrogeschäften, Fotogeschäften (Knopfzellen) oder Baumärkten abgeben.

8.6   Gefahren Wasser und Verbrennungen

Beim Thema Wasser gibt es primär vier **Ertrink-Gefahren** für Kinder: Ertrinken in der Badewanne, im Gartenteich, in einem Fluss oder im Badesee. Ganz kleine Kinder verfügen noch nicht über genügend Muskelkraft und Gleichgewichtssinn, um den Kopf ihres in die Badewanne gerutschten Körpers wieder oberhalb der Wasseroberfläche zu bekommen. Deshalb darf man kleine Kinder **in Badewannen** oder Waschzubern nie **unbeaufsichtigt** lassen: Weder weil es an der Haustür läutet, noch um sich schnell was zum Trinken zu holen oder aus anderen Gründen. Durch solche Aktionen können Kinder ertrinken oder aber so lange keinen Sauerstoff mehr zugeführt bekommen, dass lebenslängliche Beeinträchtigungen oder gar Behinderungen passieren können! Wenn die Kinder dann ein bestimmtes Alter erreicht haben oder über genügend Kraft verfügen, ist diese Gefahr beseitigt.

Kleine Kinder, die bereits gehen können und hinfallen, können in wenigen

Zentimeter tiefen Pfützen ertrinken – weil sie ihren Kopf nicht mehr hochbekommen. Insofern ist es wenig relevant, ob man einen **Gartenteich** hat, ein Gartenfischbecken oder sonst eine Wasserfläche: Kleine Kinder müssen auch hier ständig beobachtet werden. Da dies im Wohnbereich der Familie nicht geht, gibt es nur eine Alternative: den Teich ablassen oder zuschütten. Wenn man Personen mit Gartenteich besucht, kann man auf seine kleinen Kinder ständig aufpassen; dies geht aber nicht zu Hause, wo man ja schließlich auch noch andere Aufgaben wahrnehmen muss. Den Autoren dieses Buches sind über zehn Kinder bekannt, die im zarten Alter von unter zwei Jahren ertrunken sind! Dies soll ein Indiz dafür sein, wie gefährlich ein Gartenteich oder ein Schwimmbecken ist, und wenn das Kind auch nur zwei Minuten im Wasser liegt, ist meist schon alles zu spät. Also sollte man bitte nicht lange überlegen, ob man den ach so schönen Gartenteich oder das tolle Schwimmbad behalten will oder nicht. Es wird Lösungen geben, dass man in zwei oder drei Jahren die Anlage wieder aktiviert – aber solange eine akute Gefahr davon ausgeht, sollte man darauf verzichten. Zu groß ist die Lebensgefahr für den Nachwuchs!

Kinder sollen möglichst **früh schwimmen lernen**. Eine spezielle Kinder-Schwimmschule hat ausgebildete Pädagogen, die einfühlsam und liebevoll den Kindern ohne negativen Stress das Schwimmen beibringen. Manche Kinder lernen das Schwimmen wesentlich schneller, andere muss man nach sechs oder zwölf Monaten erneut zu einem Schwimmkurs anmelden. Größere Kinder lässt man am besten allein mit den Schwimmlehrern, kleinere sollten bzw. müssen von einem Elternteil begleitet werden. Wenn die Kinder dabei mal Wasser in Mund und Nase bekommen und weinen, ist das eher positiv zu sehen: So kann man dem Kind später erklären, wie gefährlich – analog einer Flamme – das schöne Element Wasser sein kann. Die Fähigkeit zu schwimmen stärkt das Selbstbewusstsein der Kinder und ist absolute Voraussetzung für die Möglichkeit, sich im entsprechenden Gefahrenfall selbst zu retten – oder ein anderes Kind aus dem Wasser herauszuziehen.

Im Schulalter sollten Kinder dann das Seepferdchen machen, die erste der Kinder-Schwimmprüfungen. Stolz tragen sie dieses Abzeichen dann an der Badekleidung und zeigen damit, dass sie ein paar Minuten im tiefen Wasser schwimmen können und auch eine Strecke zurücklegen können. Kurz darauf ist dann das Seepferdchen uncool, es muss das bronzene oder silberne Jugendabzeichen sein, und ab zwölf Jahren werden die sportlichen Kinder auch schon das goldene Schwimmabzeichen schaffen. Die Kinder lernen dabei nicht nur, zu schwimmen und zu tauchen, sondern auch wichtige Baderegeln. Und sie haben Spaß daran, etwas gelernt, geleistet zu haben.

Wichtig ist, dass sich die Kinder **nicht überschätzen**. Ein scheinbar harmloser Fluss kann eine starke Strömung haben, gegen die ein Kind nicht ankommt und abgetrieben wird. Das Spielen am Ufer eines Flusses mag sicherlich Spaß machen, aber kleine Kinder sollen dort nicht allein, unbeaufsichtigt sein. Gleiches gilt am Meer oder Badesee: Hier muss man seine Kinder nicht nur vor der Sonnenstrahlung schützen, sondern auch vor dem Ertrinken. Setzen Sie Ihren Kindern eine Mütze oder Kappe auf und cremen Sie sie mit einem wasserbeständigen Sonnenschutz ein. Primäres Ziel für Kinder ist bitte nicht, dass sie möglichst braun werden, sondern dass sie keinen **Sonnenbrand** bekommen. Dies ist nicht nur mit extremen Schmerzen über Stunden und Tage verbunden (auch in der Nacht), sondern auch mit einer Vervielfachung des Risikos, später Hautkrebs zu bekommen. Während Ihre Kinder mit 18 oder 25 Jahren selber für ihre Gesundheit verantwortlich sind und sich bei entsprechender Erziehung auch vernünftig verhalten werden, haben Sie momentan die Verantwortung. Nehmen Sie sie wahr.

Kinder verfügen noch nicht über so große **Kraftreserven** wie Erwachsene und sie können die Gefahr und auch Distanzen nicht so gut abschätzen. Weder mit Schwimmreifen noch mit Armflügelchen oder Luftmatratze soll bzw. darf man kleine Kinder unbeaufsichtigt lassen im trügerischen Schein der vermeintlichen Sicherheit. Selbst wenn man sein noch nicht schwimmen könnendes Kind in „nur" 20 Meter Entfernung von der Luftmatratze rutschen sieht, kann jeder Rettungsversuch im trüben Wasser zu spät kommen.

Eltern kennen ihre Kinder sehr gut. Sie wissen bzw. können abschätzen, welche Kinder vernünftig sind und am Ufer bleiben und welche eher unvernünftig bzw. zu mutig sind, mit den großen Kindern gleichziehen wollen und demzufolge mehr Beaufsichtigung benötigen.

Gerade wenn **Kinder ertrinken**, ist es wichtig, dass sie beobachtet werden und man diese Situation erkennt: In diesem Zustand können Kinder nämlich nicht mehr um Hilfe rufen, d. h. werden sie nicht beobachtet, werden sie sang- und klanglos untergehen und sterben. Lesen Sie also die Illustrierte oder den Roman besser anderswo und genießen den Nachmittag am Strand gemeinsam mit Ihren Kindern; freuen Sie sich über die Sorglosigkeit und an der Freude der Kinder.

Im schönen Element Wasser können Kinder, vor allem Kleinkinder, sehr schnell sterben oder bleibend behindert werden. Größere Kinder können sich im Wasser durch Selbstüberschätzung gefährden. Beobachten Sie kleine Kinder am/im Wasser und erklären größeren Kindern, dass Mut und Dummheit oft sehr nahe zusammenliegen.

Noch ein Wort zum Schluss: Eltern, die nicht schwimmen können, sollten unbedingt einen **Schwimmkurs speziell** für Erwachsene machen. Es ist nicht peinlich, wenn man Schwimmen erst im Erwachsenenalter lernt. Peinlich ist, wenn man zu feige oder desinteressiert ist, es zu lernen. Es kann ja sein, dass man mal einen Menschen aus dem Wasser holen muss (egal, ob das eigene Kind oder ein fremdes), der nicht schwimmen kann. Vor allem bei ausländischen Frauen ist der Prozentsatz der Nichtschwimmerinnen besonders groß. Tun Sie sich mit anderen Frauen zusammen und lernen z. B. bei einer Schwimmlehrerin in Ruhe schwimmen, ohne störende Zuschauer.

Neben der Gefahr des Ertrinkens geht vom Wasser noch eine weitere große Gefährdung aus: Wird es zu warm, kann es auf der Haut bleibende Entstellungen hinterlassen, und wenn es kocht, vergrößert sich das Volumen Wasser zu Wasserdampf um etwa den Faktor 1700 (!). Ein Schnapsglas mit 2 cl Wasser kann demnach über 3 l Wasserdampf erzeugen. Wasser kann nicht heißer als 100 °C werden, dann geht es von der flüssigen in die dampfförmige Phase über. Wasserdampf aber hat nicht unbedingt 101 °C, hier sind nach oben keine Grenzen gesteckt. **Wasserdampf** kann demnach 150 °C oder auch 400 °C heiß sein. Aufgrund der extremen Volumenvergrößerung, verbunden mit der extrem hohen Temperatur, kann Wasserdampf Menschen im Radius von einigen Metern erreichen – verletzen, entstellen, töten. Entsteht Wasserdampf schlagartig, z. B. wenn man Wasser in die brennende Pfanne oder eine Friteuse schüttet, kann es deshalb – weil die Dämpfe gegen die Raumdecke knallen und sich von dort horizontal in alle Richtungen ausbreiten – auch noch in einigen Metern Entfernung tödlich wirken.

Besonders bei kleinen Kindern muss man darauf achten, dass sie sich kein heißes Wasser überschütten, z. B. Wasser aus einem **Wasserkochtopf** oder aus einem Herdtopf. Schuld haben dann nie die Kinder, sondern immer wir Erwachsenen, aber die Kinder sind für ihr ganzes Leben die Leidtragenden. Fürchten Sie nicht nur kochendes Wasser, denn bereits Temperaturen ab 60 °C können kleine Kinder extrem gefährden – und der landläufig übliche Ausdruck über einen Spinner lautet nicht von ungefähr: Der hat wohl zu heiß gebadet …

8.7   Kriminalität

Nicht alle halten sich an den Grundsatz sozialen Zusammenlebens, dass das Recht des einen an der Nasenspitze des anderen endet. Gäbe es keine Ordnungsmacht wie die Polizei und die Gerichte, würde das Recht des Stärkeren gelten. Deshalb hat ein demokratischer Rechtsstaat klare Grenzen gesetzt, innerhalb derer sich der Einzelne bewegen darf, wie beispielsweise das **Strafgesetzbuch**. Dafür, dass diese Regeln eingehalten werden, sorgt unter anderem die Polizei, sie verhilft auch dem Schwächeren zu seinem Recht. Doch sie kann nicht überall sein, um einen Rechtsbruch bereits im Vorfeld zu verhindern – schließlich haben wir die schrecklichen Diktaturen des Dritten Reichs und der DDR hinter uns! Oft kommt die Polizei zu spät und kann nur noch den Täter der gerechten Strafe zuführen: Strafe, nicht Rache. Deshalb ist auch der Einzelne gefragt. Er sollte sich so verhalten, dass er möglichst nicht Opfer wird, und wenn er eine widerrechtliche Handlung beobachtet, sollte er sich nicht abwenden, sondern sich als Zeuge zur Verfügung stellen.

Sich als Zeuge zur Verfügung stellen und nicht einfach feige davonschleichen, das erwartet insbesondere das Opfer, doch es ist leicht gesagt und weniger leicht getan, sich möglichst so zu verhalten, dass man nicht Opfer wird. Wie kann man dies erreichen? Aufgrund dessen, dass bei Gewalttaten, wie beispielsweise bei Sexualdelikten, Körperverletzungsdelikten usw. Menschen, also Individualisten, aufeinander treffen, von denen sich jeder anders verhält, entwickelt sich auch jede Situation anders, sodass es kein allgemein gültiges Patentrezept gibt. Dennoch können wir einiges dazu beitragen, möglichst nicht Opfer zu werden.

Kinder und Jugendliche sind heute vielschichtigeren Gefahren ausgesetzt als noch vor ein paar Jahren. Wir müssen davon ausgehen, dass unsere Kinder eines Tages, meist viel zu jung, Alkohol und Zigaretten, vielleicht sogar auch Drogen probieren werden oder diese zumindest angeboten bekommen. Die wirkliche Stärke eines Kindes oder Jugendlichen zeigt sich in solch schwierigen Situationen, in letzter Konsequenz trotz Gruppendruck ein entschiedenes „Nein" entgegenzusetzen. Eltern, Lehrer und Erzieher sollten deshalb genau diese Fähigkeiten und Kompetenzen vermitteln, fördern und Vorbild sein.

An dieser Stelle sei angemerkt, dass **rauchende Eltern** am Fußballplatz der Kinder (noch schlimmer: rauchende Trainer) eigentlich der Vergangenheit angehören sollten. Doch Briefe der Buchautoren, dies gesetzlich oder zumindest gesellschaftlich einzuführen, wurden weder von den unterschiedlichen Parteien noch von Fußballverbänden überhaupt beantwortet, geschweige denn umgesetzt! Immerhin gibt es in bayerischen Schulen ganz aktuell jetzt ein Rauchverbot, das auch für die Lehrer gilt.

Wenn wir von Kriminalität sprechen, dann sind es vor allem die Gewaltdelikte wie Körperverletzung, Raub und sexuelle Gewalt, welche beunruhigen. Kinder und Jugendliche haben weniger Angst, Opfer von Straftaten zu werden, als ihre Eltern, obwohl sie zwei- bis dreimal häufiger Opfer von Straßenraub und Körperverletzungsdelikten sind.

Die Kriminalstatistik legt offen, dass überwiegend Jungen sowohl Täter als auch Opfer von **jugendspezifischer Gewalt** sind. Die jüngste Entwicklung zeigt jedoch auch, dass die Mädchen gewaltbereiter werden – ein Zeichen falsch verstandener Emanzipation: Frauen versuchen nämlich häufig nicht im wahren Sinne des Wortes, sich zu emanzipieren, sondern lediglich die Männer zu kopieren. Dies geschieht im Bereich des Sports, der Auswahl von Beruf und Kleidung, des Verhaltens im Straßenverkehr, des Rauchens und eben auch der Gewaltanwendung.

In den letzten Jahren wird vermehrt über eine Zunahme von Jugendkriminalität, Gewalttaten und Gewaltbereitschaft berichtet. Bei genauerem Hinsehen muss festgestellt werden, dass nur wenige so genannte jugendliche Intensivtäter für eine relativ große Zahl von Straftaten verantwortlich sind, d. h. die Kinder und Jugendlichen sind nicht pauschal krimineller als Personengruppen anderer Altersklassen.

Jugendspezifische Gewalttaten finden vor allem im öffentlichen Raum statt, also auf Straßen, Plätzen, auf Schulwegen, in Schulen oder in öffentlichen Verkehrsmitteln: eben an solchen Orten, wo sich viele Jugendliche auch gern in Gruppen aufhalten. Ein Besorgnis erregendes Problem stellt die steigende Gewalt durch Jugendgruppen, Gangs und Cliquen dar, und dies primär, aber nicht ausschließlich in Großstädten und Ballungszentren. In einer Gruppe ist die wirksame Eigendynamik außerordentlich stark. Diese Dynamik führt dazu, dass man im Zusammensein mit anderen und bei entsprechender äußerer Reizsituation Handlungen begeht, die man als Einzelner höchstwahrscheinlich nicht in dieser Art und Weise begehen würde. Auch die **Gruppenmitläufer** zeigen in solchen Situationen keinerlei Mitgefühl mit dem Opfer und stehen ihrer Handlung später selbst ohne Verantwortung und Reue distanziert gegenüber, so als hätte man mit der gemeinschaftlich begangenen Tat nichts zu tun gehabt.

Junge Täter sind sich, je nach Lebensalter und Entwicklung, ihres Verhaltens oder ihrer kriminellen Tat häufig nicht richtig bewusst. Sie definieren ihr Verhalten als Abenteuer, Spiel, Bewährungsprobe oder Gelegenheit, sich vor den anderen zu beweisen, um Anerkennung und ein Zugehörigkeitsgefühl zu bekommen. Alkohol- und Zigarettenkonsum, manchmal auch Drogenmissbrauch, spielen dabei oft eine wesentliche Rolle. Kinder und Jugendliche werden hin und wieder auch von Gleichaltrigen oder nur wenig älteren Tätern erpresst oder stark unter Druck gesetzt, sich kriminell zu verhalten. Sie erdulden dies oft über einen langen Zeitraum, ohne den Mut aufzubringen, sich ihren Eltern oder anderen Personen anzuvertrauen, geschweige denn bei der Polizei eine Anzeige zu erstatten; manche begehen dann sogar Selbsttötung und die wahren Täter können oft nicht zur Rechenschaft gezogen werden.

Bei gewalttätigem Verhalten sollten sich Eltern und Erzieher nicht abwenden, sondern Unterstützung und die Chance geben, das Verhalten kritisch zu betrachten und einen Neuanfang zu machen. Verfehlungen sind auch entwicklungstypische Stadien im Reifungsprozess. So mancher Erwachsene erinnert sich vielleicht noch an sein früheres Verhalten und dass auch nicht alles von seinen Eltern positiv belegt wurde.

Es gibt viele **Faktoren zur Auslösung von Gewalt**, wie den Konsum von Gewaltmedien (Filme, Video- und PC-Spiele), aber auch Spaß und eine gewisse

Faszination für Gewalt, Drogen und Alkohol. Deshalb sollte über die Auswirkungen von Gewalt für Täter und Opfer gesprochen werden. Anlässe hierzu bieten sich täglich, seien es der Polizeibericht in der Zeitung, die Nachrichten im Fernsehen oder erzählte Erlebnisse auf dem Schulhof.

Ein angemessener Umgang mit den Medien stärkt die Verantwortung und **Medienkompetenz**, also die bewusste, zeitliche und inhaltliche Einschränkung des Fernsehkonsums und der **Computer- bzw. Internetnutzung**.

Viele Kinder wachsen heute unter erschwerten Lebens- und Entwicklungsbedingungen auf. Kinder, die Probleme „machen", haben oft selbst Probleme durch belastete und **überforderte Familien**, durch ein ungünstiges soziales Umfeld, durch ein anderes Kulturverständnis und viele andere Faktoren. Väter, die Konflikte mit Alkohol und Gewalt „lösen", tragen ihren Teil dazu bei, dass die Kinder und Jugendlichen dies als etwas ganz Normales ansehen, sie lernen ja über viele Jahre kein anderes Verhalten. Solche Väter findet man in Arbeiterfamilien ebenso wie in Akademikerkreisen.

Mangelndes Selbstwertgefühl, fehlende kommunikative Mittel und die nicht vorhandene Bereitschaft und Fähigkeit, sich in die Einstellung anderer hineinzufühlen (Empathie), führen häufig zu Aggression und Gewalt gegen Menschen und Sachen. Gewalt gegen Menschen stellt Bedrohung und Verletzung an Körper oder Seele dar. Auch verbale Gewalt ist Gewalt und eine Verrohung des Umgangstons begünstigt gewalttätiges Handeln. Was Gewalt ist, entscheidet das Opfer! Dies gilt insbesondere in Fällen des moralisch verwerflichen Mobbings und der psychischen Gewalt.

Das **Erleben einer Gewaltsituation** wird insbesondere vom Opfer, aber auch von Zeugen als extrem empfunden; sie produziert Angst um die eigene körperliche Unversehrtheit. Gewaltsituationen sind überwiegend emotional aufgeheizt und in ihrem Verlauf schlecht vorhersehbar. Entsteht eine solche unvermittelt, ist eine Vorbereitung auf diese spezifische Situation kaum noch möglich.

Um gewalttätigen Übergriffen nicht völlig schutzlos ausgeliefert zu sein, wurden von Fachleuten Verhaltensregeln für solche Situationen erarbeitet. Dabei ist man sich darüber einig, dass Flucht immer besser ist als die direkte Konfrontation. Doch gibt es auch Situationen, in denen Weglaufen nicht möglich ist: Hier gilt es, ruhig zu bleiben und Panik oder Hektik zu vermeiden. Versuchen sollte man zunächst, die Kommunikation mit einem Angreifer auszubauen und im eigenen Sinne zu prägen. Drohungen oder Beleidigungen verschärfen die Situation, während betont ruhiges Reden, selbstsicheres Auftreten mit bewusst eingesetzter Körpersprache (sparsame Bewegungen, ruhiges Atmen, offene Hände usw.) deeskalierend wirken können. **Unterwürfiges Verhalten** kann eine zugewiesene Opferrolle signalisieren und ist somit ungünstig. Sehr wichtig ist, möglichst einen Körperkontakt mit dem Angreifer zu vermeiden.

Jungen wollen bei Provokationen auf keinen Fall „ihr **Gesicht verlieren**" und versuchen, durch Zurückschieben oder Zurückstoßen des Angreifers wieder eine Distanz herzustellen. In der Regel wird dies vom Provozierenden als Auslöser und Berechtigung zum „Zuschlagen" gewertet. Nicht auf eine Provokation zu reagieren und „cool zu bleiben" fällt zwar schwer, ist aber oft die einzige Möglichkeit, solche Situationen unverletzt zu überstehen. Der Klamauk-Schauspieler Terence Hill hat einmal in einem seiner lustigen 70er-Jahre-Filme freundlich lachend zu einem Provokateur gesagt: „Schon gut! Du hast Recht und ich hab meine Ruhe."

Immer häufiger nehmen Kinder und Jugendliche **Waffen** mit, zum Beispiel Messer oder Reizgas, weil sie glauben, damit sich oder ihre Freunde schützen zu können. Der Einsatz von Waffen führt fast immer zu einer Eskalation. Zudem besteht die Gefahr, dass mitgeführte Waffen entrissen und gegen den Verteidigenden eingesetzt werden, und auch deshalb ist davon grundsätzlich abzuraten.

Eine weitere Gefahr, die es früher nicht in dieser Form gab, stellen die so genannten „**Alcopops**" dar. Dies sind von der Spirituosenindustrie aggressiv beworbene alkoholische Mischgetränke. Das Bundesamt für gesundheitliche Aufklärung hat festgestellt, dass diese Modegetränke hauptsächlich von den unter 15-Jährigen konsumiert werden. Das Suchtpotential dieser Getränke ist enorm und neben den teilweise extremen Rauschzuständen mit den damit verbundenen gesundheitlichen Risiken können weitere Gefahren entstehen. So wurde die Unerfahrenheit junger Mädchen bewusst ausgenutzt, indem sie alkoholisiert wurden, um sie in betrunkenem Zustand sexuell zu belästigen, zu filmen oder gar zu missbrauchen. Kinder und Jugendliche sollten daher in Gesprächen vorbereitet werden und so lernen, sehr bewusst mit Genussmitteln umzugehen, damit es später zu keinem körperlichen und geistigen Kontrollverlust kommt. Mädchen, die das erste Mal zu einer entsprechenden Party gehen, sollten möglichst zu zweit sein und zusammen bleiben, um so die zuvor geschilderten Gefahren zu minimieren. Nicht jeder Mensch „muss" einmal betrunken gewesen sein, etwa um ein „richtiger" Mann zu werden; aber es ist sicherlich positiver, wenn man das erste Mal im Leben im beschützenden Kreise der Eltern zu viel Alkohol getrunken hat, als unter Jugendlichen – mit allem, was dazu gehört, nämlich am nächsten Tag Kopfschmerzen, Unwohlsein und bitte schön weder Häme noch Vorwürfe seitens der Eltern (!).

Beispiel: Jörg (15 Jahre) war das erste Mal mit Freunden auf dem Dorffest im Bierzelt. Er trank natürlich mehr, als sein Körper verkraftete. Jörg ging gegen 23 Uhr ins Bett und musste im Schlaf kurz darauf brechen. So gegen vier Uhr morgens merkt das seine Mutter, reinigte das Bett und den fast hilflosen Sohn, zog ihn um und bettete ihn neu. Weder jetzt noch am nächsten Tag kam von der schlauen Mutter auch nur ein Wort der Kritik – es war schlicht unnötig, wäre kontraproduktiv gewesen. Jörg passiert so was natürlich nie wieder.

Eine weitere sehr aktuelle Gefahr kann das Internet darstellen. Heutzutage ist es Kindern und Jugendlichen sehr einfach möglich, mit nur wenigen Mausklicks brutale, **extremistische oder pornografische Daten** und Bilder zu bekommen. Anbieter von wirklich verwerflichen Sex-Seiten koppeln ihre Angebote mit scheinbar harmlosen Begriffen wie „Kinderspielzeug", „Taschengeld" „Barbiepuppe" usw. So können Kinder völlig unbedarft und ungewollt auf indizierte oder verbotene Webseiten gelangen. In Chatrooms kann es passieren, dass Kinder oder Jugendliche an sexuell orientierte Erwachsene geraten, die einen aushorchen oder sogar zu einem scheinbar reizvollen Treffen einladen. Auch Angebote, sich etwas zu verdienen oder Sammlerkarten zu tauschen, sind verlockend und viele lassen dann die nötige Vorsicht außer Acht. Kinder und Jugendliche sollten daher den richtigen Umgang mit dem Medium Internet kennen lernen. Jugendliche, vor allem junge Mädchen, sollen auch lernen, dass das **Verteilen von Komplimenten** oft nur ein Ziel hat und dass dieses Ziel meist nicht im Interesse des Kindes ist.

Versuchen Sie Ihre Kinder in der Realität leben zu lassen und nicht in der virtuellen Scheinwelt von Internet, TV, SMS, Gameboy, Fantasien, Schwärmereien und Träumereien. Man hat bitte eigene Freunde, die man trifft – und tauscht sich nicht anonym im Netz mit Fremden aus!

Verbote nützen meistens nichts, viel besser ist es, mit Kindern und Jugendlichen über das **Medium Internet** zu reden und mitunter dadurch von dem zu erfahren, was sie interessiert. Jugendschutz hat heute einen anderen Stellenwert als früher. Das neue Jugendschutzrecht ist im April 2003 in Kraft getreten und regelt nun auch den Medienschutz.

Was können Eltern tun, um ihre Kinder vor Kriminalität und Gewalt zu schützen? Der Grundgedanke von Prävention ist, frühzeitig einen Schutz für Kinder durch Erziehung aufzubauen. Eltern sollen, nein: müssen einen **gewaltfreien Erziehungsstil** ausüben und Konflikte angemessen lösen können; hier sind primär Väter, aber auch Mütter angesprochen. Sprechen Sie mit Ihren Kindern wie mit gleichwertigen Partnern. Nehmen Sie sie ernst, hören Sie zu, geben Sie (nicht zu viele) Tipps, spielen Sie mit ihnen Karten oder ein Brettspiel: Ein 13-jähriges Kind kann oft besser Schach spielen als ein studierter Erwachsener!

Kinder, die gelobt werden und in einer annehmenden Umgebung aufwachsen, die gelernt haben, „Nein" zu **sagen**, in einem Elternhaus, wo auch mal Neinsagen erlaubt, ja gewünscht ist und wo die Gefühle der Kinder respektiert werden, bekommen ein gesundes Selbstwertgefühl und können innere Stärke entwickeln. Dazu braucht es aber Werte in der Familie, die dem Kind Halt und Grenzen geben. Rituale wie das regelmäßige Abendessen, ein Gespräch, eine Geschichte kurz vor der Nachtruhe beeinflussen die Beziehung innerhalb der Familie positiv und geben Vertrauen.

Kinder, die **Vertrauen erfahren**, die Vertrauenspersonen haben, vertrauen auch sich selbst und ihre Wahrnehmung. Auf sich selbst vertrauende Kinder können gefährliche Situationen erkennen und sich selbstbewusst und entschieden gegen Übergriffe und Verführungsversuche abgrenzen. Sie wissen, dass sie ihre Erlebnisse den Eltern oder Freunden anvertrauen dürfen, und können sich so auch gegebenenfalls Rat und Hilfe holen.

Kinder und Jugendliche brauchen **positive Vorbilder** unter Erwachsenen und Gleichaltrigen. Deshalb ist es auch sehr wichtig, gute Freunde kennen zu lernen und Beziehungen zu anderen aufzubauen. Die Freizeit sollte sinnvoll gestaltet sein, und zwar so, dass die Energie auch mal in sportliche Aktivitäten gelenkt wird, wo ein körperliches Austoben möglich ist, um seine Kräfte auszuloten. So können Kinder lernen, mit Aggressionen umzugehen und auch mal Grenzbereiche zu erfahren. Ziel bei solchen Aktivitäten ist es nicht primär, Erster bzw. Erste zu werden, sondern Spaß zu haben und etwas über seine Möglichkeiten und Grenzen zu lernen, fair zu sein. Achtung: Überbehütete Kinder entwickeln meist kein großes Selbstvertrauen und sind somit eher für Gewaltkonflikte prädestiniert.

Kinder können in ungewohnte oder sogar **bedrohliche Situationen** geraten. Sie sollten deshalb möglichst angstfrei über verschiedene Gefahren aufgeklärt werden. Eine Möglichkeit wäre, sie auf neue Situationen vorzubereiten, indem mit ihnen sog. Was-wäre-wenn-Fragen besprochen werden. Die Fragen könnten lauten:

- Was wäre, wenn du deine Eltern in einer Menschenmenge verlierst?
- Was würdest du tun, wenn …?
- An wen oder wohin würdest du dich in dieser oder jener Situation wenden?
- Was tust du wenn dir jemand hinterhergeht?
- Was würdest du tun, wenn dich ein Autofahrer nach dem Weg fragt?

Dadurch können Kinder Handlungsmuster entwickeln und mit den Eltern absprechen. Selbstvertrauen und ein gesundes Misstrauen in fragwürdigen Situationen sind die besten Voraussetzungen, in einer konkreten Gefahrensituation nicht in Panik zu geraten, sondern handlungsfähig zu bleiben.

In speziellen **Selbstbehauptungs- und Selbstverteidigungskursen** können Kinder lernen, Gefahren frühzeitig zu erkennen und ein Handlungsrepertoire zu entwickeln, wie der Gefahr begegnet werden kann. Dabei geht es nicht primär darum, sich gegen einen Erwachsenen körperlich zur Wehr zu setzen, sondern bedrohliche Situationen richtig einzuschätzen, seinen guten oder schlechten Gefühlen zu vertrauen und laut werden zu können, also möglichst Öffentlichkeit herzustellen und sich im Extremfall loszureißen – oder sich eben auch mal körperlich wehren zu können: Wer so was über Jahre gelernt hat, verhält sich anders als jemand, der sich noch nie wehren musste.

Kindern bietet die Teilnahme an einem Selbstbehauptungskurs die Möglichkeit, sich selbst und seine Möglichkeiten besser kennen zu lernen, sich gegen

Übergriffe und Grenzverletzungen angemessen zu wehren. Selbstbehauptung bedeutet nämlich, sich seiner Rechte und Möglichkeiten bewusst zu sein und diese entschieden einzufordern. Jeder Mensch hat das Recht auf die eigene **körperliche Unversehrtheit**, auf sexuelle Selbstbestimmung und das Recht, anderen Grenzen zu setzen, aber auch genauso die Pflicht, Grenzen anderer zu respektieren. Deshalb müssen Sie auch den Großmüttern der Kinder erklären, dass ein vom Kind unerwünschtes In-die-Arme-Nehmen oder gar ein widerlich feuchter Kuss der Oma bitte zu unterbleiben hat. Das Kind soll frühzeitig wissen, dass nicht jeder das Recht hat, über seinen Körper zu verfügen. Lieber eine beleidigte Oma als ein verunsichertes Kind.

Mittlerweile gibt es viele kommerzielle Anbieter von so genannten Sicherheitskursen, die ganz massiv die Schulen bewerben und in denen für teures Geld zweifelhafte Kursinhalte angeboten werden. Meistens geht es darum, in wenigen Kursstunden den Kindern ein paar Griffe zu zeigen und möglichst viele Kinder für eine Kursteilnahme zu gewinnen, damit sich die Sache für den Kursanbieter lohnt. Eltern, Elternvertreter und Schulleitung geben mangels besseren Wissens dem Druck nach und zahlen für eine Scheinsicherheit vermeintlich zum Wohl der Kinder.

Empfehlenswert ist es, bei der örtlichen Polizei nachzufragen, ob es nicht Kurse für Kinder gibt, die von der Polizei selbst oder von deren legitimierten Kooperationspartnern angeboten werden. Auskünfte hierüber erteilen die Fachbereiche „Vorbeugung" bei den Polizeidirektionen oder Polizeipräsidien. Diese Angebote der Polizei verfolgen weder kommerzielle Interessen noch arbeiten sie nach dem Angstprinzip, also nach dem Motto: Wenn ein Kind keinen Sicherheitskurs belegt, ist es gefährdeter. Die Kurse sind zumeist nach neuesten pädagogischen und **kriminalwissenschaftlichen Gesichtspunkten** konzipiert. Wichtig bei der Beurteilung von Selbstbehauptungs- und Selbstverteidigungskursen sind die mittlerweile fast einheitlichen Qualitätsstandards.

Die Kursteilnehmer werden in altersentsprechenden Gruppen (klassenstufenweise) bei höchstens 14 Teilnehmern von zwei erfahrenen Trainern über eine Dauer von mindestens acht bis zehn Stunden oder länger unterrichtet. Im Idealfall sind dies eine weibliche Trainerin und ein männlicher Trainer, so kann einerseits in getrennten und andererseits in gemischten Gruppen gearbeitet und auf mädchen- und jungenspezifische Themen eingegangen werden. Der Anteil der Selbstverteidigungstechniken sollte zugunsten von Rollenübungen und der interaktiven Erarbeitung von Handlungsalternativen bei bekannten und unbekannten Angreifern geringer sein.

Für Jugendliche sollte der konzeptionelle Schwerpunkt eines Kurses darin liegen, **Konflikte gewaltfrei** zu **lösen**, Zivilcourage und Selbstbewusstsein zu fördern. Ein guter Sicherheitskurs bindet Eltern und Schule in die Konzeption mit ein; er ist transparent und erhebt keine illusorischen Ansprüche.

Viele Polizeidienststellen bieten auf Nachfrage im Rahmen von Elternabenden spezielle Vorträge zu verschiedenen Themen an, z. B. Schutz vor Gewalt und sexuellem Missbrauch.

Kinder und Jugendliche vor Gewalt und Kriminalität zu schützen ist eine gesamtgesellschaftliche Aufgabe. Wenn es gelingt, eine Kultur des Hinschauens und des helfenden Einmischens zu erreichen, tragen alle Menschen zu mehr Sicherheit und vorbeugendem Schutz vor Kriminalität – nicht nur unseren Kindern gegenüber – bei.

8.8   Sexualdelikte

„Die Gewalt lebt davon, dass sie von anständigen Leuten nicht für möglich gehalten wird." (Jean Paul Sartre) Gerade im sexuellen Bereich gibt es leider sehr viel, was von normal veranlagten Menschen für völlig undenkbar gehalten wird:

- Ich habe dem Kind nicht wehgetan.
- Sie wollte es auch.
- Ich habe nichts Böses getan.
- Ach, das war doch nichts.

So und ähnlich äußern sich die meisten Täter, wenn sie von der Polizei nach dem sexuellen Missbrauch eines Kindes vernommen werden; den meisten fehlt das Bewusstsein für das Unrecht ihres Tuns. Diese Täter wenden meist keine brutale körperliche Gewalt an und sie empfinden ihr sexuelles Interesse an Kindern in der Regel als normal, nicht schädigend und harmlos.

Die **Pädophilen** (das bedeutet ein auf Kinder gerichteter Sexualtrieb von Erwachsenen) verkennen dabei völlig die **Spätfolgen für die Kinder**, die in schweren Fällen des sexuellen Missbrauchs häufig ein Leben lang Probleme mit dem Finden und dem Erleben ihrer eigenen sexuellen Identität haben: Manche sind unfähig, eine „normale" Beziehung zu führen, für viele ist es der **Einstieg in die Prostitution**. Ein großes Problem stellen auch die bei den Opfern tief verwurzelten Schuldgefühle dar, denn sie werfen sich häufig vor: Wäre ich nur nicht mitgegangen, hätte ich mich nur gewehrt, hätte ich nur geschrien, usw. Im Gegensatz zu den Tätern suchen sie häufig die Schuld für das, was vorgefallen ist, bei sich selbst.

Eine Möglichkeit, aus dieser nicht enden wollenden **Opferrolle** herauszutreten, ist der Schritt, das Geschehene öffentlich zu machen, also der Entschluss zu einer Strafanzeige und/oder der Weg zu einer Beratungsstelle; solche gibt es in jeder größeren Stadt. In der Regel sind sie im Telefonbuch zu finden (vgl. auch Verzeichnis der Hilfsangebote am Ende des Buches).

Ein schwerer Weg zweifellos, aber ein Weg ähnlich dem, der uns durch eine Krankheit führt. Das Kind oder der später erwachsene Mensch macht damit einen entscheidenden Schritt (übrigens den ersten, wesentlichen, richtigen!) hin zu einer Verarbeitung des Missbrauchsgeschehens.

Damit werden die Rollen, „wer ist der Täter, wer ist das Opfer" erstmals definiert und der missbrauchte Mensch bzw. das missbrauchte Kind hat die Chance, den Kreislauf der Schuldgefühle zu durchbrechen. Es darf keine Scheu vor dem Kontakt mit den Ermittlungsbehörden geben; dort sitzen geschulte, sensible Personen beiderlei Geschlechts, die einem nicht nur juristische, sondern auch moralische Hilfe geben können.

Eine Einschränkung bleibt, denn nicht zu jeder Zeit und nicht für jedes Opfer mag die Entscheidung für eine Strafanzeige der richtige Weg sein: Es kann keine Generallösung geben, die für alle Menschen und für alle Fälle passend ist. Jedoch ist für einen Großteil der Opfer der Entschluss zu einer Anzeige oder zu einer Beratung ein Weg heraus aus den Gefühlen der Scham, der Ohnmacht und der Schuld, ein Weg hin zur Aufarbeitung der Ereignisse.

Doch wann verjährt solch eine Straftat? Die Regelungen zur Verjährung sind recht kompliziert, aber trotzdem ein paar Worte zur Erläuterung: Grundsätzlich verjährt sexueller Missbrauch von Kindern (von der Tatzeit aus gerechnet) nach Ablauf von 10 Jahren. Im Einzelfall kann jedoch die **Verjährung** erst mit dem 18. Geburtstag des Opfers beginnen und ab diesem Zeitpunkt 10 oder 20 Jahre lang laufen! Das kann beispielsweise bedeuten, dass die Vergewaltigung eines 12-jährigen Mädchens erst nach 26 Jahren verjährt, wenn die Frau also 38 Jahre alt wird. Es wird empfohlen, sich im Einzelfall beim Fachdezernat der Kriminalpolizei oder bei einer geeigneten Beratungsstelle zu informieren.

Es ist nun nicht so ganz einfach, die Grenzen zwischen Zärtlichkeit und sexuellem Missbrauch zu definieren. Menschen werden missbraucht, wenn man sie wie eine Sache behandelt und zu einem Werkzeug herabwürdigt. So werden vor allem Menschen in schwacher, abhängiger und ausgelieferter Position behandelt, und damit ist klar, dass Kinder besonders gefährdet sind.

Geschieht die egoistische **Ausbeutung der kindlichen Unterlegenheit** und Schwäche mit Hilfe von Sexualität, dann handelt es sich um sexuellen Missbrauch. Selbst wenn keine körperliche Gewalt angewandt wird, ist sexueller Missbrauch als sexuelle Gewalt zu verstehen – diese Tatsache ist vielen Verbrechern nicht bewusst!

Gegenüber Kindern ist die Anwendung von Gewalt also in der Regel für den Täter (erwachsene, heranwachsende, jugendliche, manchmal aber auch kindliche Täter) weder im Vorfeld noch während der sexuellen Handlung erforderlich; sie wird durch Wissen, Macht und Autorität ersetzt. Normalerweise ist der Täter dem Kind geistig überlegen. Er überzeugt es deshalb mit Worten, Schmeicheleien und Verlockungen und versucht die sexuelle Neugier eines Kindes für seine Zwecke auszunutzen.

Die Täter, in der Regel eine Vertrauensperson aus der Nachbarschaft, der Verwandtschaft, dem Freundes- oder Bekanntenkreis, locken die Kinder eher mit Sätzen wie: „Ich zeig dir zu Hause die kleinen Kätzchen. Wir sind nur kurz weg. Deine Mutter braucht das nicht zu wissen."

Unter Umständen handelt es sich bei dem Täter auch um eine Bezugsperson aus dem Verein, dem Sportverein, der Kirchengemeinde o. ä., der offensiv vorgeht. Um das Vertrauen eines Kindes zu erschleichen, könnte er z. B. bei den Eltern anfragen, ob er sonntags oder in den Ferien mit dem Kind Ausflüge unternehmen darf oder ob es mit ihm ins Kino gehen kann. Auch der Austausch von Kurzmitteilungen über das Handy ist heute ein „gutes" Mittel, um den Kontakt zu vertiefen.

Das **sexuelle Interesse** ist uns Menschen in die Wiege gelegt, d. h. wir werden als sexuelle Wesen geboren. Sexualität an sich ist nichts Unanständiges, sondern sollte etwas Schönes sein. Wichtig ist z. B., dass beide Beteiligten alt genug und reif genug sind, damit nichts passiert, was jetzt oder später gegen die Interessen eines der Beteiligten verstoßen könnte; dies ist der wesentliche Unterschied bei freiwilligem Sex zwischen Erwachsenen und dem Sex zwischen Erwachsenen und Jugendlichen oder gar Kindern.

Kleine Mädchen wollen gerne „groß" sein. So kann es vorkommen, dass sie auf einen Mann, den sie kennen, zugehen und sagen: „Gib mir einen Kuss, aber einen richtigen." Das darf nicht als ernst gemeinte Aufforderung wahrgenommen werden. Der Erwachsene muss die Grenzen ziehen, denn er kann die Situation überblicken. Küsst er das Mädchen so wie angeblich „gewünscht", liegt das im strafrechtlichen Bereich.

Das wird an einem anderen Beispiel sicherlich jedem deutlich: Ein kleiner Junge fordert seinen Vater auf: „Komm, wir machen einen richtigen Boxkampf." Nehmen wir an, der Vater holt aus und streckt das Kind mit einem Schlag zu Boden. Hat der Junge den Erwachsenen dazu auch mit dieser Konsequenz aufgefordert? Konnte er es überblicken, was passiert? Im Zeichentrickfilm stehen die von Walzen platt gemachten Figuren wieder auf, aber im Leben … Wir Erwachsene müssen wissen, wie weit wir gehen oder nicht gehen, und mit dem gesunden Menschenverstand wissen wir sehr wohl, was wir jemandem nicht antun dürfen und wo moralische Grenzen sind.

Kinder haben Interesse an ihrem Körper, die einen etwas mehr, die anderen etwas weniger. Sie möchten die Sexualität spielerisch erforschen. Können sie jedoch beurteilen, wer als Sexualpartner für sie in Frage kommt und welche Konsequenzen das haben wird? Sind sie in der Lage, sexuellen Handlungen mit Erwachsenen verantwortlich zuzustimmen?

Eindeutig NEIN, ohne Wenn und Aber. Aufgrund ihrer Unerfahrenheit können Kinder und oft auch Jugendliche nicht beurteilen, wer für sie die „richtigen" Sexualpartner sind. Außerdem sind sie emotional, sozial, rechtlich, finanziell und oft auch physisch und psychisch von Erwachsenen abhängig. Bei einem derartigen Beziehungs- und Machtgefälle können sie niemals zu einer unabhängigen, richtigen Entscheidung kommen.

Beispiel: Brigitte war 16, besonders attraktiv und schaffte gerade so ihren Hauptschulabschluss. Auf dieser Schulabschlussfeier hat sie ihren Deutschlehrer, ihr nun disziplinarisch nicht mehr vorgesetzt, verführt. Brigittes Aktivitäten beschränkten sich von da ab primär auf Sexualität. Mittlerweile sieht man ihr das Leben (Alkohol, Nikotin, zu wenig Schlaf) an, sie lebt mit ihren drei Kindern von drei Vätern, ohne Partner und Beruf, von der Sozialhilfe.

Sexueller Missbrauch ist also keine besondere Form von Sexualität, sondern eine besondere Form von Gewalt und eine besondere Form von Ausbeutung. Sexueller Missbrauch ist in manchen Fällen so verwerflich wie Mord und häufiger noch schlimmer als Sexualkriminalität gegen Erwachsene.

Wichtig ist nun zu wissen, wie häufig sexueller Missbrauch passiert und in welcher Form es passiert. Aktuellen Statistiken zufolge werden in Deutschland pro Jahr ca. 16.000 Fälle des sexuellen Missbrauchs von Kindern polizeilich erfasst. Das ist jedoch nur die Spitze des Eisbergs, denn in diesem Deliktbereich ist – leider begründet – von einer sehr hohen Dunkelziffer auszugehen, viele Straftaten werden nicht angezeigt. Es handelt sich hierbei um Verbrechen, die meist ohne körperliche Gewalt und nicht von einem Fremden, sondern von einer Person des Vertrauens begangen werden. Grundsätzlich sollten wir die Art der Delikte, die erfasst werden, unterscheiden in:

- Fälle des leichteren sexuellen Missbrauchs von Kindern (Delikte ohne Körperkontakt, wie z. B. exhibitionistische Handlung vor einem Kind, Vorzeigen pornografischer Bilder, Gefahren in einem Teenie-Chatroom)
- Fälle des schwereren sexuellen Missbrauchs von Kindern (Delikte mit Körperkontakt, z. B. das Berühren von Geschlechtsteilen bis hin zum Geschlechtsverkehr)

Die Medien berichten gern über spektakuläre, extreme und sicherlich tragische Einzelfälle (vgl. die perverse Entführung der Österreicherin Natascha Kampusch, die mehrere Jahre von einem Triebtäter in dessen Haus gefangen gehalten wurde), nicht aber über die Realität – nämlich dass die meisten Kinder von Vertrauenspersonen geschändet werden. Aufgrund dieser intensiver gewordenen

Berichterstattung entsteht bei der Bevölkerung der Eindruck, die Gefahren, denen unsere Kinder heute ausgesetzt sind, seien größer als in der Vergangenheit. Das ist so nicht richtig, verändert hat sich lediglich die Art der Berichterstattung und damit unsere Einschätzung der Gefahren. Bei den von der Kriminalstatistik erfassten Straftaten im Bereich der sexuell motivierten Kindermorde bzw. des sexuellen Missbrauchs von Kindern ist kein Anstieg zu verzeichnen. Unstrittig ist aber, dass jeder Fall genau ein Fall zu viel ist!

Andererseits ist sexueller Missbrauch von Kindern bei vielen immer noch **als Gesprächsthema tabu**, darüber spricht man nicht. Je offener jedoch die Gesellschaft mit diesem Problem umgeht, umso schlechter für den oder die Täter. Er/sie müssen damit rechnen, bereits in einem frühen Stadium als Gefahr erkannt zu werden. Ganz wichtig ist es deshalb, in der Familie über den Körper, über die Sexualität usw. offen und weitgehend emotionslos zu sprechen. Kinder sollen zum Penis nicht „da unten" sagen und rot werden, sondern den Penis, die Scheide, die Brust und den Po als etwas betrachten, was sie sind: natürlich. Bekommt die Mutter schon einen roten Kopf, wenn über „so was" gesprochen wird, darf man sich nicht wundern, wenn die Kinder nicht in der Lage sind, über „so was" zu sprechen. *So was* kann dann z. B. der Griff vom Turnlehrer in die Hose des zwölfjährigen Buben oder der Tochter sein!

Beispiel: Ludwig war sechs Jahre jung, als er wegen einer Untersuchung eine Woche ins Krankenhaus musste. Dort gab es zwei Pflegerinnen, die seinen Penis häufig berührten und ihn auch verbal „komisch" ansprachen. Mit 35 Jahren (!) deutete Ludwig vor seinen Eltern diese Übergriffe erstmalig an und seine Eltern reagierten durch einen Themenwechsel auf diese „peinliche" Geschichte. Fazit: Seien Sie bitte anders.

Aus unserer eigenen Kinderzeit kennen wir die gruselig-schaurigen Geschichten über den „schwarzen Mann". Darunter verstehen wir einen Unbekannten, der einem Kind irgendwo auflauert und es u. a. durch körperliche Gewalt oder durch Drohungen sexuell missbraucht, schlägt, entführt usw. Die Angst vor dem „schwarzen Mann" ist immer noch in unseren Köpfen verankert. Die Realität sieht ganz anders aus.

Anmerkung: Der sog. schwarze Mann wird mittlerweile böser Mann genannt, weil man Abstrahierfähigkeiten von Kindern nicht erwarten darf und sonst die Gefahr besteht, dass man schwarz wörtlich nimmt und auf dunkelhäutige Männer pauschal überträgt. Allerdings ist auch anzumerken, dass nicht immer (allerdings fast immer) Männer bei Sexual- und Gewaltdelikten gegen Kinder die Täter sind, insofern ist es politisch nicht korrekt, ausschließlich von einem Mann zu sprechen.

Es ist davon auszugehen, dass die Taten von unbekannten Tätern, also dem so genannten schwarzen oder bösen Mann, eher zur Anzeige gebracht werden als die von **Tätern aus dem sozialen Umfeld eines Kindes.** Leider bestätigen dies auch die Erfahrungen der Kriminalpolizei: Männer werden fast immer von den eigenen Ehefrauen geschützt, auch wenn diese wissen, dass der Partner einem Kind Schreckliches angetan hat (evtl. sogar dem eigenen Kind). Auch wenn dies für normal veranlagte Menschen undenkbar ist, die Realität sieht leider so aus! Lieber lebt man weiter mit dem moralisch verwerflichen Verbrecher zusammen, als dass die Nachbarn reden, der Ruf ruiniert ist und kein Geld mehr vom inhaftierten Mann verdient wird – auf die Psyche der Geschändeten nehmen die Mütter dabei keine Rücksicht! Die Kinder (meist Mädchen) wissen ja, dass die Mütter Bescheid wissen und nichts dagegen machen. Solche Kinder haben in der Familie keine Vertrauensperson mehr, ihr Leben wird schwerer und weniger leicht bzw. unschön verlaufen.

Das dürfte aber teilweise auch daran liegen, dass bei einem unbekannten Täter die Eltern der Aussage des Kindes leichter Glauben schenken, als wenn das Kind den gleichen Sachverhalt über den hilfsbereiten, zuverlässigen, „netten" Freund/Verwandten/Nachbarn der Familie erzählt.

Auf der anderen Seite gibt es natürlich auch pubertierende Mädchen (und manchmal auch Buben), die einfach einem verhassten Lehrer unterstellen, ihnen sexuelle Gewalt angetan zu haben, ohne dass hier mehr als nur primitive Boshaftigkeit dahinter steckt.

Zweifel am Wahrheitsgehalt der Erzählung des Kindes – „Stimmt es überhaupt, was du erzählt hast?" – und Bedenken, wie sich die Anzeige auf das weitere Leben des Täters bzw. dessen Familie auswirken könnte, spielen dagegen bei dem für das Kind bzw. die Eltern unbekannten Kriminellen keine Rolle – bei einem Täter aus dem engen sozialen Umfeld des Kindes schon eher.

Ein Mädchen wandte sich z. B. direkt nach der Tat hilfesuchend an seine Mutter. Aufgrund verschiedener Umstände, die in der Person des Mannes begründet waren („So ein freundlicher, fürsorglicher Mann, er hat ja selbst vier Kinder"), ließ die Mutter das Ganze auf sich beruhen! Nachdem der Mann das Kind aber weiterhin sexuell bedrängte und von den Eltern offensichtlich keine Unterstützung zu erwarten war, wandte sich das Mädchen hilfesuchend an die Lehrerin. Damit ihr jetzt aber auf jeden Fall geglaubt werde und um selbst in einem besseren Licht zu erscheinen, schmückte sie das Geschehen mit ein paar Details aus. („Ich habe ihm eine Ohrfeige gegeben. Er ist auf den Po gefallen. Ich habe ein Messer genommen, damit er mich in Ruhe lässt.") Trotz aufkommender Zweifel konnte die Lehrerin die Mutter von der Notwendigkeit einer Anzeige überzeugen. Das Strafverfahren vor dem Amtsgericht wurde durch die Ausschmückungen des Kindes nicht gerade erleichtert. Jedoch kam es durch ein überzeugend begründetes Glaubwürdigkeitsgutachten und das couragierte Auftreten des Mädchens im Gerichtssaal, das letztendlich alles offenbarte (auch die Beweggründe für die Unwahrheiten), am Ende doch zu einer Verurteilung des Täters.

Wichtig wäre noch anzumerken, dass die Mädchen (und auch Buben) einen **Arzt ihres Vertrauens** brauchen: Der kann nämlich gleich nach einer Tat Hilfsmöglichkeiten vorschlagen und gerichtsfeste Beweise sicherstellen. Nicht nur in Form von Körperflüssigkeiten, sondern auch aufgrund von Verletzungen. Dieser Arzt sollte für manche Kinder eine Frau sein, denn wenn ein junges Mädchen von einem Mann missbraucht worden ist, hat sie wahrscheinlich wenige Stunden später Probleme, wenn wieder ein Mann über ihren Körper verfügt.

Ein Punkt, der sich ebenfalls negativ auf das Anzeigeverhalten in Missbrauchsfällen mit bekannten Tätern aus dem Umfeld des Opfers auswirkt, ist der weiterhin andauernde Kontakt des Täters mit dem Kind. Er hat so häufig die Möglichkeit, ungehindert auf das Opfer durch Druck, Überreden und Drohungen einzuwirken, wie z. B.:

• Sei bloß still, sonst kommst du ins Heim.

• Deine Mutter glaubt es dir sowieso nicht.

• Alle werden erfahren, dass du freiwillig mitgemacht hast, usw.

Bei Sexualdelikten wird grundsätzlich davon ausgegangen, dass ca. 80 % der Täter aus dem sozialen Umfeld des Opfers kommen. Je näher die Person dem

Kind steht, dem sexuelle Gewalt angetan wird, desto vielschichtiger ist dessen Abhängigkeit, Hörigkeit und Unfähigkeit, sich zu wehren.

Andererseits ist grundsätzlich nicht jeder Mann gleich ein potentieller Verbrecher und Kinderschänder. Viele Männer haben einfach Spaß, mit Kindern zu spielen, sich mit ihnen abzugeben, ihnen etwas beizubringen, und das ist eine wunderbare Eigenschaft. Pauschale Verdächtigungen sind ebenso unsinnig wie unnötig. Und Vertrauen sollten wir nun mal zu vielen Personen haben, in deren Obhut wir unsere Kinder geben. Doch die Gefahren für ein Kind durch einen Unbekannten werden oft überschätzt.

Es gibt eine Vielzahl von **Anzeichen, die auf den sexuellen Missbrauch eines Kindes hinweisen** können, wie z. B.:

- Schlafstörungen
- Bauchschmerzen
- Rückfall in Kleinkindverhalten
- Einkoten/Bettnässen eines längst „stubenreinen" Kindes
- Gestörtes Essverhalten
- Gestörtes Verhältnis zum eigenen Körper (sich selbst Verletzungen zufügen, um den seelischen Schmerz zu überdecken)
- Plötzlich auftretender und eigentlich unbegründeter Leistungsabfall in der Schule
- Rückzug in Fantasiewelten
- Lügen
- Unerklärt auftretende Verhaltensänderungen (Angstzustände, Albträume, aggressives Verhalten, Waschzwang, Nägelkauen)
- Alkohol- und Drogenmissbrauch
- Begehen von Straftaten

Dies alles können, müssen aber nicht **Indizien für sexuelle Verbrechen** an unseren Kindern sein. Ein guter Kontakt, intensive Gespräche, die Fähigkeit zuzuhören, all das führt dazu, dass sich das Kind uns früher oder später öffnen kann und wird.

Wichtig ist hier die Feststellung, dass die angeführten Symptome keinesfalls Beweise für das tatsächliche Vorhandensein, sondern lediglich Verdachtsmomente für einen möglichen sexuellen Missbrauch sind. Bloß wegen einer Sechs in Mathe, einem geklauten Lippenstift oder pubertär begründbarem Zurückziehen von den Eltern muss noch niemand verdächtigt werden, dem Kind Schaden zugefügt zu haben.

Kinder müssen früh lernen, ihren Wahrnehmungen zu vertrauen. Sie lernen auch frühzeitig, die **Rechte anderer** Menschen zu **respektieren**. Aber was ist mit ihren eigenen Rechten?

Viele Kinder lassen **unangenehme Berührungen** von nahen und fernen Verwandten oder Bekannten über sich ergehen, z. B. Küssen, Tätscheln usw. Sie werden, wenn es um ihren eigenen Körper geht, immer wieder so behandelt, als hätten sie selbst keine Rechte; andere dürfen über ihren Körper bestimmen. Oftmals werden sie sogar aufgefordert: „Komm, gib doch einen Kuss. Stell dich nicht so an …"

So erleben Kinder von klein auf, dass Erwachsene über ihren Körper verfügen können, wann, wo und wie sie es wollen. Es ist deshalb unmöglich für Kinder wahrzunehmen, wann aus Zärtlichkeiten sexuelle Übergriffe werden. Besonders schwer fällt diese Wahrnehmung, wenn es sich bei dem Täter um einen freundlichen oder gar geliebten Menschen handelt! Und genau das ist falsch! Lieber ist Ihre Mutter oder Schwiegermutter sauer über Ihre Erziehungsmethoden, als dass Ihr Kind später etwas Verbotenes mit sich geschehen lässt.

Respektieren Sie den Körper Ihres Kindes vom ersten Tag an. Klopfen Sie immer an der Kinderzimmertür, wenn Sie eintreten, und erwarten Sie das auch von Ihren Kindern (nicht im Wohnzimmer, aber in Ihrem Schlafzimmer). Gehen Sie nicht ins Badezimmer, wenn Ihre zwölfjährige Tochter sich duscht und allein sein will – empfinden Sie das bitte nicht als Provokation, sondern als notwendigen Schritt, erwachsen zu werden, Persönlichkeit zu entwickeln und selbst zu bestimmen, wer was von mir sehen darf usw.

Wenn Kinder also frühzeitig „lernen dürfen", ein Gespür zu entwickeln, welche Art von Berührungen sie von sich aus wollen und welche ihnen nicht gefallen, sind sie eher in der Lage, Kontakte, die ihnen unangenehm sind, zurückzuweisen. Sie haben dann gelernt, ihren Wahrnehmungen zu vertrauen, und lassen sich weniger zu ungewollten Handlungen überreden.

Viele Kinder haben leider heutzutage mehr Kontakt mit dem Fernsehapparat, dem Computer oder dem Gameboy als mit Menschen. Sie sitzen stundenlang abgestumpft davor und verlernen so die Fähigkeit, zu fühlen und ihre Gefühle auszudrücken. Fernsehen ist eine passive Handlung. Beim aktiven Tun, wie z. B. Spielen, Vorlesen/Lesen, wird dagegen die Fantasie angeregt. Die Geschichten spielen sich im Kopf ab und werden dem Kind nicht fix und fertig serviert.

Wird ein Kind sexuell missbraucht, **manipuliert** der Täter häufig bewusst dessen **Gefühlswahrnehmung**. Das Kind spürt, etwas ist komisch bzw. unangenehm: „Irgendeiner muss doch hier spinnen!" Jedoch vermittelt ihm der Täter das Gefühl, alles sei in Ordnung und wunderbar.

Kinder müssen lernen, **NEIN zu sagen**: „Oma, ich mag dich, aber ich will keinen Kuss von dir." 1960 noch völlig undenkbar, heute sinnvolle Praxis. Ihr Kind muss wissen, dass Sie hinter ihm stehen, ihm helfen, es darauf vorbereiten. Der Oma das zu sagen, dazu gehört Mut. Den Mut braucht aber das Kind auch, um dem Onkel oder sonst einem Mann zu sagen: „Ich mag nicht, dass du meine Scheide berührst. Ich will sie dir nicht zeigen und deinen Penis will ich auch nicht sehen oder gar anfassen." Erklären Sie Ihrem Kind, dass es das der Oma selber sagen muss, dass es kontraproduktiv ist, wenn Sie ihm das abnehmen: Ist es mal ohne Eltern in einer entsprechenden Situation, muss es sich auch ohne elterliche Hilfe artikulieren können.

Kinder sind von uns Erwachsenen abhängig und wir tragen die alleinige Verantwortung für ihr Wohlergehen. Es kann nicht sein, dass sie sich unseren Bedürfnissen und unserem Willen unterordnen müssen. Dagegen müssen wir sie mit ihren jeweiligen Eigenheiten, ihrer Selbstbestimmtheit ernst nehmen und ihre Persönlichkeit als Teil eines individuellen Menschen respektieren – jeweils dem Alter angemessen.

Manche Erwachsenen erlauben den Kindern, **„Nein" zu sagen**, aber häufig nur dann, wenn es in ihr Konzept passt. Hat der Erwachsene Schwierigkeiten, damit zurechtzukommen, weil er sich vielleicht mit dem Kind auseinander setzen muss, wird es oft kritisch mit der Förderung der Selbstbestimmtheit des Kindes. Überprüfen Sie sich hier mal und Sie werden feststellen, dass das leider ab und zu zutreffend ist.

Viele Kinder dürfen zu Hause immer noch nicht „Nein" sagen. Sie dürfen ihre Grenzen nicht selbst festlegen und Ungewolltes ablehnen. Deshalb wagen sie nicht, das Verhalten Erwachsener zu hinterfragen und evtl. sogar zu kritisieren. Kinder müssen wissen, dass Erwachsene nicht immer Recht haben oder immer automatisch im Recht sind.

Es gibt selbstverständlich Situationen, in denen das „Nein" eines Erwachsenen Vorrang hat vor dem „Nein" des Kindes. Jedoch kann der Erwachsene immer wieder durch Erklärungen versuchen, sein „Nein" zu verdeutlichen, zu begründen und die Gefühle des Kindes zu akzeptieren.

In diesem Zusammenhang weisen wir noch einmal auf die Selbstbehauptungskurse für Kinder und deren beabsichtigte erzieherische Wirkung hin: Manche Kinder brauchen solche Kurse, andere sind bereits Persönlichkeiten.

Kinder sollen nicht, sondern sie müssen **frühzeitig aufgeklärt** werden. Wer kann das besser, einfühlsamer als die Eltern? Auch heute noch vertreten viele Eltern die Auffassung, sie würden ihre Kinder, wenn „sie so weit sind", sexuell aufklären. Leider sieht die Realität in vielen Fällen etwas anders aus. Kinder stellen Fragen, oft (für die Eltern) unangenehme, lustige, peinliche oder blöde Fragen, und das aus der Sicht der Erwachsenen häufig zur falschen Zeit und am falschen Ort. Einige Kinder fragen deutlich und bohrend, die anderen eher zögernd, indirekt oder gar nicht. Und wenn die Kinder nicht fragen, ist das für manche Eltern ein Zeichen, dass sie noch nicht so weit sind.

Oft erscheint den Eltern der Moment, in dem die Frage gestellt wird, unpassend. Manchmal drücken sie sich vor einer klaren, eindeutigen Erklärung, „weil es das Kind nicht so genau wissen wollte, weil das Kind in seiner Entwicklung noch nicht so weit ist", vielleicht aber auch, weil es peinlich ist, mit dem Kind über die eigene Sexualität zu sprechen. Dann werden andere die wichtigen Bezugspersonen und man holt sich sein Wissen dort.

Die Frage, wie ein Baby im Bauch heranwächst bzw. wie es da herauskommt, lässt sich noch relativ einfach beantworten. Schwieriger wird es dagegen, wenn es darum geht, wie das Baby in den Bauch hineingekommen ist. Je früher man Kindern Sexualität erklärt, umso normaler wird ein Kind damit umgehen können. Kleine Kinder von vier Jahren stellen noch keine bohrenden Fragen zur Sexualität, sondern sind mit einfachen (aber bitte richtigen) Erklärungen zufrieden zu stellen.

Wann ist der richtige Zeitpunkt für die **sexuelle Aufklärung** eines Kindes und welches ist der richtige Weg? Im Alter von sechs Jahren sollten Kinder vollständig sexuell aufgeklärt sein. In den Hoden wird Samen erzeugt, der läuft über den Penis in die Scheide. Dort kommt der Samen … usw. Ist das so schwer? Ist das peinlich? Die Autoren sind überzeugt, dass jeder, der Kinder zeugen kann, auch darüber auf normale Art reden kann. Bitte lernen Sie es, wenn Sie es nicht können!

Es gibt bereits für das Kindergartenalter sehr gut illustrierte Bücher und Videos/DVDs, die Eltern und Kinder gemeinsam anschauen und besprechen können. Dabei kommt es nicht so sehr darauf an, ob die Bilder für die Erwachsenen ästhetisch und die Worte schön zu lesen sind. Wichtiger ist stattdessen, dass die Bücher kindgerecht und leicht verständlich sind. Sämtliche Unsicherheiten und Unklarheiten können beim gemeinsamen Anschauen und Lesen auf einfache Weise und vor allem für beide Seiten zufrieden stellend ausgeräumt werden.

Im Zusammenhang mit dem Gespräch über die Sexualität empfiehlt es sich, auch über Menschen zu sprechen, deren Verhalten nicht in Ordnung ist (wie z. B. Pädophile, Exhibitionisten). Wichtig ist, dass dieses Gespräch über die negative Seite erst nach dem aufklärenden Gespräch über die positive Seite der Sexualität (Menschen lieben sich, ein Kind entsteht …) erfolgt. Positiv natürlich, wenn Sie mit einem Partner (im Idealfall der Erzeuger des Kindes) zusammenleben, einen offenen, freundlichen Umgangston pflegen und Gewalt ebenso unüblich wie verpönt ist: Hier fühlt sich ein Kind wohl, kann über Ängste und Sorgen sprechen und sich öffnen. Hier kann ein Kind Vertrauen haben, absolutes Vertrauen zu liebenden Erwachsenen – das diese nicht enttäuschen dürfen (aber es schrecklicherweise ab und zu doch tun!).

Wer vertieft in diese Thematik einsteigen will: Es gibt gute Bücher, die sich mit den angeführten Themen befassen, im Anhang findet sich eine Auswahl! Vergessen Sie nicht: Es sind die Kinder am ehesten vor sexuellem Missbrauch geschützt, die um die Gefahr wissen und ihren eigenen Wahrnehmungen vertrauen.

Nachfolgend ein paar weitere **wichtige Verhaltensregeln**, die wir Erziehungsberechtigten beherzigen sollten:

- Wir sollten unsere Kinder nicht allein, sondern zusammen mit anderen Kindern zur Schule oder zum Spielplatz schicken.

- Wir sollten sie zur Pünktlichkeit anhalten; bringen Sie Ihren Kindern bei, dass Pünktlichkeit eine Form der Höflichkeit, des Respekts anderen gegenüber ist. Der positive Nebeneffekt ist, dass wir uns auf pünktliche Kinder besser verlassen können und früher merken, wenn etwas passiert sein könnte.

- Ebenso wie das richtige Verhalten im Straßenverkehr geübt werden muss (muss, nicht kann!), kann auch der Ernstfall „Mann spricht Kind an" auf dem Weg zum Spielplatz oder zur Schule geübt werden. Was für Handlungsalternativen gibt es? Beispielsweise: Nein sagen, wegrennen, „Hilfe" oder „Feuer, Feuer" rufen, andere Passanten ansprechen, nie zu nahe an ein Auto herantreten („Komm näher her, ich höre dich so schlecht" – dann wird das Kind in den Wagen gezerrt) und vieles mehr.

- Es ist wichtig, dass wir uns täglich die Zeit nehmen, um mit unseren Kindern über ihre Erlebnisse und Sorgen zu sprechen. Wir müssen dabei den Kindern vermitteln, dass sie uns alles erzählen können, auch Fantasien und reale Erlebnisse, die ihnen komisch oder gar beängstigend vorgekommen sind.

Auch wenn sich das Kind „falsch" verhalten hat (also z. B. die auferlegten Regeln übertritt), muss es wissen, dass wir trotzdem zu ihm halten und es lieben. Jeder Mensch und damit auch **jedes Kind macht Fehler**; es kommt nur darauf an, wie damit umgegangen wird. Vertuschen, verschweigen, Gras drüber wachsen lassen oder gar vergessen ist immer die schlechteste Alternative. An diesem Vertrauen müssen wir ständig arbeiten.

Es kommen uns manchmal Dinge zu Ohren oder vor Augen, die unglaublich zu sein scheinen. Wie gehen wir damit um? Auch wir Erwachsene müssen lernen, unserer Wahrnehmung zu vertrauen, auch wir müssen lernen, Unangenehmes aufzunehmen und uns damit auseinander zu setzen.

Denn unser mehr oder weniger gut entwickeltes Sicherungssystem, „da wird schon nichts dran sein, das haben andere ja auch mitbekommen usw." sollte nicht das Gefühl für unsere tatsächlichen Wahrnehmungen überdecken. Beim leisesten Hauch von Unwohlsein sollten wir versuchen, der **Ursache auf den Grund** zu **gehen**. Das könnte z. B. sein:

- Ein Kind, das in der Metzgerei sagt: „Mama, die Wurst sieht aus wie ein Penis." (Achtung, jetzt nicht falsch reagieren: Nicht schimpfen, sich nicht schämen, andererseits aber auch nicht kommentarlos die Situation auf sich beruhen lassen.)

- Ein Mädchen kommt zu uns und erzählt, der Freund der Schwester oder Mutter hat es nachts im Schlaf gestreichelt.
- Eine Mutter berichtet: „Der Trainer hat mich schon ein paarmal gefragt, ob er sonntags mit unserem Sohn allein Ausflüge unternehmen darf."
- Ein Kind, das schon sauber war und im letzten halben Jahr plötzlich wieder anfing, einzukoten oder einzunässen.
- Ein Junge, der ein übermäßiges sexuelles Interesse zeigt (der sich z. B. immer wieder entblößt, an seinem Penis reibt und sagt: „Schau, so macht man das.")
- Plötzliches totales Wegfallen des natürlichen Schamverhaltens.
- Der Leistungsabfall eines Schülers, der auf einmal versetzungsgefährdet ist.
- Ein Mädchen, das fröhlich und aufgeschlossen war und nun unsicher und bekümmert wirkt usw.
- Ein Mädchen, das plötzlich nur noch Hosen und keine Röcke mehr tragen will und dies nicht anders begründet, u. a. m.

Die aufgeführten Beispiele können, müssen aber nichts zu bedeuten haben. Vielleicht gibt es für das eine oder andere verdächtige Anzeichen eine einfache Begründung – vielleicht aber auch nicht! Es könnte ja ein **Alarmzeichen oder** ein **Hilferuf** sein. Auf jeden Fall sollten uns solche versteckten Hinweise hellhörig machen. Was wir im Einzelfall unternehmen können, wird völlig unterschiedlich sein. Aber wir sollten auf jeden Fall versuchen, das Ganze etwas zu erhellen, d. h. hier und dort ein paar Fragen stellen, weiterhin aufnahmebereit sein und hin- anstatt wegsehen. Wenn wir jedoch den Sachverhalt als ernsthaft einschätzen und der im Raum stehende Verdacht nicht beseitigt werden konnte, bleibt uns nur der Weg, in die Offensive zu gehen.

Wir sollten entweder eine Anzeige bei der Polizei erstatten, damit im Rahmen eines objektiven Ermittlungsverfahrens geklärt werden kann, ob wirklich alles harmlos war oder ob vielleicht mehr hinter dem Ganzen steckt, oder eine Beratungsstelle aufsuchen. Deren Mitarbeiter können helfen abzuklären, welcher Weg bzw. welche Hilfe im Einzelfall am geeignetsten ist. Und hier beginnt auch schon die Vorbereitung der Kinder auf unseren demokratischen Rechtsstaat: Polizisten sind bitte keine „Scheiß-Bullen", sondern Personen, die uns helfen, wenn wir Hilfe brauchen. Das Einhalten der Vorschriften (auch im Straßenverkehr) ist ein Bestandteil der Demokratie, und das muss nun mal kontrolliert werden. Es gibt heute noch Mütter, die ihren kleinen Kindern **mit der Polizei** drohen. Denken Sie, so ein Kind wird sich vertrauensvoll an die Institution Polizei wenden können, wenn Vater und Mutter die Polizei als etwas ganz Übles darstellen?

Die Verantwortung für die Erforschung der Wahrheit liegt letztendlich nicht bei uns, sondern bei den Ermittlungsbehörden. Wir sind jedoch nicht nur verantwortlich für das, was wir tun, sondern auch für das, was wir nicht tun. Diese Verpflichtung sollte nicht an unserer Haustür enden, sondern sollte darüber hinaus auch andere Kinder mit einbeziehen. Auch sie brauchen unter Umständen unsere Hilfe.

Es besteht natürlich die Gefahr, sich als „Nestbeschmutzer" zu fühlen bzw. als „Nestbeschmutzer" angesehen zu werden. Was aber bedeutet diese Angst vor einem möglichen Imageverlust im Verhältnis zu den Gefahren, denen ein Kind durch unser Wegschauen und Nichtstun weiterhin ausgesetzt ist bzw. ausgesetzt sein könnte? Können wir das vor uns selbst verantworten?

Kinder sind die schwächsten Glieder unserer Gesellschaft. Es wird oft übersehen, dass sie auch unsere Zukunft sind. Sie bedürfen unserer ständigen Fürsorge und unseres ständigen Schutzes. Wenn wir versuchen, mit offenen Augen und Ohren durch die Welt zu gehen, bemerken wir vielleicht das eine oder andere Kind, das auf unsere Hilfe angewiesen ist und dem wir helfen können.

8.9   Urlaub und Trampen

Nicht nur die „typischen" Anhalterinnen (also junge Mädchen) sind sehr gefährdet, sondern auch solche Mädchen und Frauen, die eine angebotene Mitfahrgelegenheit in Anspruch nehmen oder eine solche suchen. Für männliche Anhalter oder Mitfahrer besteht so gut wie keine Gefahr, meist ist die größte Gefahr das Fahrverhalten des Autofahrers.

Obwohl immer wieder auf die **Gefahren für Anhalter** hingewiesen wird, stehen insbesondere in der wärmeren Jahreszeit junge Menschen an Straßen, Autobahnauffahrten, Tankstellen, Rast- und Parkplätzen und versuchen, per Anhalter mitgenommen zu werden. Sie zeigen dies mit dem ausgestreckten, in Fahrtrichtung weisenden Daumen oder mit einem Plakat, auf dem sie ihr Ziel aufgeschrieben haben.

Viele sehen im Trampen die günstigste Möglichkeit, ins Kino, die Disco, zu sonstigen Veranstaltungen oder sogar ans Urlaubsziel zu gelangen. Andere trampen wiederum aus Abenteuerlust. Die Gefahren dabei werden entweder nicht gesehen oder einfach ignoriert, sodass eine solche kostenlose Fahrt am Ende teuer zu stehen kommen kann. Bei jeder Fahrt als Anhalter besteht ein Risiko, Opfer einer Straftat zu werden. Dies reicht vom Sexualdelikt über Diebstahl bis zum Raub oder gar Tötungsdelikt.

Wenn wir die psychischen Abläufe beim Trampen kennen, werden die Gefahren schnell klar. Die Erfahrung zeigt eindeutig, dass männliche Autofahrer insbesondere bei Anhalterinnen viel eher geneigt sind, sie mitzunehmen, als dies bei männlichen Trampern der Fall ist. Sicher gibt es Autofahrer, die sich davon lediglich eine nette Unterhaltung auf der langweiligen Fahrt versprechen. Andere jedoch hoffen auf mehr und wollen sich die Chance nicht entgehen lassen, es zumindest zu versuchen. Und manche jungen Frauen versuchen die Mitnehmchancen dadurch zu erhöhen, dass sie sich aufreizend kleiden – was wiederum die Fantasien und Erwartungen mancher autofahrender Männer in Bewegung setzt. Diese von der Anhalterin ausgehenden Signale (weiblich, jung, spärlich bekleidet und allein unterwegs) wecken so bei manchem Autofahrer sexuelle Gedanken und entsprechende Hoffnungen. Während der anschließenden Fahrt muss sich die Anhalterin oftmals sehr anstrengen, um dem Fahrer klar zu machen, dass sie kein sexuelles Interesse hat. Nicht immer gelingt dies.

Manche Autofahrer interpretieren diese spärliche Kleidung so, dass die Anhalterin nicht nur weiblich, jung und allein unterwegs, sondern auch mit ihm ein sexuelles Abenteuer sucht. Hier wird es für die Anhalterin sehr schwer, den Fahrer anschließend vom Gegenteil zu überzeugen: Sie ist dem meist körperlich überlegenen Mann in seinem Wagen oft hilflos ausgeliefert.

Extrem gefährlich wird es dann, wenn der Fahrer leicht angetrunken ist oder wenn zwei Männer in dem Wagen sind. Hinzu kommt, dass er weg von zu Hause ist, keiner (auch nicht die Anhalterin) kennt ihn, sodass durch diese vermeintliche Anonymität (Kennzeichen) oftmals die Hemmschwelle für strafbare Übergriffe sinkt. Und (dies ist bitte nicht als Entschuldigung zu verstehen!) manche Männer können ob der sexuellen Erregung und der vermeintlich einfachen Situation nicht mehr als zurechnungsfähig eingestuft werden und machen Dinge, die sie sonst nicht machen würden und dann, wenn alles zu spät ist, vergebens bereuen.

Nicht selten kommt es vor, dass dann vom vereinbarten Weg abgewichen und zu einem „geeigneten" Ort gefahren wird, um ohne Einverständnis der jungen Frau dieser ein sexuelles Verbrechen anzutun.

Wurde bereits trieborientiert in eine einsame Gegend abgebogen, wird es für die Anhalterin extrem gefährlich. Nicht selten kommt nach dem Verbrechen der Vergewaltigung sogar noch das Verbrechen der Tötung des Opfers hinzu. Erst nach dem grausamen Verbrechen der Vergewaltigung kann der Täter wieder denken und ihm wird klar, dass die Anhalterin möglicherweise sein Autokennzeichen abgelesen hat oder ihn beschreiben kann. Damit einhergehend würde er möglicherweise die Familie, den Job, die Freunde verlieren, für Jahre ins Gefängnis müssen usw., sodass Panik aufkommt und in dieser die Entscheidung zur Tötung fallen kann.

Vorsichtsmaßnahmen und **Verhaltensregeln** können die Gefahren nicht beseitigen, sie können sie bestenfalls reduzieren. Der beste Schutz ist deshalb, nicht zu trampen. Sollte es sich dennoch nicht vermeiden lassen (aber eigentlich muss es vermieden werden!), sollte Folgendes beachtet werden:

- Mitfahrgelegenheiten bei Frauen suchen, denn hier sind kaum Straftaten bekannt.
- Bei Paaren mitfahren.
- Möglichst zu zweit trampen.
- Nicht bei sichtbar alkoholisierten Autofahrern einsteigen.
- Ein kurzer Anruf, möglichst vor Fahrtantritt, über das Handy, wobei dem Angerufenen das Kennzeichen und das Fahrtziel mitgeteilt. werden; falls dies nicht möglich ist, sollte eine SMS mit diesen Daten gesendet werden.
- In bestimmten Ländern grundsätzlich nie trampen (z. B. wo Frauen oder Ausländer wie wir Deutsche weniger bzw. keine Rechte haben)

- Dem Autofahrer sollte nach dem Anruf oder dem Versenden der SMS mitgeteilt werden, dass diese Vorsichtsmaßnahme durchgeführt wurde. So weiß er, dass er identifiziert ist und für falsches Handeln zur Rechenschaft gezogen wird. Wenn wider Erwarten beim Mitfahren gefährliche Situationen aufkommen, sollte an folgende Punkte gedacht werden:
- Bei Fahrtantritt sollte man sich mit dem Türöffnungs-, Fensteröffnungs- und Sicherheitsgurtmechanismus vertraut machen, um im Notfall das Fahrzeug sofort verlassen zu können.
- Darauf achten, dass die vereinbarte Strecke eingehalten wird. Falls dies nicht der Fall ist oder der Fahrer zudringlich wird, sollte sofort darauf bestanden werden, dass der Fahrer anhält, um auszusteigen. Falls der Fahrer dieser ausdrücklichen Aufforderung nicht nachkommt, ist es ratsam, das Fenster zu öffnen und alle greifbaren Gegenstände, einschließlich der aus dem Handschuhfach, aus dem Fenster zu werfen. Dies lenkt die Aufmerksamkeit des nachfolgenden Straßenverkehrs auf sich. Wenn bereits auf Feldwegen oder unbefahrene Straßen abgebogen wurde, verliert diese Methode ihre Wirkung.

Die beste Sicherheitsstrategie kann jedoch Anhalter- oder Mitfahrergefahren nicht völlig ausschließen. Daher sollten Eltern ihren Kindern die damit verbundenen Gefahren erklären und mit ihnen planen, wie sie sicher zu Veranstaltungen und wieder nach Hause kommen. Hilfreich ist es, sich mit anderen Eltern abzusprechen, Fahrgemeinschaften zu organisieren und entweder öffentliche Verkehrsmittel oder Mitfahrzentralen in Anspruch zu nehmen.

Nicht immer sind die Eltern bei ihrem Kind, sodass das Kind über die Erziehung so orientiert werden sollte, dass es jeweils der Situation angepasst möglichst richtig handelt. Kinder und Jugendliche orientieren sich in erster Linie am Verhalten der Erwachsenen, speziell der Eltern. Deshalb ist das Vorleben ein wesentlicher Faktor der Erziehung. Wenn beispielsweise die Mutter Mitfahrgelegenheiten sucht, wird sie ihrer Tochter nicht überzeugend erklären können, warum diese es nicht tun soll. Wesentlich ist auch, dass das Kind selbstbewusst und damit stark wird. So kann es selbst entscheiden, was es will und wo die Grenzen sind. Es wurde bereits im Kapitel „Sexueller Missbrauch" näher darauf eingegangen, wie diese Selbstbehauptung und die damit verbundene Stärke erreicht werden kann. Auch das Verhältnis zwischen Kind und Eltern spielt eine wesentliche Rolle. So wäre es wünschenswert, wenn zwischen Eltern und Kind ein absolutes Vertrauensverhältnis besteht, dass das Kind mit allen Erlebnissen, Sorgen und Ängsten zu den Eltern kommen und alles mitteilen kann, und zwar ohne Angst haben zu müssen, dafür bestraft zu werden. Dies schafft man, indem man sich Zeit nimmt, zuhört, viel miteinander spricht, Probleme an- und bespricht, um sich so gegenseitig zu verstehen.

Abschließend sollte noch darauf hingewiesen werden, dass es auch für den Autofahrer nicht ungefährlich ist, Anhalterinnen und, manchmal noch gefährlicher, Anhalter mitzunehmen. Mancher Autofahrer wurde schon überfallen oder erpresst, entweder einen bestimmten Betrag zu bezahlen oder er würde trotz anständigen Verhaltens wegen sexueller Übergriffe angezeigt. Ist der Fahrer mit der Anhalterin allein unterwegs, dürfte er große Probleme haben zu beweisen, dass nichts Strafbares vorliegt. Und bei einem Unfall drohen Klagen wegen Körperverletzung, die oft nicht mitversichert sind. Vergessen sollte man nicht, dass auch ausgebrochene Häftlinge mittels Trampen das Weite suchen. Sie haben oftmals nichts zu verlieren und schrecken auch vor Gewalthandlungen nicht zurück. Auch hat so mancher Autofahrer nach dem Aussteigen seines meist unbekannten Fahrgastes festgestellt, dass Gegenstände wie Geldbeutel oder die Fotoausrüstung fehlen.

8.10   Drogen

Je besser Sie sich selbst in Ihrer Rolle als Vater/Mutter und auch Familienmitglied fühlen, desto sicherer vermitteln Sie Ihrem Kind auch ein **Gefühl der Sicherheit und Geborgenheit**. Das ändert nichts daran, dass Ihr Kind für Sie der Mittelpunkt Ihrer Liebe ist, und hat nichts mit Egoismus zu tun. Wenn es Ihnen nicht gut geht, spürt es Ihr Kind oft vor Ihnen. Achten Sie also auf sich, sorgen Sie dafür, dass es Ihnen gut geht, damit legen Sie die beste Grundlage für gesundes Erziehungsverhalten. Und die beste Voraussetzung, dass Sucht keine Chance bei Ihrem Kind hat, ist, dass Ihr Kind selbstbewusst und stark sein kann. Und dass Sie selber Ihrem Kind nicht über Jahre eine Sucht vorleben

(Alkohol, Sex, Koffein, Nikotin, Spielen, ...). Wenn Sie also gut für sich sorgen können, haben Sie die besten Voraussetzungen, ein **starker Vater und** eine **starke Mutter zu sein** und somit ein eigenverantwortliches Kind heranzuziehen; solche Kinder sind um Dimensionen (!) weniger gefährdet.

Suchtvorbeugung hat im Kindesalter noch nichts unmittelbar mit Suchtmitteln zu tun. In einem Alter, bis zu dem Kinder gar keine Suchtmittel nehmen können (bis ca. neun Jahre), sind diese also nicht unmittelbarer Gegenstand der Beobachtung. Suchtmittel spielen im Kindesalter nur insofern eine Rolle, als Kinder den Umgang der Eltern mit Suchtmitteln mit wachsendem Alter mehr oder weniger bewusst beobachten und mit hoher Wahrscheinlichkeit abgucken, weil Kinder immer erst mal ihre Eltern als **Vorbild für** alle **Verhaltensweisen** nehmen, also Positives und Negatives. Wenn Sie z. B. jeden Tag zum Abendessen eine Flasche Bier trinken, wird Sie Ihr Sohn oder Ihre Tochter mit fünf noch nicht darauf ansprechen. Wenn Sie Ihr Kind mit zwölf fragt, ob er oder sie das auch mal probieren kann und Sie dann sagen, das sei für sie oder ihn nicht gut, dann mag das auch noch gehen. Spätestens wenn Ihr Sohn 15 ist, können Sie mit diesem Hinweis gar nichts mehr bewirken und haben eventuell ein Problem. Und Ihre Tochter wird Sie vielleicht mit 16 mit der Eröffnung konfrontieren, dass sie ab sofort raucht, und das sei ja auch nicht so gefährlich, denn Mama raucht ja auch seit vielen Jahren (evtl. sogar vor und während der Schwangerschaft!). Denn Kinder sind schlau und wir sollten daran denken, dass wir allerspätestens in der Pubertätsphase viele schwierige Fragen gestellt bekommen, die uns Eltern ganz schön auf den Prüfstand stellen können.

Je **glaubwürdiger Eltern** dann sind, desto besser sind die Chancen, dass Heranwachsende auch dann noch den elterlichen Rat hören und mit uns über ihr Leben sprechen werden, wenn sie sich ihre eigene Meinung bilden. In der Kindheit hat Suchtvorbeugung grundsätzlich sehr viel mit Ihrer Auffassung und Realität von Erziehung zu tun, denn eine gute Erziehung ist zugleich eine gute Suchtvorbeugung.

8.10.1 Grundinformationen

Die Wahrscheinlichkeit, dass Kinder im Laufe ihres Lebens ein Suchtmittel zumindest probieren, liegt bei ungefähr 95 % und die Chance, dass es beim

Probieren bleibt, bei ca. 80 %. Für die restlichen 15 bis 20 % sollten Sie gewappnet sein und für die Diskussionen mit Ihrem Kind zu diesem Themenbereich Bescheid wissen.

Gemeint sind mit Drogen alle Substanzen, die einen Einfluss auf den Menschen haben, körperlich und seelisch (somatisch und psychisch). Dazu gehören Tabak, Alkohol, Medikamente, Cannabis, Heroin, Kokain, LSD, Designer-Drogen, Ecstasy, bestimmte Medikamente und Pilze sowie andere psychotrope (auf die Psyche wirkende) Pflanzen. Einige dieser Drogen sind legal, andere illegal. Dies sagt aber überhaupt nichts darüber aus, ob sie gefährlich sein können oder nicht. Man kann ebenso wegen Nikotingebrauchs wie auch wegen Alkoholmissbrauchs oder infolge des Konsums illegaler Drogen krank werden und auch sterben. Und man kann sich und andere mit Sexsucht oder krankhafter Spielsucht das Leben vermiesen.

Die **Erziehungsstile der Eltern** sind so unterschiedlich wie deren Persönlichkeiten. Das grundsätzliche Erziehungsziel im Sinne einer gesunden Entwicklung und im Sinne von Suchtprävention sollte die Entwicklung Ihres Kindes zu einem Erwachsenen sein, der lebenstüchtig, selbstständig und seelisch gesund ist. Dabei ist es wohl so, dass wir Eltern im Prozess des Aufwachsens des Kindes erkennen sollten, welche Persönlichkeitselemente das Kind mitbringt. Ein Kind kann den Eltern sehr ähnlich sein oder eben auch ganz anders: Es ist nämlich nicht davon abhängig, was die Eltern wollen, wie sich deren Kinder entwickeln. Wir müssen ein Gefühl dafür bekommen, wohin sich das Kind entwickeln will, und es entsprechend den Fähigkeiten und Bedürfnissen fördern, nicht nach unseren Vorstellungen; dies ist natürlich einfacher geschrieben als umgesetzt.

Ob ein Kind später einmal suchtgefährdet sein wird, hat etwas mit den Lebensumständen des Kindes zu tun und den Entwicklungen in der Kindheit und damit auch einiges mit Ihrem eigenen grundsätzlichen Erziehungsverhalten. So ist z. B. klar, dass große Strenge (autoritär) ebenso falsch ist wie **zu große Nachgiebigkeit** (antiautoritär) z. B. den Genusswünschen oder auch den sonstigen Konsumanforderungen des Kindes gegenüber.

Jeder kennt diverse Szenen zwischen Kleinkindern und meistens Müttern an der Kasse des Supermarkts: Die Süßigkeiten sind in der Höhe angebracht, dass sie das Kind gut sehen und greifen kann. Es entwickelt sich häufig ein Streit, ob das Kind die Bonbons behalten darf oder unter Tränen wieder hergeben muss. Manchmal erpressen die Kinder ihre Eltern dann auch, weil sie schnell merken, dass diese nachgeben, bevor sie in der Öffentlichkeit schreien. Ab und zu kann man beobachten, dass Eltern diese Situation schon öfter erlebt haben und eine Regel für diesen Fall mit Ihrem Kind getroffen haben. Im Idealfall sagt dann z. B. die Mama: „Du kannst gern die (zuckerfreien, dennoch süßen) Trockenpflaumen haben." Oder: „Einmal in der Woche darfst du dir Schokoriegel nehmen, und das ist übermorgen, nicht heute." Ob das Kind nun protestiert oder nicht, sei dahingestellt, aber es ist offenbar eine Regel getroffen worden, die zumindest eine ständige Auseinandersetzung erleichtert oder erspart.

Natürlich müssen Eltern die **Grenzen setzen** und es muss keine betonharte Regel sein. Das Kind aber hat Klarheit, und wenn immer die gleiche Verhaltensweise erfolgt, weiß es, dass es klar strukturierte Eltern hat, die Regeln bestimmen und einhalten, d. h. Grenzen setzen. Gelten diese für die Eltern nicht (Mutter raucht viel und hat dank zu vieler Schokolade Übergewicht; Vater trinkt, geht fremd und ist ständig unzuverlässig), sind Probleme vorgezeichnet. Mit diesem Beispiel wird klar, dass eine gute Erziehung oft zugleich eine gute Suchtvorbeugung bedeutet. Weder das Kind noch Sie denken in dieser Szene an Suchtmittel, dennoch wird einer der Sucht innewohnenden Eigenschaft, der Grenzenlosigkeit, früh vorgebeugt. Wir alle leben in einer Welt, die uns von Kindheit an die Aufgabe abverlangt, ständig entscheiden zu müssen, welche der grenzenlosen Angebote (im Supermarkt sind es all die leckeren Sachen) wir auswählen sollen. Erwachsene müssen ihren Kindern ständig vorleben, wie das gehen kann. Alltag heißt für Kinder und Erwachsene also: unter vielen potenziellen Möglichkeiten immer nur etwas Bestimmtes auszuwählen, im Zweifel also auch oft Verzicht.

Wenn wir nun den direkten Bezug zur Suchtvorbeugung herstellen wollen, so heißt dies in diesem Fall, dass Nein sagen können in einer bestimmten **verlockenden Konsumsituation** eine wichtige frühe Übung ist. Jeder muss lernen, aus eigener innerer Einstellung und nicht durch äußeren Eingriff eine eigenständige Entscheidung treffen zu können. In der oben beispielhaft geschilderten Szene wird deutlich, wie Kinder zunächst lernen müssen, auch mal zu verzichten, Grenzen von außen zu akzeptieren. Natürlich müssen Kinder und später

Jugendliche im lebensbegleitenden Erziehungsprozess lernen, eigene Entscheidungen zu fällen und einzuschätzen. Klar ist aber auch, dass **totale Verbote** eine Begierde wecken können, die irgendwann mal ins Gegenteil umschlagen kann, woran dann oft nichts mehr zu ändern ist. Dies ist immer wieder bei Kindern festzustellen, die über Jahre nie Burger essen, Cola trinken oder TV sehen dürfen: Maßvoller und damit vernünftiger Umgang damit ist, wie so oft im Leben, sinnvoll.

Unterstützen Sie Kinder und Jugendliche in der Bildung einer eigenen Einstellung – einer eigenen Einstellung, nicht Ihrer! Die Menschen, egal ob groß oder klein, müssen nach Möglichkeit im Laufe ihrer Persönlichkeitsentwicklung lernen, in immer größerem Maße Verantwortung für sich selbst zu übernehmen.

8.10.2 Die wirklichen Bedürfnisse der Kinder

Wenn z. B. Ihre Tochter mit zehn Jahren in einer Gruppensituation nach der Schule eine Zigarette angeboten bekommt, kann sie den geballten Gruppendruck nur dann aushalten und einfach nicht mitmachen, wenn sie für sich selbst verstanden hat, dass das keine gute Sache ist. Der Weg dahin kann natürlich auch zum Teil über Kontrolle und Verbote gehen. So wäre es z. B. sicher angesagt, Ihrer Tochter mit einem Rauchverbot zu helfen, sollte sie es in dieser Verführungssituation nicht geschafft haben, Nein zu sagen. Dann aber sollten Sie weiter mit ihr sprechen und versuchen, sie vom Sinn des Rauchverzichts zu überzeugen. Nun wissen wir keine glaubhaften Argumente, wenn Sie selbst rauchen …

Vielleicht können Ihnen die folgenden **7 Vorschläge für Eltern** und Erzieher ergänzend bei der Erziehung helfen. Sie sind von Erziehungswissenschaftlern im Rahmen der Suchtvorbeugungsarbeit entwickelt worden (zitiert aus: Was tun gegen Sucht – 7 Vorschläge für Eltern und Erzieher, Elternratgeber zur Suchtprävention der Deutschen Behindertenhilfe; Abdruck mit freundlicher Genehmigung der Aktion Mensch 2004).

1. Kinder brauchen seelische Sicherheit

Diese Regel ist die wichtigste Voraussetzung für eine gesunde seelische Entwicklung Ihres Kindes und damit für seinen späteren Schutz gegen Sucht.

Es bedeutet konkret, dass sie sich der Liebe und Zuwendung ihrer Eltern sicher sein wollen. Es genügt nicht, wenn man sein Kind einfach nur liebt. Man muss ihm diese **Liebe** auch **zeigen**. Je nach Altersstufe äußern sich die emotionalen Bedürfnisse der Kinder verschieden. Bei Säuglingen und Kleinkindern ist der Hautkontakt sehr wichtig. Aber auch ältere Kinder wollen noch in den Arm genommen werden. Ohne zwingenden Grund (welchen?) sollten Sie ein Kind nicht zurückweisen, wenn es in den Arm genommen werden will. Auch wenn Sie im Moment das Gefühl haben, im Recht zu sein, vergeben Sie eher und schicken Sie Ihr Kind nie ins Bett ohne versöhnende Geste. Seelische Sicherheit heißt: Auch wenn ich im Stress bin, im Augenblick keine Zeit für dich habe oder wir uns manchmal streiten (streiten, nicht anschreien, primitiv beleidigen oder gar schlagen!): Du kannst trotzdem immer sicher sein, dass ich dich so, wie du bist, liebe. Konstruktiv streiten ist übrigens etwas Normales!

2. Kinder brauchen Anerkennung und Bestätigung
Kinder darf man **nicht schlagen**. Und: Lob ist besser als Strafe. Wir sollten in der Erziehung öfter loben als tadeln. Wenn positive Verhaltensweisen gestärkt werden, brauchen wir auf lange Sicht weniger Tadel. Loben Sie Ihr Kind nicht nur bei Leistung, sondern schon bei Bemühungen. Kinder müssen nicht schon früh unter Leistungsgesichtspunkten bewertet werden, das kommt ohnehin früh genug. Stärken Sie das Selbstwertgefühl Ihres Kindes dadurch, dass sie es ohne Vorbehalte anerkennen. Das macht stark – auch gegen Sucht.

3. *Kinder brauchen Freiraum* und Beständigkeit
Kinder müssen die ihrem Lebensalter angemessenen Erfahrungen selbst machen können. Sie brauchen Platz für eigenes Erleben, selbstständiges Forschen, Spielen und Rennen, Bewegung und Toben. So trainieren Kinder, eigene Realitätserfahrung und Erfolgserlebnisse zu haben. Wenn Ihr Kind Hilfe braucht, unterstützen Sie es. Wenn nicht, lassen Sie eigene Erfahrungen zu. Beschützen Sie so weit wie nötig und geben Sie Freiraum so viel wie möglich und Grenzen wo nötig. Und seien Sie für Ihr Kind da. Nehmen

Sie sich Zeit, das gilt besonders für Väter. Seien Sie da, die Kindheit ist kurz, und Nähe und Beständigkeit können am allerbesten Sie Ihren Kindern geben.

4. ***Kinder brauchen*** realistische ***Vorbilder***

Ihre Kinder lernen viel über Beobachtung von uns Erwachsenen. Sie nehmen einen Unterschied zwischen Reden und Handeln sensibel wahr. Wenn Sie vor Rauchen warnen, sollten Sie selber nicht rauchen. Überlegen Sie jetzt, früh, wie Sie mit Alkohol umgehen. Überlegen Sie, ob Sie schon bei Nichtigkeiten Medikamente nehmen.

Kinder spüren Ihre Gefühle genau und daher ist es das Beste, offen und ehrlich zu sein, wenn Sie eigene Gewohnheiten an sich selbst nicht gut finden. Versuchen Sie, ein gutes Vorbild zu sein, und geben Sie zu, wenn Sie es mal nicht schaffen. Eltern sind auch Menschen.

5. ***Kinder brauchen Bewegung und richtige Ernährung***

Dass Kinder viel Bewegung brauchen, ist eine Binsenweisheit. Realität ist oft, dass besonders in Städten der Bewegungsspielraum für Kinder knapp ist. Wer die lieblosen Hochhaus-Trabantenstädte kennt, mag sich fragen, warum es für Legehühner-Farmen Platzvorgaben gibt, nicht aber für menschlich-humanitäre Wohngegenden. Kleine Wohnungen sind nicht für tobende Kinder eingerichtet. Gehen Sie mit Ihren Kindern oft in den Park, auf den Spielplatz, ins Schwimmbad, fahren Rad mit ihnen. Wenn wir Erwachsenen leider oft nicht mehr die Erfahrung machen, es stimmt dennoch: Körperliches Wohlgefühl und seelische Zufriedenheit gehören zusammen.

Dass Kinder eine gesunde Ernährung brauchen, ist auch eine Binsenweisheit. Eltern und Kinder müssen sich immer wieder mit dem Überangebot an verlockendem Fast Food und Süßigkeiten auseinander setzen, die in der Werbung alle als gesund angepriesen werden. Die Ernährungsindustrie entwickelt schier unerschöpfliche Fantasie bei immer neuen falschen Versprechungen, was alles gesund sei. Seien Sie vorsichtig, wenn Leistungssteigerung durch bestimmte künstliche Nahrungsmittel versprochen wird oder gar für entsprechende Medikamente geworben wird. Vertrauen Sie nur Ihrem Kinderarzt (und nicht den Ratschlägen aus einer Fernsehzeitung) und setzen Sie Ihr Kind nicht unter Leistungsdruck.

6. *Kinder brauchen Freunde und eine verständnisvolle Umwelt*

Familien sind heute immer häufiger Kleinfamilien mit höchstens zwei Generationen. Immer mehr Eltern sind allein erziehend. Viele Kinder haben einen eingeschränkten Lebenskreis. Die Kindertagesstätte bietet z. B. regelmäßigen Kontakt mit anderen Kindern und damit die Erfahrungen von Freundschaft, Distanz und Nähe und den Umgang mit Aggressionen.

Wenn möglich, pflegen Sie, besonders bei Kleinfamilien, den Umgang mit Freunden und anderen Erwachsenen. Kinder lernen daraus den Umgang mit unterschiedlichen Menschen und werden offen für neue Erfahrungen.

7. *Kinder brauchen Träume und Lebensziele*

Der langfristig beste Schutz gegen Sucht und Drogen sind seelisch ausgeglichene, selbstbewusste und ich-starke Kinder, die sich zu realitätstüchtigen und kritikfähigen Jugendlichen und Erwachsenen entwickeln. Diese Vorschläge für eine Erziehung gegen Sucht betreffen in erster Linie das emotionale Klima in Familie und Gesellschaft. Wenn dieses Klima freundlich, offen und positiv ist, kann sich darin ein zeitgemäßer Erziehungsstil entwickeln.

Er ist persönlich, kindgemäß, rücksichtsvoll, partnerschaftlich und baut nicht auf starre Regeln. Er setzt auf Lob und nicht auf Strafe. Er engt Kinder nicht unnötig ein, sondern vermittelt ihnen stattdessen Sicherheit und Geborgenheit. Er sagt, wann immer es geht, gern und deutlich „Ja". Und wenn es sein muss, klar und bestimmt „Nein". Und ganz ab und zu ist fünf auch mal gerade …

Zu viel **Fernsehen schadet Kindern**. Es ist für Eltern sehr verlockend, das TV-Gerät einzuschalten, schon allein, weil dann schlagartig Ruhe für Eltern eintritt. Solide Forschungen haben ergeben, dass die lange Fernsehzeit zu Symptomen wie Konzentrationsstörungen führt. Versuchen Sie, das richtige Maß an Fernsehen und Beschäftigung des Kindes für sich herauszufinden. Und: Kinder dürfen sich langweilen. Sie müssen nicht dauernd beschäftigt werden. Oft kommen sie schnell auf einfache Beschäftigungsideen, wenn der Fernseher konsequent ausgeschaltet wird.

Lassen Sie die Kinder im Rahmen ihrer Möglichkeiten mitreden. Kinder haben das Bedürfnis, sich ein Bild von der Welt zu machen. Sprechen Sie mit ihnen, warum Sie was und wie machen, warum Sie welche Einschätzung haben, und begründen Sie Ihre Haltung und Einstellungen. Kinder suchen an Ihnen Orientierung, und je eher Sie die Kinder in die Lage versetzen, sich und ihr Leben und was darin passiert einzuschätzen, desto besser lernen Kinder, dies auch für sich und ihre Umgebung zu tun. Sie werden stark und selbstbewusst und sind nicht so leicht verführbar von unsinnigen oder gar gefährdenden Trends.

8.10.3 Suchtprävention und Suchthilfe bei Jugendlichen

Wenn Sie Ihrem Kind Lesen, Schreiben und Telefonieren beibringen und dann auch noch Fernsehen und Internet haben, dann erleben Sie, dass Sie bei der Meinungsbildung Ihres Kindes spätestens ab dem Jugendalter mit recht vielen Medien und Einflussfaktoren in Wettbewerb gehen müssen. Die Freunde werden in zunehmendem Maße und je nach Veranlagung Ihres Kindes immer mehr zu Ihren Konkurrenten um den Anteil an Beeinflussung Ihres Kindes. So sehr aber Eltern in einem gewissen Alter auch vermeintlich die schlechtere Position haben, weil die Freunde zu den bevorzugten Personen im Leben des Kindes werden, so gibt es dennoch ebenso viele Hinweise darauf, dass die besondere Beziehung zu den Eltern mittel- bis langfristig den stärkeren Einfluss behält. Dies gilt vermutlich besonders für die Elternhäuser, in denen die **Diskussion** zwischen Eltern und Kindern entsprechend dem jeweiligen Alter der Kinder gepflegt wird. So kann trotz scheinbar überwiegendem Einfluss der Gleichaltrigen der ständige, kontinuierliche Dialog dazu führen, dass die Haltung der Eltern langfristig die Orientierung beeinflusst. Dann gibt es ja auch noch die Lehrer, möglicherweise den Pfarrer oder Sportleiter etc., und die stärken Ihre Position meist auch noch.

Wenn Sie bisher einen **partnerschaftlichen Erziehungsstil** aufgebaut haben, dann sind Sie auf einem guten Weg. Wenn Sie damit leben gelernt haben, dass vieles, was Sie bisher als gemeinsame Meinung mit Ihrem Kind geteilt haben, früher oder später infrage gestellt wird, und wenn Sie gelernt haben, das auszuhalten, Glückwunsch. Diese Fähigkeit werden Sie brauchen. Ist das Wesen der Pubertät und der Jugend ohnehin davon geprägt, dass Jugendliche ihren eigenen Weg, ihre eigene Wahrheit suchen, dann gilt dies in besonderem Maße nochmals für die Einstellung zu Suchtmitteln.

Die Phase, in der Ihr Kind bezüglich der Suchtmittel seine eigene Meinung bildet, fällt ausgerechnet mit der Phase zusammen, in der wir Eltern gerade einen Teil unseres **Einflusses verlieren**. Nun haben wir Eltern ja zum Glück weiterhin eine wichtige Rolle für unser Kind. Wie ernst wir in diesen Fragen genommen werden, hängt wesentlich davon ab, welche Kompetenz wir in den Augen der Jugendlichen in der Beurteilung bestimmter Fragen haben. Wir müssen uns also spätestens jetzt fit machen, welche Suchtmittel und Drogen auf dem Markt sind, wie sie derzeit im Leben der Jugendlichen in Erscheinung treten und welche Rolle sie spielen. Dazu gehört das Wissen, wie die Suchtmittel wirken, wie die Gefahren aussehen, und auch, welche Gefahren nicht von ihnen ausgehen.

Zum Erscheinungszeitraum dieses Buches wird aktuell die Problematik der sog. **Alkopops**, wie vorher bereits erwähnt, diskutiert. Kleine, mit limonaden-ähnlicher, bunter, süßlicher Flüssigkeit gefüllte poppig aussehende Flaschen enthalten Fruchtsaft und einen Anteil hochprozentigen Alkohols, der nicht zu schmecken ist, dessen Wirkung aber zwei Schnäpsen entspricht. Der Konsum einiger weniger dieser Alkopops löst also einen rechten Rausch aus. Mittlerweile hat die Politik reagiert, nachdem die Industrie weiterhin skrupellos die Konsumentengruppe Kinder und Jugendliche angeht. Der Konsum ist aufgrund der steuerlichen Verteuerung eventuell für einige Jugendliche etwas erschwert worden – die Industrie kündigte umgehend an, diese Getränke in Zukunft mit Bier und Wein herzustellen, um diese Preiserhöhung zu umgehen. Mit Moral darf man bei produzierenden Unternehmen nicht rechnen, man will Umsatz machen – es liegt an uns Erziehungsberechtigten, unsere Kinder zu mündigen Bürgern zu machen (vgl. Zigaretten, Fast Food, Süßigkeiten).

Es gibt Eltern, in deren Jugendzeit der Konsum von Cannabis zum Leben gehörte und die dadurch nach eigener Einschätzung auch keinen Schaden genommen haben. Sie ordnen vor dem Hintergrund der eigenen Erfahrungen diesem Stoff keine große Gefährdung zu. Wer sich aber besser informiert, erfährt, dass das heute auf dem Markt befindliche **Cannabis** in verschiedener Hinsicht anders ist als das der 60er und frühen 70er Jahre. Der Wirkstoff (THC) ist heute aufgrund von Veränderungen wesentlich stärker.

Besorgen Sie sich also aus geeigneter Quelle aktuelle Informationen über die Situation in Ihrer Stadt oder in Ihrem Kreis, besorgen Sie sich aktuelles Informationsmaterial und fragen Sie bei der örtlichen Sucht- oder Drogenberatungsstelle über die aktuelle Gefährdungssituation nach. Sie können sich diese Information zunächst auch ohne Wissen Ihres Kindes besorgen, wenn Sie keinen direkten Anlass zur Sorge haben. Wenn Sie aber dann als Gesprächspartner gefragt sind, ist es gut, kompetent mitreden zu können.

Wenn Sie aus der Schule, dem Verein etc. erfahren, dass das Thema Suchtmittel entweder im Unterricht oder aus gegebenem Anlass aktuell ist, schalten Sie sich ein. Es gehört heute auch ohne aktuelle Gefährdungssituation zum Grundwissen von Eltern, über Suchtgefährdung informiert zu sein. So etwa machen Sie sich ja auch Gedanken über Themen wie Straßenverkehr, Schulleistungen, Gewalt oder Sexualität, ohne dass Sie dafür einen besorgniserregenden Anlass hätten.

Es kann sein, dass Sie ein komisches Gefühl haben, weil Ihr Kind Geheimnisse vor Ihnen hat und Sie bei einem tiefer gehenden Gespräch erfahren, dass es Suchtmittel probiert. Das ist im Prinzip gut, zeigt es doch, dass Sie sich auf Ihr Gefühl verlassen können und der Gesprächsfaden zwischen Ihnen und dem Kind funktioniert.

Es kann auch sein, dass Sie einen Anruf anderer Eltern erhalten, die sich unsicher sind und mit Ihnen über eine bestehende oder vermutete Drogengefährdung sprechen wollen. Dann haben Sie möglicherweise sogleich Gesprächspartner, die mit Ihnen über Abhilfe nachdenken. Es kann aber auch ein Anruf oder Besuch der Polizei sein. Auch die Schule kann bei entsprechenden Problemen bei Ihnen anrufen und um ein Gespräch bitten.

Der Augenblick, in dem Eltern vom Drogenkonsum erfahren, ist im ersten Moment oft dramatisch. Mit einem Schlag werden Ängste aktiv und werden Ohnmachtsgefühle wach. Die Gefahr, dass Panik entsteht, ist recht groß. Wenn Sie sich nun ein wenig mit dem Drogenthema beschäftigt haben, so werden Sie vermutlich eher einschätzen können, wie gefährlich die Lage sein könnte. Sie wissen z. B., dass Konsum nicht gleich Abhängigkeit bedeuten muss und Suchtentwicklung meist eine gewisse Zeit braucht. Sie wissen, dass Sie zuerst mit Ihrem Kind sprechen werden und Klarheit erwarten. Versuchen Sie in Ihrem Schreck nicht hektisch zu reagieren, sondern zunächst mit Ruhe an das Problem heranzugehen. Führen Sie alle Ihre Informationen und Eindrücke zusammen, und dies natürlich gemeinsam mit Ihrem Partner. Und – sehr banal aber wirkungsvoll – schlafen Sie eine Nacht drüber. Wenn Sie sachliche Informationen über die vermutlich konsumierten Drogen brauchen, rufen Sie die nahe liegende Sucht- oder Drogenberatungsstelle an, machen Sie einen Termin oder sprechen Sie mit einem Berater.

Machen Sie sich in Ruhe ein Bild. Teilen Sie Ihrem Kind Ihre Sorgen mit und versuchen Sie, gemeinsam eine Lösung zu finden. Fragen Sie, was passiert ist, wie lange der Konsum geht und wie die Einschätzung Ihres Kindes zur Problematik ist. Bieten Sie Ihre Unterstützung an und machen Sie sich klar, worin Ihre Unterstützung bestehen kann und welche Hilfen Sie brauchen, um diese Lage zu bewältigen. Überlegen Sie, inwieweit Sie das Problem in der Familie bewältigen können.

Wenn der Gedanke durch Ihren Kopf geht, dass Sie die Polizei informieren müssen, so denken Sie auch darüber gut nach. Die Polizei muss im Falle illegaler Drogen die Strafverfolgung einleiten und sie muss natürlich immer bei Gefahr für Leib und Leben oder Erpressungsfällen etc. eingeschaltet werden. Vergessen Sie nie: Die Polizei ist auf Ihrer Seite und das primäre Ziel der Staatsanwaltschaft ist es, Ihrem Kind zu helfen – nicht es zu kriminalisieren. Wir leben in einer **weitgehend intakten Demokratie** und nicht mehr in den schrecklichen Nazi- oder DDR-Diktaturen. Juristische Strafen bei Jugendlichen sind meist Sozialdienste, und die holen so manchen Traumtänzer erfolgreicher als jedes Gespräch zurück auf den harten Boden der Realität. Ja, sie helfen vielen, wirklich erwachsen zu werden.

Sollte sich nach Ihrem Eindruck eine Drogenclique gebildet haben oder ist die Schulklasse beteiligt oder der Jugendclub, so überlegen Sie, so weit es geht, gemeinsam mit Ihrem Kind, wen sie in welcher Weise informieren müssen, um die weitere Gefährdung zu verhindern. Seien Sie darauf vorbereitet, dass nicht alle angesprochenen Institutionen oder Einzelpersonen ruhig oder konstruktiv reagieren. Viele Erwachsene haben **irrationale Vorstellungen von** dem, was **Drogen** bewirken können, und haben panische Angst. Achten Sie darauf, dass Sie verständige und ruhig agierende Gesprächspartner finden. Im Zweifel ist die Suchtberatungsstelle Ihr bester Partner: Sie kennen die örtliche Situation, können sich schnell in Ihre persönliche Gefühlslage einfinden und sind sehr erfahren. Sie sind für Sie und Ihr Kind da!

Dies gilt in besonderer Weise, wenn Ihre Tochter oder Ihr Sohn in dieser Phase eine vertrauensvolle Gesprächsebene vermeiden. Es kann sein, dass sie sich schämen oder dass sie aus anderen Gründen glauben, in Ihnen keinen guten Partner für Gespräche zu haben, und mit Ihnen nicht mehr sprechen wollen bzw. können. Oder sie schätzen ihren Konsum als nicht problematisch ein und verstehen nicht, warum Sie sich Sorgen machen. Denken Sie in einer solchen Situation daran, dass es sowohl Ihr Kind ist, das Unterstützung braucht und sie nach Möglichkeit annehmen sollte, und dass auch Sie als Eltern es sind, die Unterstützung beanspruchen können.

Neben Beratungsstellen sind in einer solchen Situation z. B. auch Elternkreise hilfreich. Sie treffen Eltern in ähnlichen Situationen, mit denen Sie sich austauschen können und andere Eltern beraten.

8.10.4 Einstiegsdrogen Tabak und Alkohol

Zunächst einmal, das ist schon mehrfach gesagt worden, wird Ihr Kind nicht von heute auf morgen Heroin oder Kokain oder andere illegale Suchtmittel auf der Straße einkaufen und konsumieren. Die ersten Suchtmittel sind die Zigaretten, ist der Alkohol und möglicherweise auch das Cannabis. Zigaretten werden heute schon von Zehnjährigen probiert. Auf dem Weg in die Schule oder nach der Schule auf dem Weg zum Bus oder der S-Bahn werden diese Mutproben eingelöst. Es wirkt für mache cool, die Kippe in der Hand zu halten, so zu tun, als inhaliere man, um dann lässig die Asche abzuschnippen.

Es gibt die begründete Vermutung, dass Zigaretten heute bestimmte Chemikalien enthalten, die es Kindern einfacher machen, beim Einatmen nicht husten zu müssen. Möglicherweise enthält Zigarettenrauch gar betäubende Stoffe, die es leichter machen, diese Mischung giftiger Chemikalien zu inhalieren. Das heißt, die natürliche Hemmung, Rauch in der Lunge auszuhalten, ist heute mit chemischen Stoffen einfacher gemacht. **Unternehmen haben keine Moral, Unternehmen haben Interessen**; erklären Sie das frühzeitig Ihrem Kind.

Wenn Sie glauben, dass in der Umgebung Ihres Kindes geraucht wird und es dazugehört, sprechen Sie umgehend mit ihm darüber. Fragen Sie andere Eltern, ob sie Ähnliches beobachten. Tauschen Sie sich aus, fragen Sie am Elternabend in der Schule danach. Schämen Sie sich nicht, anderer Eltern Kinder sind auch gefährdet. Die Gefahr wächst aus dem Wegsehen. Erkundigen Sie sich, wie die Regeln der Schule im Umgang mit Rauchen sind. Gibt es eine rauchfreie Schule? Gibt es Raucherecken? Rauchen die Lehrer in der Pause, in der Schule, im Lehrerzimmer?

Zeigen Sie Mut, wenn Sie **Konsum von Suchtmitteln** vermuten, und zwar sowohl ihrem Kind gegenüber als auch dem Freundeskreis gegenüber. Es sollte klar sein, dass Sie als Eltern sich darum kümmern und Grenzen ziehen. Gewinnen Sie andere Eltern, die ähnlich denken. Sprechen Sie möglicherweise bei Elternabenden über das Thema und fragen Sie, ob und wie dieser Themenbereich in der Schule behandelt wird. Baut die Schule in ihrem Unterricht die Suchtthemen ein, beteiligt sie eine Suchtberatungsstelle, ist das Thema bei Elternabenden präsent? Wenn nicht, wäre es schön, wenn Sie sich im Rahmen Ihrer Elternarbeit darum bemühen könnten.

Vielleicht konsumiert Ihr Kind das erste Mal Alkohol unter Ihren Augen, bei einem Familienfest oder um mal zu versuchen, ob es schmeckt; 80 % haben im Alter von 14 bis 17 Jahren zum ersten Mal Alkohol probiert. Das ist vielleicht auch richtig so, wenn Ihr Kind unter Ihrer Aufsicht die Grenzen erfährt (Kopfschmerzen, Übelkeit, Erbrechen). Es kann gelingen, Jugendliche in gesundem Maß an den gemäßigten Konsum heranzuführen. Es kann aber auch sein, dass Sie nicht immer dabei sind, wenn Alkohol konsumiert wird. Der eine oder andere Ausflug, vielleicht ins Schullandheim, bietet Gelegenheit, dies zu probieren. Am Geburtstag des Freundes bringt jemand gut schmeckende Alkoholgetränke mit oder mixt sie selbst. Fragen Sie Ihre Kinder danach, ob dies in ihrem Umfeld konsumiert wird. Wie denkt ihr Kind darüber? Was hält er/sie davon, wie schmeckt es? Wie viel trinkt es? Und auch hier sollten Sie dieses Thema aufmerksam beobachten.

Vermutlich 90 % aller Kinder und Jugendlichen versuchen Zigaretten und Alkohol. Vielen schmeckt es einfach nicht, sie lassen es und haben keine verführende Clique. Sie sind vielleicht einmal beschwipst, wissen dann, wie es sich anfühlt, können mitreden und lassen es dann sein. Das ist, wenn man es so formulieren will, normal. Schwierig wird es erst dann, wenn das Rauchen oder das Trinken so attraktiv werden, dass öfter geraucht oder getrunken wird. In einem frühen Stadium haben Sie als Eltern noch die Möglichkeit, darüber zu sprechen, Einfluss zu nehmen. Es ist in jedem Fall wichtig, dass Sie zeigen, dass es Ihnen nicht egal ist, dass Sie mitreden können und wollen und dass Sie Grenzen setzen. Bieten Sie Ihrem Kind interessante **Alternativen zum Rauchen** und zum Trinken: Spaß an Leistungen, Sport, Lernen, Kommunikation, Fähigkeiten steigern etc.

Überlegen Sie, wie Sie sich in dem Alter Ihrer Kinder verhalten haben. Haben Sie auch probiert und es dann wieder gelassen oder in vertretbarem Rahmen konsumiert? Wenn Sie selber Raucher sind oder gelegentlich einen zu viel trinken, ist spätestens jetzt die Zeit, darüber nachzudenken, was Sie als Vorbildfigur für sich und Ihr Kind tun können.

8.10.5 Weiterführende Drogen

Der Konsum von Cannabis wird heute schon ab etwa einem Alter von 14 Jahren beobachtet. Die Mehrzahl der Cannabis-Konsumenten steigt als Jugendliche ein, in der Regel wird ein Joint geraucht. Vieles, was über das Probieren von Zigaretten oder Alkohol gesagt wurde, gilt auch bei Cannabis. Aber Cannabis ist illegal, der Handel und Besitz ist strafbar. Damit ist dieser Stoff etwas anderes. Zwar gibt es ein Gerichtsurteil, wonach der Besitz geringer Mengen nicht strafbar ist, aber die oft weit verbreitete Meinung, der Besitz von Cannabis sei eher kein Problem, stimmt eben nicht.

In jedem Fall wird die Polizei beim Finden von Cannabis bei einem Jugendlichen Anzeige erstatten. Das heißt, mit dem Rauchen eines Joints hat der Jugendliche eine Grenze überschritten, die der Legalität. Es ist ein Reiz, diese **Grenze zu überschreiten**, aber es ist auch eine Gefahr, wenn man sich daran gewöhnt, die Grenze von der Legalität zur Illegalität nicht mehr zu achten. Zwar gehört es, wie wir wissen, zum Wesen des Jugendalters, Grenzen zu testen, ihre Belastbarkeit zu prüfen und sie ggf. erst einmal infrage zu stellen. Und auch hier gilt, dass die meisten Jugendlichen diese Grenzen auf Dauer nicht überschreiten und sich an Gesetze halten. Aber wenn es zur Gewohnheit geworden ist, mit Illegalität umzugehen, ist dies eine neue, ernste Gefahr. Konsumierende Jugendliche oder gar Erwachsene argumentieren gerne, die Illegalität von Cannabis sei Willkür. Der Konsum von Alkohol sei gefährlicher als der Konsum von Cannabis. Sie argumentieren, wenn es in anderen Regionen der Welt, etwa in Arabien, so sei, dass dort Alkohol verboten, Cannabis hingegen erlaubt sei, beweise dies doch, dass Cannabis nicht so gefährlich sein könne. Überlegen Sie als Eltern sich hierzu Ihre Position und entkräften Sie diese **polemische Argumentation**.

In der Regel konsumieren Jugendliche Cannabis mit Freunden zusammen. Es ist die Gruppe, die eine Identität stiftet, die es erlaubt, etwas Illegales und damit Interessantes und Verbotenes zu tun. Das spricht dafür, dass Ihr Kind Ihnen dies wohl nicht offen sagt. Es ist ziemlich sicher, dass Ihr Kind im entsprechenden Alter Cannabis angeboten bekommt. Es wird von anderen Jugendlichen aus dem Freundeskreis oder der Schule eingeführt. Ihnen ist dabei auch in der Regel klar, was zu tun ist, dass dies nicht bekannt wird. Sie machen unterschiedliche Erfahrungen mit dem Konsum. Manche spüren überhaupt nichts, auch beim wiederholten Konsum. Manchen wird schlecht und sie hören nach einmaligem Versuch auf. Oft ist es schwierig zuzugeben, dass es nichts bringt, oder gar, dass nichts außer sich zu übergeben das Ergebnis ist. Manchen gefällt es, sie fühlen sich locker, können sich besser mitteilen, sind besser drauf und haben viel Spaß.

In dieser Phase ist es sehr wichtig, dass Sie wissen, was Cannabis ist, wie es aussieht, wie es wirken kann und ob Ihr Kind es auch weiß. Sprechen Sie darüber, stellen Sie Fragen. Sagen und zeigen Sie, dass es Ihnen Sorgen macht, wenn dieser Stoff eine Rolle spielen sollte. Wenn Sie wissen, wie Sie mit der Situation umgehen wollen, wäre es gut, wenn Sie die Umgebung Ihrer Kinder daraufhin abfragen, wie sie reagieren.

In erster Linie aber gilt natürlich, dass Sie das Gespräch zu diesem Thema in Ihrer Familie und mit Ihren Kindern suchen. Lassen Sie sich erklären, was Ihre Kinder darüber wissen, wie sie es einschätzen und ob sie es probiert haben und wie es war und ob sie es vielleicht noch immer tun. Machen Sie Ihre Haltung deutlich. Wenn Ihr Sohn oder Ihre Tochter es probiert haben und darüber berichten und es dann gelassen haben, sind es reifere Jugendliche geworden. Konsumieren sie es weiterhin, argumentieren dafür und wollen nicht auf Ihre Worte hören, gehen Sie der Frage nach, warum es so ist. Erzählen Sie Ihren Kindern auch ehrlich, wie das bei Ihnen „damals" war.

Es kann sein, dass Sie an eine Grenze kommen, an der Sie sich Hilfe holen sollten. Es gibt zum Glück überall in Deutschland ein Netz von guten Beratungsstellen und Therapieeinrichtungen, und Sie sollten nicht zögern, diese Hilfe früh in Anspruch zu nehmen. Haben Sie keine Scheu, die örtliche **Drogenberatung hat** absolute **Schweigepflicht**, und in einer Elterngruppe finden Sie Menschen, die die gleichen Fragen stellen wie Sie. Und kommen Sie nicht erst, wenn Sie gar nicht mehr wissen, wo Ihnen der Kopf steht. Kommen Sie, wenn Sie Fragen haben.

In der öffentlichen Diskussion gibt es die weit verbreitete Überzeugung, die legalen Drogen wie Zigaretten und Alkohol oder verordnete Medikamente seien weniger gefährlich als etwa Cannabis oder Heroin, Kokain und Designer-Drogen. Nun stimmt es sicher, dass das Trinken bestimmter Mengen von Alkohol in beschränktem Maß nicht so schnell in die Abhängigkeit führt wie etwa der Konsum von Heroin. Andererseits ist aber das regelmäßige Rauchen von Zigaretten Zeichen einer massiven gesundheitsgefährdenden Abhängigkeit, die viele nicht einfach durch Aufhören beenden können. Es wären weitere Vergleiche auf dieser Ebene möglich. Man stelle sich etwa einen Alkoholabhängigen vor, dessen Abhängigkeit oft früher oder später zu erheblichen gesundheitlichen und sozialen Problemen führt, und hierbei handelt es sich „nur" um eine legale Droge.

Es nutzt nichts, sich im Gespräch mit (konsumierenden) Jugendlichen auf diese Diskussion einzulassen. Jeder Konsum von Suchtmitteln, egal ob legal oder illegal, stellt immer eine potentielle Gefahr für die körperliche und seelische Gesundheit dar.

Das Glas Alkohol oder auch eine gewisse Menge davon, während eines Festes getrunken, wirken sich positiv auf die Stimmung aus. Es wird lustig und man wird ausgelassen. Ein Mensch, der ständig betrunken ist, wirkt nicht mehr lustig, er wird abhängig und kann einen verantwortlichen Alltag nicht mehr gestalten. Alkohol kann leicht abhängig machen und ist langfristig ein richtiges Gift.

In der öffentlichen Berichterstattung oder Diskussion über Heroinkonsumenten findet sich oft die auf den ersten Blick sehr plausible Frage: Warum nehmen Menschen Heroin, wo doch jeder weiß, dass Heroin zum Tode führt? Beim ersten Konsum von Heroin stellt sich in der Regel für den Konsumenten schnell eine sehr angenehme Wirkung ein: Heroin beruhigt, wirkt schmerzstillend, gibt Distanz zu Problemen und gibt ein **euphorisches Gefühl**. In bestimmten Lebenssituationen wird über diese Wirkung alles andere vergessen. Wenn das Leben zu problematisch, völlig leer oder sinnlos erscheint und Lösungen nicht in Sicht sind, wird dieses Gefühl als Erlösung erlebt. Die Wahrheit, dass das längere Konsumieren von Heroin stark abhängig macht, Entzugsschmerzen immer schneller eintreten und dass Heroin natürlich keine Lösung ist, das stellt sich erst später heraus. Auch hier gilt also, aber unter extremeren Bedingungen als bei Medikamenten, Cannabis oder Alkohol: Es wird am Anfang als angenehm erlebt!

Jugendliche in der Probierphase, die erst einmal weniger das glauben, was Erwachsene sagen, und alles erst selbst auf den Wahrheitsgehalt hin überprüfen wollen, nehmen das anfängliche positive Gefühl, das ihnen die Droge ja zu Beginn auch wirklich verspricht, stark wahr und wollen manchmal nicht weiter denken, weil die drohenden Folgen weit weg zu sein scheinen.

Heroin zu nehmen ist sicher sehr gefährlich, aber man stirbt nicht am Genuss von „sauberem" Heroin, sondern aus zwei anderen Gründen: Erstens ist das bei uns käuflich zu erwerbende Heroin mit bis zu 90 % unsauberen und **gefährlichen Streckmitteln** verschmutzt und zweitens gibt es gefährliche Krankheiten, die man sich beim Spritzen und dem ungesunden Leben auf der Straße holt (HIV, Hepatitis usw.).

Auch wenn die in der Regel jungen Einsteiger in den Konsum von Drogen zumeist gehört haben, dass langfristiger Missbrauch gefährlich sein kann, glauben sie oft mehr den subjektiv positiven Gefühlen beim frühen Konsum. Wer weiß, was später ist, wer weiß, ob das stimmt, was die Eltern sagen …

8.10.6 Abhilfen und Wege aus dem Elend

Eine Idee, die in allen **Gesprächen mit Eltern** zur Suchtprävention so oder ähnlich eingebracht wird, ist die, mit Abschreckung zu arbeiten. In zahlreichen Elternabenden in Schulen kommt immer wieder so oder ähnlich die gut gemeinte Anregung: „Wenn ich den Kindern oder Jugendlichen doch Filme oder Bilder von Raucherlungen, Lungenkrebs, von abgebauten Alkoholikern oder Drogentoten in Bahnhofstoiletten zeige, werden sie sich doch gar nicht erst in diese Gefahr begeben." Das stimmt leider nicht. Aus langjähriger Erfahrung und Forschung in der Suchtprävention weiß man, dass abschreckende Botschaften kaum wirken – auch in anderen Lebensbereichen. So z. B. fahren viel zu viele Autofahrer immer wieder zu schnell und risikoreich, obwohl tägliche Berichte und Bilder besonders von Verkehrsunfällen eigentlich Abschreckung genug sein sollten. Menschen führen ja auch Kriege.

Hinzu kommt, dass besonders ein Teil jugendlicher Entwicklung die Aufgabe beinhaltet, den Rat der Eltern und der Erziehungsberechtigten oder gar aller Erwachsenen immer wieder daraufhin zu überprüfen, ob deren Einstellung für den Jugendlichen stimmt oder nicht. Wenn z. B. der Vater glaubhaft machen will, dass Zigarettenrauchen zwar cool wirkt, aber durch die Zufuhr von vielen Giftstoffen z. B. die Lunge geschädigt und auch das Wachstum gehemmt wird, so muss der Jugendliche das erst einmal selbst bewerten: Ist ein großer, allgemein akzeptierter Schüler in der Klasse, der trinkt und raucht, wird natürlich die Glaubwürdigkeit unserer Worte in Frage gestellt. Wenn viele in der Clique oder in der Klasse rauchen, kann das erst mal egal sein, weil das Coolsein und das Zugehörigkeitsgefühl erst einmal wichtiger sind als die angesagte Gefahr. Und dann kommt noch hinzu, dass die Erfahrung, wie es sich anfühlt, wenn man mit amputiertem Bein, mit Lungen- oder Kehlkopfkrebs im Krankenhaus liegt, in der Regel nicht zum Lebensbereich der Kinder gehört. Sie glauben es zwar, dass Rauchen gefährlich sein kann, aber bis dahin ist noch sehr viel Zeit, und außerdem kann man ja auch noch später wieder aufhören. Manche Jugendliche denken nicht, dass sie mal 26 oder gar gruftige 46 Jahre alt sind, und so leben sie dann auch.

Mit anderen Worten: **Abschreckende Botschaften** sollten und können zwar gegeben werden, und bei manchen Jugendlichen lösen sie auch Nachdenklichkeit aus, sie scheinen aber keine ausreichende oder gar besonders effektive Methode der Vorbeugung zu sein. Denn es stirbt ja nicht jeder Raucher an Lungenkrebs und nicht jeder Bierkonsument ist Alkoholiker: Es geht um Wahrscheinlichkeiten, und da denkt bzw. hofft jeder, auf der sicheren Seite zu sein.

Wie funktioniert der Weg vom Probieren über die **Gewöhnung in die Sucht** bzw. Abhängigkeit? Der Anfang ist schnell erklärt: Ein schlechtes Gefühl oder ein Zustand wird mit einem Stoff zunächst recht einfach beseitigt oder gebessert. Gelegentlich hat man dabei ein schlechtes Gewissen, denn man weiß ja, dass die Lösung vermutlich auf Dauer keine ist. Bei manchen Drogen gibt es ja auch eine Diskussion, ob es denn stimmt, dass sie gefährlich sind. Viele süchtige Alkoholtrinker sprechen sich ernsthaft für Alkohol aus. Cannabiskonsumenten behaupten sehr oft, diese Sorte Drogen habe nur gute Eigenschaften, und Raucher verweisen augenzwinkernd auf ihre sportliche Kondition.

Nimmt man über längere Zeit zu den immer gleichen Anlässen immer die gleichen Drogen und verfestigt sich diese Konsumform, so spricht man von Gewöhnung. In dieser Phase glaubt man, man könne jederzeit ohne das gewohnte Mittel auskommen. Manchmal stimmt das auch und es gibt Menschen, die in dieser Phase, z. B. durch Partner/in, Freunde oder den Arzt oder nach dem Rat einer Beratungsstelle, nach anderen Möglichkeiten suchen, ihr Problem zu bewältigen, und es auch schaffen. Bleibt dieser Schritt aus, der Konsum geht weiter so, kann eine Abhängigkeit oder Sucht eintreten, die folgende Merkmale umfasst:

- Die Dosis (Menge) des Suchtmittels wird erhöht.
- Auf das Suchtmittel kann nicht mehr verzichtet werden, häufig wird das Mittel um jeden Preis besorgt.
- Es treten körperliche Entzugserscheinungen (Schmerzen, Unruhe, starkes Unwohlsein, Schwitzen etc.) ein, wenn der Stoff nicht verfügbar ist.
- Alle Lebensaktivitäten kreisen um den Stoff und die Beschaffung.
- Alle anderen Interessen und Beziehungen im Leben werden nebensächlich.

Grundsätzlich können alle Formen menschlichen Verhaltens, wie Spielen, Essen, Sexualität, etc., suchtartige Züge annehmen. Die Übergänge zwischen Gebrauch/Gewöhnung und Abhängigkeit/Sucht sind von Mensch zu Mensch und von Droge zu Droge unterschiedlich. Hier muss man sich vor Klischees hüten. So kann z. B. der Übergang von Gewöhnung zur Sucht bei manchen Drogen sehr lange dauern. Es gibt durchaus Menschen, die lange Kontrolle über ihren Konsum haben. Dies ist abhängig vom Stoff, der Persönlichkeit und oft auch von der Lebenssituation des Betroffenen.

Erstes Ziel dieses Kapitels ist es, Ihnen Unterstützung im Rahmen gelebter Vorbeugung zu geben. Weiter oben haben Sie erfahren, welche Überlegungen zur Erziehung hier unterstützend wirken können. Auch über die Situation des Erstkonsums haben Sie nun einige Kenntnis. Dennoch kann es sein, dass die Gefährdung stärker wird oder gar eine Abhängigkeit eintritt. Auch dann sollten Sie nicht verzweifeln. Es gibt recht **wirkungsvolle Hilfen für Abhängige**, wenn Ihre Bemühungen zum Schutz Ihres Kindes nicht gleich die gewünschten Früchte tragen.

Sucht- und Drogenberatungsstellen gibt es in Städten und Landkreisen. Träger sind entweder die Kommunen oder die freie Wohlfahrtspflege (Caritas, Diakonie, DPWV etc.). Die Beratung ist in der Regel kostenfrei. Wenn Sie sehr vorsichtig sind, können Sie sich auch zunächst anonym Rat holen. Viele Menschen, die noch nie Hilfe gebraucht haben, halten es für eine große Schwäche, dies nun zu tun. Wenn Sie einen Berater oder eine Beraterin kennen gelernt haben, werden Sie vermutlich Ihre Vorbehalte schnell aufgeben, denn sie sind so erfahren und haben es in ihrer Ausbildung gelernt, unkompliziert mit Ratsuchenden umzugehen und auf ihre Bedürfnisse einzugehen.

Beratungsstellen haben auch sog. offene Sprechstunden, d. h. Sie können ohne Anmeldung kommen. Es ist aber oft besser, telefonisch einen Termin zu vereinbaren, so sind Sie sicher, dass genügend Zeit für ein Gespräch ist. Die Mitarbeiter verfügen über ein fundiertes Wissen über alle Suchtformen und deren Verläufe. Die Mitarbeiter/innen haben in der Regel therapeutische Zusatzausbildungen und bieten für Betroffene vielfältige Unterstützungen. Sie kennen sich im Hilfesystem für Jugendliche und Erwachsene sowie Familien aus und können bei Bedarf weitere Einrichtungen vermitteln, wobei sie auch mit Ihnen gemeinsam die Kostenfragen regeln.

Wenn Sie Unterstützung für Ihre Tochter oder Ihren Sohn erwarten, so sollten Sie gemeinsam zur Beratung gehen und das Einverständnis Ihres Kindes haben. Sie können sich aber auch selbst Rat holen. Beratungsstellen dürfen ohne Ihre Zustimmung keine Informationen über Sie oder Ihre Angehörigen weitergeben. Sie haben eine **gesetzlich verankerte Schweigepflicht**, die Sie schützt. Wenn Sie Verbraucherberatung, Finanzberatung und andere Beratungen in Anspruch nehmen können, sollten Sie erst recht nicht zögern, wenn es um Ihre Gesundheit oder die Ihrer Kinder geht.

Bei Vorliegen eines Suchtproblems kann die Beratungsstelle den Betroffenen neben der Beratung auch eine ambulante Therapie anbieten. Das bedeutet, dass ein Berater mit einer speziellen Ausbildung mit Ihnen fortlaufende Termine zur Bewältigung der Suchtgefährdung vereinbart. Sollte eine ambulante Therapie am Wohnort nicht ausreichen, so können Beratungsstellen stationäre Sucht- und Drogentherapien vermitteln. Diese Therapieeinrichtungen arbeiten alle nach einem ähnlichen Konzept und eine Therapie kann von einigen Monaten bis zu einem Jahr dauern. Es gibt spezifische Therapieformen für Erwachsene und auch für Jugendliche. Voraussetzung ist in diesen Fällen immer zunächst eine Entgiftung in einem Krankenhaus. In jedem Fall ist hierbei eine gründliche Vorbereitung nötig, weil eine solche Therapie einen tiefen Einschnitt im Leben bedeutet und die Chance einer gründlichen Neuorientierung. In einigen Städten und Landkreisen werden auch Mischformen beider Therapiearten angeboten. Erkundigen Sie sich bei Ihrer Beratungsstelle nach den genauen Modalitäten. In der Regel arbeiten Sucht- und Drogenberatungsstellen gut mit anderen Beratungsstellen zusammen und können Ihnen erläutern, welche Unterstützung Sie dort erwarten können. Es handelt sich um Erziehungsberatung, Familienberatung, Wohnprojekte der Jugendhilfe oder auch betreutes Wohnen oder Arbeitshilfen. Auch zu Psychotherapeuten haben die Beratungsstellen Kontakt. Verschiedene Therapiearten werden von den Krankenkassen übernommen, erkundigen Sie sich deshalb in einem solchen Fall bei Ihrer Krankenkasse nach den bestehenden finanziellen Möglichkeiten.

Damit Sie sich umfassend über Sucht und deren Stoffe informieren können, wird die Lektüre eines der Bücher im Anhang empfohlen.

Leben Sie vorbildlich und ehrlich, verbringen Sie viel Zeit mit Ihren Kindern, und sie machen Ihnen wenig bis keine Probleme. So einfach wäre es …

9 Versicherungen zum Schutz unserer Kinder

Es gibt eine Reihe von Versicherungen, die auch und speziell für Kinder von Bedeutung sind oder zumindest bedeutend werden können: Unfallversicherung, Berufsunfähigkeitsversicherung, Ausbildungsversicherung, Lebensversicherung, Krankenversicherung, Pflegeversicherung und Haftpflichtversicherung (Reihenfolge ohne Wertung und ohne Anspruch auf Vollständigkeit). Diese ganzen Versicherungen können, je nach Absicherung, einige 100 € kosten und sind somit, gerade für junge Familien, oft nicht finanzierbar. Deshalb ist es sinnvoll, sich die jeweils wichtigsten Versicherungen herauszusuchen, denn mit Versicherungen kann man viel Geld vergebens in den Sand setzen – gerade bei der Absicherung von Kindern.

Ob und was eine Versicherung taugt, stellt sich meist erst heraus, wenn ein Schadenfall eingetreten ist. Es gibt Versicherungen gegen Schäden, die wenig existenzbedrohend sind, und solche Risiken sind von normal verdienenden Eltern meist ohne Probleme selbst zu schultern; zu hoch ist oft über Jahre die dafür zu entrichtende Prämie. Existenzbedrohende oder gar **existenzvernichtende Risiken**, die zu finanziellen Desastern führen können, sollten bzw. müssen jedoch abgesichert sein. So ist beispielsweise eine Glasbruchversicherung oder eine Versicherung des Ceranfelds vom Herd oft wenig ratsam, eine private Haftpflichtversicherung für alle zur Familie gehörenden Lebewesen (auch Hunde) jedoch immer.

Es ist verständlich, dass viele verantwortungsvolle Eltern ihre Kinder gut absichern wollen. Aber viele Menschen können sich unter einem Haftpflichtschaden, den das eigene Kind oder der liebe Hund einer fremden Person zufügen kann, weniger vorstellen als unter einem Glasbruch oder dem zerstörten Ceranfeld der Herdplatte. Damit soll gesagt sein: Das Ceranfeld oder die Fensterscheibe ist mit wenigen 100 € beglichen. Ein Haftpflichtschaden oder eine bleibende Behinderung des Kindes kann aber weit über 2 Mio. € kosten – damit wäre praktisch jede Familie über Jahrzehnte bis zum Ende finanziell ruiniert.

Kaum ist das erste Kind auf der Welt, kümmern sich viele Eltern schon um eine so genannte **Ausbildungsversicherung**. Damit wird ein bestimmter und überschaubarer Betrag für die Zukunft abgesichert. Doch das sollte nicht der erste Schritt sein, denn man soll sich erst einmal um die Aktualisierung der bestehenden Versicherungen kümmern.

9.1   Haftpflichtversicherungen für Kinder

Als erstes überprüft man die private Haftpflichtversicherung. Ist der Versicherungsschutz hier jetzt immer noch richtig (d. h. ausreichend hoch und das Kind ist inbegriffen)? Bei Alleinerziehenden muss z. B. von einem evtl. bestehenden Singletarif umgestellt werden. Als Empfehlung hierzu: Die **Deckungssummen** sollten mindestens 3 Mio. € betragen. Wichtig ist darauf zu achten, dass sog. Forderungsausfälle mitversichert sind. Sollte das eigene Kind durch Dritte geschädigt werden und der Schädiger wird fruchtlos gepfändet, so zahlt der eigene Haftpflichtversicherer den entstandenen Schaden, wie z. B. Schmerzensgeld, Rente und andere berechtigte Forderungen. Anzumerken ist, dass Kinder bis zum vollendeten siebten Lebensjahr grundsätzlich nicht für Schäden an Dritten verantwortlich gemacht werden können (**Deliktunfähigkeit**): So steht es im § 828 des Bürgerlichen Gesetzbuchs. Deshalb regulieren viele Versicherer nur Schäden, bei denen die Eltern die Aufsichtspflicht verletzt haben. Diese Regulierungspraktik der Versicherungskonzerne ist jedoch nicht als Böswilligkeit der Versicherer zu werten, denn diese regulieren die Haftpflichtansprüche streng nach den gesetzlichen Vorgaben.

Inzwischen gibt es bei vielen Versicherern die Möglichkeit, die Deliktunfähigkeit von Kindern in die private Haftpflichtversicherung einzuschließen. Hierauf sollte man unbedingt Wert legen; stellt sich der Versicherer stur, so wechselt man eben den Versicherer und sucht sich einen Konzern, der diese Option anbietet. Nur so hat man im entsprechenden Schadenfall keine Probleme.

Sollte ein Elternteil, meist die Mutter, als sog. **Tagesmutter** tätig sein, so bedarf dies einer Anzeige beim Versicherer. Versicherungsschutz wird dann evtl. gegen einen kleinen Zuschlag gewährt. Wenn man dies, vorsätzlich oder fahrlässig, vergisst, so gibt es im entsprechenden Schadenfall Probleme – was nichts anderes bedeuten kann, als dass trotz Schaden keine Zahlung erfolgt.

Egal welche Versicherungsgesellschaft man wählt: Es ist wichtig, dass man sich Veränderungen und auch Deckungserweiterungen immer vom Versicherer schriftlich bestätigen lässt, um Probleme im Schadenfall vorzubeugen.

9.2   Kranken- und Pflegeversicherungen

Schon für unter 10 € im Monat können gesetzlich Versicherte ihr Kind im Krankenhaus wie einen Privatpatienten behandeln lassen und man kann damit sogar noch zusätzliche Pflegekosten (die gesetzliche Pflegepflichtversicherung reicht bei weitem nicht aus) absichern. Mit einer **stationären Zusatzversicherung** hat man freie Krankenhauswahl und Anspruch auf die Erstattung der Kosten einer privatärztlichen Behandlung. Wichtig ist, darauf zu achten, dass der Versicherer die sog. Mehrkosten der allgemeinen Pflegeklasse auch wirklich und vollständig bezahlt. Die gesetzliche Krankenversicherung zahlt nämlich nur die Einweisung in die jeweils nächstgelegenen Krankenhäuser. Sollte man, aus welchen Gründen auch immer, eine Spezialklinik in einem entfernteren Ort wählen (z. B. weil diese für die entsprechende Krankheit oder bei dem entsprechenden Unfall besser ist) und ist diese dann teurer, so kürzt die gesetzliche Krankenversicherung nämlich ihre Leistungen entsprechend und die Differenz ist dann von den Eltern zu bezahlen. Da ist es gut, wenn man sich für einen Krankenversicherer mit dieser Leistung entschieden hat: Der private Krankenversicherer zahlt in solchen Fällen diese Mehrkosten, die durch die gesetzliche Krankenversicherung nicht übernommen werden.

Der Versicherer sollte auch auf die Begrenzung der Gebührenordnung für Ärzte verzichten. So kann man mit den jeweiligen Medizinern auch individuelle Honorarvereinbarungen treffen; natürlich müssen diese medizinisch begründbar und nachvollziehbar sein. Da die Chefärzte einen Teil ihrer Honorare an die Krankenhäuser abführen müssen, verdient das Krankenhaus logischerweise an einem Privatpatienten mehr als an einem normalen Kassenpatienten.

Nachdem sowohl der Arzt als auch das Krankenhaus extra bezahlt werden, dürfte eine bevorzugte und eben auch bessere Behandlung erwartet werden – zum Wohle des Kindes.

Die **Pflegezusatzversicherung** ist als wichtige Ergänzung zur gesetzlichen

Pflegepflichtversicherung anzusehen. Doch als Komplettdeckung darf die Pflegepflichtversicherung nicht gesehen werden, denn bei einem Pflegefall ist diese Versicherung bei weitem nicht mehr ausreichend. Mit einer Pflegezusatzversicherung kann man die enormen Kosten eines guten Pflegeheimes oder sogar die Pflege zu Hause finanzieren. Kosten von über 3000 € pro Monat sind üblich für Pflegeplätze und davon zahlen die gesetzlichen Versicherungen meist nur einen kleinen Prozentsatz. Fazit: Man wäre bei einem entsprechenden Unfall oder bei einer entsprechenden Krankheit über Jahre, eventuell sogar über Jahrzehnte finanziell ruiniert. Dies wissen viele Bürger und Bürgerinnen in unserem Land nicht, sie verlassen sich hier viel zu sehr auf den Staat und den Vertrauen erweckenden Begriff „Pflegeversicherung".

Dabei gibt es zwei Arten der Pflegeversicherung: Man kann die Kosten der Pflege versichern oder aber ein bestimmtes Tagegeld absichern. Beim Tagegeld sollte darauf geachtet werden, dass der Versicherer das versicherte Tagegeld dynamisiert, d. h. über die Jahre anhebt. Es sollte sich dann aber auch bei Leistungsempfang weiter erhöhen, zumindest aber der üblichen bzw. zu erwartenden Inflation anpassen. Nur so beugt man langfristig finanziellen Problemen vor. Die Kosten dieser Versicherung kann man übrigens bis zu einem bestimmten Betrag steuerlich geltend machen; ein Steuerberater oder Versicherungsmakler kann hierzu entsprechende Hinweise geben.

Sowohl für die stationäre Zusatzversicherung als auch für die Pflegezusatzversicherung gilt Folgendes: Wenn ein Elternteil mindestens drei Monate vor der Geburt des Kindes versichert ist, muss der Versicherer das Kind versichern, auch wenn es schon krank ist; dies gilt z. B. für Kinder, die mit bleibenden Behinderungen wie z. B. dem Down-Syndrom auf die Welt kommen. Allerdings darf der Versicherungsschutz nicht höher sein bzw. kann dann nicht erhöht werden.

Beim Abschluss dieser Versicherungen wird verständlicherweise nach **Vorerkrankungen** gefragt. Hier ist es unbedingt nötig, absolut ehrlich zu sein, man muss alle Erkrankungen angeben – ansonsten gefährdet man nicht nur den Versicherungsschutz komplett, sondern der Vertrag wird auch noch rückwirkend aufgehoben. Sollte der Versicherungsvermittler sagen, dass die Angabe bestimmter Erkrankungen nicht nötig ist, sollte man sich davon nicht beirren lassen und die Vorerkrankungen dennoch angeben.

Auf Nummer sicher geht man, wenn man sich rechtzeitig vor dem Treffen mit dem Versicherungsvertreter oder dem Versicherungsmakler überlegt, bei welchen Ärzten das Kind in den letzten Jahren war und weswegen; normalerweise kennt man als Eltern ja die Krankengeschichte seiner Kinder sehr genau und weiß, ob Außergewöhnliches vorgekommen ist oder nicht. Die das Kind bis jetzt behandelnden Ärzte sollten Sie im Zweifelsfall ggf. nach sämtlichen gestellten Diagnosen befragen. So kann man nichts vergessen und der Versicherer macht im Leistungsfall keine juristischen Schwierigkeiten wegen einer Verletzung der vorvertraglichen Anzeigepflicht.

9.3   Rentenversicherung, Unfallversicherung

Was viele Eltern nicht wissen: Kinder haben **keinen Anspruch in der** gesetzlichen **Rentenversicherung** – sie haben ja noch keinen Cent in dieses System eingezahlt. Auch die gesetzliche Unfallversicherung sollte bei der Absicherung des Kindes nicht berücksichtigt werden, denn diese zahlt bei einem Unfall im Haus bzw. in der eigenen Freizeit nichts – und hier passiert ein Großteil aller Unfälle.

Erst seit ein paar Jahren bringen die Versicherer Produkte auf den Markt, die Kinder sowohl bei Erkrankungen als auch bei Unfall finanziell absichern. Bis dahin gab es nur die klassische Unfallversicherung. Diese ist auch heute noch eine relativ günstige Möglichkeit, seinem Kind bei Invalidität eine gewisse finanzielle Absicherung zu geben. So kann ein Kind mit bleibender Behinderung bzw. Beeinträchtigung später nach der Volljährigkeit sein Leben so gut es eben möglich ist selbst gestalten, und zwar weitgehend in einer finanziellen Unabhängigkeit. Es gibt hier zwei Möglichkeiten, nämlich die Einmalzahlung bei Invalidität oder die monatliche Unfallrente. Welche Lösung besser ist, lässt sich nur unter Berücksichtigung verschiedener Aspekte und in jedem Einzelfall individuell beurteilen.

Die Einmalzahlung beginnt bei einer Invalidität von 1 %. Die **Unfallrente** beginnt in der Regel erst ab einem Invaliditätsgrad von 50 %. Bei der Unfallrente ist Folgendes zu beachten: Die meisten Versicherer zahlen im Leistungsfall eine bestimmte vereinbarte Rente. Die bleibt jedoch im Leistungsfall über die Jahre gleich. Man kann sicher voraussehen, wie viel eine monatliche Rente von beispielsweise 2000 € in 30 Jahren wert ist. Oder in 60 Jahren, wenn das heute fünf Jahre alte Kind 65 Jahre alt ist. Dann hat es immer noch viele Jahre zu leben – und die Eltern von vielleicht 20 oder 30 Jahren mehr an Lebensjahren stehen nicht mehr schützend und auch nicht mehr finanziell helfend zur Seite. Man mag sich nur überlegen, dass 1967 ein Einkommen von 1500 DM (ca. 770 €) für eine Familie sehr gut zum Leben gereicht hat – ein Betrag, den heute ein nicht bei den Eltern wohnender Student monatlich verbraucht, ohne dabei auf großem Fuß zu leben! Wenn man lediglich eine Inflationsrate von durchschnittlich etwa 2 % annimmt, dann ist schnell auszurechnen, wie wenig diese Absolutmenge an Geld in 10, 30 und 50 Jahren noch wert ist.

Von der Rente kann sich das Kind dann vielleicht noch täglich ein warmes Mittagessen leisten, mehr aber nicht. Bei einer Dynamik von 2 % wäre die Rente nach 60 Jahren um weit über 300 % gestiegen – man hätte also noch annähernd so viel Geld, um sich den gleichen, gewohnten Lebensstandard leisten zu können. Gerade bei einer Behinderung ist es besonders wichtig, dass die finanzielle Seite wenigstens nicht auch noch drückend auf dem betroffenen Menschen lastet. Man muss auch wissen, dass sich unser Staat nicht in der Art um behinderte Menschen kümmert, wie man sich das vorstellt oder als direkt oder indirekt betroffene Person sich wünscht. Also, folgendes ist wirklich besonders wichtig: Man vereinbart mit dem Versicherer eine Leistungsdynamik im Versicherungsvertrag.

Die Alternative ist die Einmalzahlung. Dabei sollten die Summen so gewählt werden, dass das Kind von den Zinsen der ausbezahlten Summe ohne Kapitalverzehr leben kann.

Die **Höhe der Entschädigung** durch den Versicherer richtet sich natürlich nach dem jeweiligen Invaliditätsgrad. Dazu gibt es eine deutschlandweit nicht gleiche Gliedertaxe, in der der jeweilige Invaliditätsgrad der einzelnen Körperteile geregelt ist. Diese unterscheidet sich bei vielen Versicherern. Insofern lohnt es sich, vor Vertragsabschluss die unterschiedlichen Angebote nicht nur auf die monatlichen Kosten hin zu vergleichen, sondern auch auf die Höhe der jeweiligen Leistungen.

Nachdem Kinder in der Regel noch keine finanziellen Verpflichtungen haben, benötigen sie nach einem Unfall auch keine zusätzlichen Gelder wie Krankenhaustagegeld, Übergangsleistung usw.; so etwas rentiert sich für freiberuflich bzw. selbstständig arbeitende Menschen, die entsprechende finanzielle Verpflichtungen haben – etwa den Unterhalt einer Familie, Mietzahlungen usw. Für Kinder gilt: Anstatt dieser Leistungen schließt man lieber eine ausreichend hohe Invaliditätssumme ab, das ist im entsprechenden Unglücksfall wesentlich sinnvoller!

Man kann eine lineare oder aber auch eine progressive Steigerung der Versicherungsleistung vereinbaren. Die Vereinbarung einer progressiven Steigerung ist in der Regel günstiger im Beitrag; dafür ist hier jedoch die Leistung in den unteren Invaliditätsgraden wesentlich schlechter. Auch hier muss man sich überlegen, was einem wie viel Wert ist und was man abzudecken wünscht. Geringe Behinderungen sind in vielen Fällen noch nicht so lebensbeeinträchtigend wie Behinderungen, die ein selbstständiges Leben, das Ausüben eines üblichen Berufs usw. weitgehend unmöglich machen.

Auf dem Versicherungsmarkt gibt es inzwischen auch Absicherungen bei Krankheit und nicht nur bei Unfall. Diese Versicherungsarten nennen sich **Grundfähigkeitsversicherung**, Schuldunfähigkeitsversicherung oder anders. In den nächsten Jahren werden mit Sicherheit noch diverse Produkte auf den Markt kommen, und es ist der Rat auszusprechen, sich hier von einem guten Versicherungsmakler, der das persönliche Vertrauen der Eltern genießt, entsprechend beraten zu lassen. Wichtig für einen Produktvergleich sind die folgenden Punkte:

• Welche Risiken sind versichert?
• Ist die vereinbarte Rente zeitlich begrenzt?
• Ist sie lebenslang?
• Ist die Rente im Leistungsfall dynamisch?
• Welche Ausschlüsse gibt es?

Tipp (auch wenn das für die meisten Menschen unangenehm erscheinen mag, es gibt keine Alternative dazu): Man nimmt sich die Zeit und liest sich die Versicherungsbedingungen alle genau durch. Wenn man etwas nicht versteht (wovon leider selbst bei intelligenten Menschen oft auszugehen ist), dann sammelt man diese Punkte und lässt sie sich gezielt alle von einer Versicherungsfachkraft erklären.

Sicher kennen alle Eltern und Bürger Deutschlands das (nicht nur) derzeitige und vor allem auch das **zukünftige Rentenproblem** – das unabhängig von der Partei, die den Kanzler/die Kanzlerin stellt, seit vielen Jahren nicht besser, sondern zunehmend schlechter wird. Die Generation unserer Kinder sichert die Rente von der Generation der Eltern. Die heute arbeitenden Menschen zahlen die Rente der heutigen Rentner. Es gibt aber zunehmend weniger Personen, die in diesen Topf einzahlen, und zunehmend mehr Menschen, die aus diesem Topf herausnehmen. Verbesserte medizinische Versorgung, gesunde Ernährung, Ergonomie am Arbeitsplatz und vieles mehr sorgt dafür, dass die Menschen, nicht nur in Deutschland, immer älter werden. Gleichzeitig gehen viele Menschen immer früher in Rente! Somit ist für einen immer größer werdenden Zeitraum Rente für die Rentner zu zahlen – von immer weniger Menschen. An bleibend etwa 4 Mio. Arbeitslose (die wahre Zahl liegt wesentlich höher, sie wird seit vielen Jahren aber durch mathematische und juristische Tricks von den regierenden Politikern geschönt) muss man sich auch gewöhnen – diese Menschen zahlen nicht in das Sozialsystem ein, aber sie schöpfen daraus. Deshalb muss man sich heute mehr denn je um die Absicherung der Rente der Generation unserer Kinder kümmern. Hier Tipps zu geben wäre fast unsolide, denn praktisch wöchentlich hat die Regierung neue „Ideen", wie man private Lebensabsicherungen zusätzlich versteuern oder aber deshalb die staatliche Rente verringern kann!

Denn die folgende Frage ist besorgniserregend: Wer sichert denn die Rente unserer Kinder? Der Staat wird wohl lediglich einen Betrag übrig haben, der im Bereich der Sozialhilfe liegt – auch wenn unsere Kinder einen normalen Beruf über 35 und mehr Jahre ausüben werden. Also muss man sich selber darum kümmern. So weit es in der Zukunft ist (die Eltern werden dann ja auch nicht mehr leben, aber als soziale Wesen sorgt man sich natürlich um die Zukunft – nicht nur der eigenen Kinder): Am besten ist, wenn man jetzt schon mal damit anfängt, für die Rente der eigenen Kinder anzusparen, also 60 Jahre zuvor. Das Kind kann dann nach der Berufsausbildung den Spartopf oder eine Rentenversicherung übernehmen und weitersparen. Wichtig mag noch sein, diesen Betrag so abzusichern, dass die Kinder (man weiß ja nicht, wie sich die Kinder entwickeln und welche Flausen sie als junge Volljährige im Kopf haben) nicht eigenständig für irgendetwas spontan Wichtiges das gesamte Geld ausgeben (Urlaub, Sportwagen, Freundin, Schmuck, …). Wenn der bzw. die Jugendliche meint, das ganze über die Jahre von den Eltern gesparte Geld für ein Motorrad, einen Urlaub oder sonst etwas „Cooles" auf den Kopf zu hauen und nicht bürgerlich brav bis zur Rente liegen zu lassen, wären alle Überlegungen vergebens und es wäre schade um das eingezahlte Geld der Eltern. Wenn man monatlich einen wenn auch nur geringen Sparbeitrag für sein Kind zurücklegt, ergibt das über die Jahre und Jahrzehnte natürlich eine stattliche Rente; wenn das Kind dann erwachsen ist und einen Beruf ausübt, kann bzw. soll/muss es dann selber diese Versicherung und/oder noch weitere Absicherungen selber finanziell tragen.

10 Zusammenfassung und Schlussworte

Man kann Bücher mit mehreren tausend Seiten schreiben, um über mannigfache Gefahren und Präventionsmaßnahmen zu berichten – und würde dennoch nicht alle Gefahren erfassen können. Dieses hier kann nur ein kleiner Ausschnitt sein. Eines der Ziele dieses Buchs war es auch, ein Bewusstsein zu schaffen: für Kinder, für Verantwortung, für partnerschaftliches Verhalten, für Demokratie, für soziales Verhalten, für Risiken, für effektive Vorsorge- und Gegenmaßnahmen.

Sie haben eine großartige Aufgabe und sind primär dafür verantwortlich: einem menschlichen Wesen, das bei null anfängt, dazu zu verhelfen, ein selbstbewusster, gesunder und gut ausgebildeter junger Mensch zu werden, der die wesentlichen Grundlagen hat, ein lebenswertes Leben in einer Demokratie bestmöglich zu meistern. Legen Sie dazu den Grundstein und geben Sie dem kleinen Geschöpf die Chance, gesund über die ersten zwei Jahrzehnte zu kommen.

Bei allem, was passieren kann, muss man dennoch versuchen, normal zu bleiben – d. h. nicht zu ängstlich zu werden. Man kann und soll die Kinder nicht vor allen Gefahren schützen. Wissen kann man leichter weitergeben als Erfahrungen; diese müssen Kinder oft selber machen, und das ist ab und zu schmerzlich – führt aber in den meisten Fällen dazu, dass sie zu erwachsenen Persönlichkeiten heranreifen. Wer permanent vor allem beschützt wird, kann später an einer scheinbar harmlosen Sache zerbrechen – an etwas, was eine lebenserfahrene Person „mit links" abschüttelt.

Das Leben ist schön. Sorgen Sie dafür, dass das bei Ihnen und Ihren Kindern, in Ihrer Familie und in Ihrem gesamten Wirkungskreis Wirklichkeit wird.

Dr. Wolfgang J. Friedl,
auch im Namen der Co-Autorinnen und Co-Autoren

11   Kontaktadressen und Buchtipps

Nachfolgend findet sich eine kleine Auswahl an Internetadressen, Telefonnummern, Postanschriften und Buchtipps, die mit der Buchthematik zu tun haben.
Wer sich über spezielle Themen weiterführend informieren will, kann sich hier
vertiefende Informationen holen:

Children's Health Support e. V., Auf dem Gänseland 2, D-37276 Meinhard,
Tel. (05651) 57 11, www.childhealth.de

www.klugekinder.de, Deutsche Gesellschaft für das hochbegabte Kind, http://
homepages.muenchen.org/bm911381/dghk.htm

Hochbegabtenzentrum an der Universität von Connecticut, Prof. Renzulli,
http://www.gifted.uconn.edu/confratu.html

Begabtenberatungsstelle an der Ludwig-Maximilians-Universität, Dr. Alfred
Schlesier, Prof. Elbing, Leopoldstr. 13, München, Tel. (089) 21 80-0

Früherkennung von Entwicklungsstörungen bei Kindern, Prof. Dr. med. Wal-
demar von Suchodoletz, Institut für Kinder- und Jugendpsychiatrie und
Psychotherapie, Ludwig-Maximilians-Universität, Nußbaumstr. 7, 80336
München

Früherkennungs- und Therapiezentrum für psychotische Krisen, Nußbaumstr.
7, 80336 München, Tel. (089) 51 60-57 80, http://psywifo.klinikum.uni-
muenchen.de/fetz, Anti-Stigma-Aktion München (ASAM), ein Projekt gegen Stigmatisierung und Diskriminierung psychisch erkrankter Menschen,
http://psywifo.klinikum.uni-muenchen.de/open

Projekte zur Gewaltprävention im schulischen Bereich für Kinder und Jugendliche: www.gewaltpraevention-bw.de

Tipps und Lösungsansätze zum Thema „Gewalt": www.time4teen.de

Servicetelefon des Familienministeriums (Infos zu Elternzeit, Mutterschutz, Erzie-
hungsgeld, Schulden etc.), Tel. (01801) 90 70 50 Mo. bis Do., 7 bis 19 Uhr

Mutter-Kind-Hilfswerk e. V., Millberger Weg 1, 94152 Neuhaus am Inn
www.mutter-kind-hilfswerk.de, Kostenlose Info-Hotline: (0800) 2 25 51 00

www.denkepositiv.com, Psychotherapie-Informationsdienst (PID), Heilsbachstr.
22–24, 53123 Bonn, Fax (0228) 64 10 23, E-Mail: wd-pid@t-online.de

Informationen über PsychotherapeutInnen in Bayern über die Patienten Info-line der Kassenärztlichen Vereinigung: Tel.: (01802) 97 97 97

Landesarbeitsgemeinschaft der Selbsthilfe-Kontaktstellen in Bayern, c/o Selbst-hilfezentrum München, Bayerstr. 77 a Rgb., 80335 München, Tel. (089) 53 29 56 11, info@shz-muenchen.de

Telefonseelsorge: (0800)1 11 01 11 und (0800)1 11 02 22

Telefonische Informationen bei Vergiftungen:

Giftnotruf Berlin: (030)1 92 40

Giftnotruf München: (089) 1 92 40

Ärztlicher Bereitschaftsdienst Bayern: (01805)19 12 12, Vermittlung von Be-reitschaftsdiensten

Bayerischer Landes-Sportverband: www.blsv.de

Medien für Kinder gezielt nutzen unter: www.jff.de/zappen-klicken-surfen

Medienberufe im Internet: www.kindernetz.de/funkhaus

Kinderspielzeug: www.haba.de

Initiative „Kinder im Koma" der Lumia-Stiftung: www.Kinder-im-Koma.de

Bundesarbeitsgemeinschaft für Beratung bei Familienkrisen, Trennung und Scheidung, Günterstalstr. 41, 79102 Freiburg, Tel. (0761) –7 87 61. Unter dieser Telefonnummer erhalten Sie Auskunft über weiterhelfende Ansprech-partner in Ihrer Nähe

Schülerhilfe, gebührenfrei unter: (0800) 1 94 18 14

www.schuelerlexikon.de

www.lernhelfer.de (Mathe-„Lernhelfer" und „Rechtschreib-Schatz")

Software für deutsche Rechtschreibung: www.wissen.de Schultrainer

„Schülerfutter"-Rezeptideen: www.seeberger-ulm.de

www.familie.de

http://www.impfen-aktuell.de (Informationen zum Thema „Impfen")

CD-ROM „Freiheit in Grenzen" kostet sechs Euro. Bestelladresse: Lehrstuhl Prof. Dr. Schneewind, Leopoldstr. 13, 80802 München oder per eMail: kontakt@freiheit-in-grenzen.org

Landeshauptstadt München, Sozialreferat, Stadtjugendamt – Angebote der Jugendhilfe, Jugendschutz/Medien – Tipps und Informationen für Eltern – Tel. (089) 2 33-3 32 70

Einzelheiten zum Jugendschutzgesetz: www.bmfsfj.de

Kinder- und Jugendtelefon des Kinderschutzbundes München, gebührenfrei: (0800) 1 11 03 33, montags bis freitags 15 bis 19 Uhr

Kinderschutzzentrum München: Tel. (089) 55 53 56

Elterntelefon, gebührenfrei: (0800) 1 11 05 50 – vertraulich und anonym.

Beratungsangebot der BAG Kinder- und Jugendtelefon e. V. für Eltern, Erziehende und andere an der Erziehung von Kindern und Jugendlichen beteiligte oder interessierte Personen

Deutscher Kinderschutzbund: Tel. (089) 9 20 08 90 www.kinderschutzbund-bayern.de

Bundesverein zur Prävention von sexuellem Missbrauch an Mädchen und Jungen, Geschäftsstelle, Postfach 4747, D-24047 Kiel, www.bundesverein.de

Bundesarbeitsgemeinschaft Prävention und Prophylaxe, Griembergweg 35, 12305 Berlin, www.bundesarbeitsgemeinschaft.de

Hilfe bei Suchtproblemen (kostenlos) bei der Bundeszentrale für gesundheitliche Aufklärung: www.bzga.de oder telefonisch (0221) 89 20 31

WEISSER RING e.V., Bundesgeschäftsstelle, Weberstr. 16, 55130 Mainz, Tel.: (01803) 34 34 34, www.weisser-ring.de

Deutscher Kinderschutzbund, Bundesverband, Bundesgeschäftsstelle, Hinüberstr. 8, 30175 Hannover, Tel. (0511) 3 04 85-0, www.kinderschutzbund.de

Polizeiliche Kriminalprävention der Länder und des Bundes, Zentrale Geschäftsstelle, Landeskriminalamt Baden-Württemberg, Taubenheimstraße 85, 70372 Stuttgart, Tel. (0711) 54 01-20 62, www.polizei-beratung.de

Ingenieurbüro für Sicherheitstechnik, Dr. Wolfgang J. Friedl, Telramundstr. 6, D-81925 München, Tel. (089) 94 00 46 70, Fax (089) 94 00 46 71, E-Mail: wf@dr-friedl-sicherheitstechnik.de, Homepage: www.dr-friedl-sicherheitstechnik.de

Buch: „Wo komm' ich eigentlich her?" von Dr. Thaddäus Troll

Später Kinderwunsch – Chancen und Risiken, Petra Ritzinger / Prof. Dr. Ernst Rainer Weissenbacher, ISBN 3-88603-814-9

Buch: „Woher die kleinen Kinder kommen" von Sylvia Schneider, Birgit Rieger

Buch: „Als Leo ein Baby bekam" von Claudia Filker, Ingrid und Dieter Schubert

Buch: „Kein Kuss für Tante Marotte" von Thierry Lenain, Stéphane Poulin

Buch: „Lass das – nimm die Finger weg" (Comic) von Ursula Enders und anderen

Buch: Suchtprävention im Kindergarten, Gabriele Haug-Schnabel, Herder Verlag, ISBN 3-451-27294-6

Buch: Sucht & Drogen – Prävention in der Schule, Dietrich Bäuerle, Kösel Verlag, ISBN 3-466-36442-6

Buch: Sucht- und Drogenvorbeugung mit Kindern und Jugendlichen in Elternhaus und Schule, Botho Priebe, Beltz Quadriga Verlag, ISBN 3-88679-227-7

Buch: Kids & Drugs – ein praktischer Elternratgeber, Paula Goodyer, Herder Spektrum Verlag, ISBN 3-451-05273-3

Buch: Wenn es um Drogen geht – so helfen Sie Ihrem Kind und verlieren die Panik, Klaus Hurrelmann, Gerlinde Unverzagt, Herder Spektrum, ISBN 3-451-05520-1

Buch: Arbeits-, Gesundheits- und Brandschutz, ISBN 3-540-00792-X

Buch: Drogengeschichten, Walter Kindermann, Lambertus Verlag, ISBN 3-7841-1372-9

Buch: Jahrbuch Sucht, Deutsche Hauptstelle für Suchtfragen e. V., Neuland Verlagsgesellschaft, ISBN 3-87581-240-9

Buch: Handbuch der Rauschdrogen, Wolfgang Schmidtbauer, Fischer Taschenbuch, ISBN 3-596-13980-5

Buch: Hasch – Zerstörung einer Legende, Peggy Mann, Fischer Taschenbuch, ISBN 3-596-15158-9

Buch: Rausch und Realität – Eine Kulturgeschichte der Drogen, Hans Gros, Ernst Klett Verlag, ISBN 3-12-984380-9

Buch: Die heimliche Sucht, unheimlich zu essen, Maja Langsdorff, Fischer Taschenbuch, ISBN 3-596-12792-0

Buch: Die Familienkonferenz – Die Lösung von Konflikten zwischen Eltern und Kind, Thomas Gordon, Heyne Verlag München, ISBN: 3-453-07330-4

Buch: Familienkonferenz in der Praxis – Wie Konflikte mit Kindern gelöst werden, Thomas Gordon, Heyne Verlag München, ISBN: 3-453-03388-4

Buch: „Interviews mit Sterbenden", Elisabeth Kübler-Ross, 16,90 €, ISBN 3-7831-1493-4

Buch: „Du schaffst das!" Hilfe für Eltern und Kinder, im Alltag besser zurechtzukommen, 9,20 €, bei „Mehr Zeit für Kinder e. V." Fellnerstr. 12, 60322 Frankfurt/Main, E-Mail: info@mzfk.de

Buch: „Kinder lernen aus den Folgen. Wie man sich schimpfen und Strafen ersparen kann", Dreikurs/Grey, Herder Verlag

Buch: Das ADS Buch. Aufmerksamkeits-Defizit-Syndrom. Neue Hilfen für Zappelphilippe und Träumer. Aust-Claus/Hammer, Verlag Oberste Brink

Buch: Kinder stark machen für das Leben von K. Hurrelmann, G. Unverzagt, Herder Verlag, 8,90 €

Buch: Wie man Kinder stark macht. So können Sie Ihr Kind erfolgreich schützen – vor der Flucht in Angst, Gewalt und Sucht, G. Haug-Schnabel, B. Schmid-Steinbrunner, Verlag Oberste Brink, Ratingen 2002

Buch: Ist Erziehung sinnlos? Die Ohnmacht der Eltern, J. R. Harris, Rowohlt, Reinbek 2000.

Buch: Emile oder Über die Erziehung, Jean-Jacques Rousseau, Reclam, ISBN: 3-15-000901-4

Buch: Gewalt im Fernsehen: Wir dürfen nicht zuschauen! In: Geist, Gehirn & Nervenheilkunde, M. Spitzer, Schattauer, Stuttgart 2000

Buch: „Wer nicht an Wunder glaubt, ist kein Realist" von R. Mohr und G. Preuschoff, Kösel Verlag, 12,95 €

Buch: Vater sein dagegen sehr. Kluger Rat für werdende und erziehende Väter. Oesch Verlag, 19,90 €

Buch: „Denken nach dem Bauch" von B. G. Busch, Kösel Verlag, 19,95 €

Buch: Babymassage von V. Schneider, Kösel Verlag, 14,95 €

Buch: Akupressur für Kinder von S. Tempelhof, Gräfe und Unzer, 12,90 €

Buch: Osteopathie – So hilft sie Ihrem Kind von B. Beinborn und Ch. Newiger, Georg Thieme Verlag, 17,95 €

Broschüre: Familie Vit – Gesund und vital durchs Leben …
Für eine Schutzgebühr von Euro 2,50 zzgl. Versandkosten zu bestellen bei:
Arbeitsgemeinschaft Eltern & Kind-Kliniken „Familie Vit"
Millberger Weg 1, 4152 Neuhaus/Inn, Tel. (08503) 90 04-0
www.familienvit.de, oder online unter: arge@mutter-kind.de
Stichwort: Buchbestellung „Familie Vit"

**INGENIEURBÜRO FÜR
SICHERHEITSTECHNIK**
DR. WOLFGANG J. FRIEDL
BERATENDER INGENIEUR
TELRAMUNDSTR. 6 · D-81925 MÜNCHEN
TEL. (089) 94 00 46 70 · FAX (089) 94 00 46 71